KB126672

무주택자를 위한
부동산 119

무주택자를 위한 부동산 119

1판 1쇄 인쇄 2022년 7월 1일
1판 1쇄 발행 2022년 7월 7일

지은이 와삼(와인엔삼겹살)
발행인 김형준

편집 황남상
마케팅 김수정
디자인 유어텍스트

발행처 체인지업북스
출판등록 2021년 1월 5일 제2021-000003호
주소 서울특별시 은평구 수색로 217-1, 410호
전화 02-6956-8977 **팩스** 02-6499-8977
이메일 change-up20@naver.com
홈페이지 www.changeuplibro.com

ISBN 979-11-91378-21-4 (13320)

체인지업북스는 내 삶을 변화시키는 책을 펴냅니다.

◆ 내 집 마련부터 실전 부동산 투자까지 ◆

무주택자를 위한 부동산 119

아직도 집을 살까 말까 고민하는 사람들을 위한 긴급처방전

와삼(와인엔삼겹살) 지음

체인지업
CHANGEUP

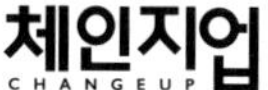

PART 1 당장 내 집에 관심을 기울여야 하는 이유

PART 2 정보와 소음을 구별할 줄 알아야 한다

PART 3 권위가 주는 경계음을 경계해야 한다

실전편

PART 4 투기꾼들에게 지지 않는 지역 및 아파트 선정 성공 노하우

PART 5 돈이 턱없이 부족해도 집 살 수 있을까?

프롤로그

무주택자와 갈아타기를 희망하는 1주택자들을 위한 제언

두 세대에 걸친 유럽 증권거래 시장의 우상, 투자자 앙드레 코스톨라니Andre Kostolany는 항상 강의 전에 이런 말을 했다고 한다. "제게서 어떠한 투자의 비법도 기대하지 마십시오."

이 책도 단기간에 수십억을 벌 수 있게 하는 마법 같은 방법들이 있다면서 독자 여러분을 꼬드기지 않을 것이다. 즉 이 책에서는 "부자들의 습관을 가지고 부자들이 어떻게 행동하는지 배우세요", "매일 아침 일찍 일어나서 경제 신문을 읽으세요", "종잣돈을 모으기 위해서는 절약 습관을 들이세요", "저는 주말마다 전국으로 여행하듯이 임장을 다녔어요", "전국의 부동산 소장님들과 친해져야 급매를 잡을 수 있어요", "부동산은 결국 오를 수밖에 없으니 항상 관심을 가지세요" 등의 (다소 과격한 표현이지만) 알맹이 없는 얘기로 지면을 채우지 않을 것이다.

많은 무주택자가 주택 구매에 머뭇거리는 이유는 사실 비슷하다. 각자의 복잡한 상황이 있겠지만 아주 단순하게 정리하자면, 괜히 무리하게 비싼 주택을 샀다가 가격이 오르기는커녕 떨어질 것 같다는 두려움 때문일 것이다.

나는 2014년부터 부동산 투자를 하면서 다양한 투자 강의를 듣고 재테크 서적 등을 읽었다. 그리고 좋은 기회를 얻어 한국개발연구원(KDI)와 미국 (켄터키) 대학원에서 정책학 석사과정을 밟으며 다양한 부동산 관련 논문과 데이터를 이론적으로 검토해 볼 수 있었다. 이러한 경험과 이론을 바탕으로 무주택자들이 궁금해하는 다양한 내용들을 풀어 보았다. 집을 사야 한다고 본인의 성공담과 주장을 하는 책은 많다. 그러나 거시경제 변수들과 주택 지표 추이를 직접 비교하고, 수많은 논문과 학술 자료까지 참고·인용한 책은 본 적이 없다.

이 책은 경제 얘기에 움츠러들 여러분을 위해 최대한 알기 쉽게 쓰려고 노력했다. 더불어 전문가와 언론에서 나오는 정보가 얼마나 여러분에게 도움이 되는가(또는 도움이 되지 않는가)도 직접 확인할 수 있을 것이다. 또한 집을 사기 위해 실제로 고민했던 지표들과 방법들을 모두 공개했다. 책 내용 중간에 다양한 재테크 및 경제 서적에서 나온, 독자들에게 도움될 만한 핵심 내용들도 요약하여 삽입했다.

최근 몇 년 동안 치솟는 주택 가격에 무주택자들 또는 갈아타기에 실패한 실수요자들은 누구보다 상심이 클 것이다. 어디서부터 잘못된 것일까? 금리 좀 올려서 집값 좀 안정시켜 달라고 했는데도 불구하고 가만히 있다가 최근에서야 찔끔찔끔 올리는 한국은행 탓일까? 아니면 한국은행도 미국의 정책 금리를 눈치 볼 수밖에 없으니 화끈하게 금리를 올리지 못한 미국 중앙은행FED, Federal Reserve System 탓일까? 혹은 정권 초기부터 27회인지, 28회인지 모를 강력한 부동산 규제 정책 등을 내놓았지만 역대급 주택 매매와 전세 가격 상승률을 기록했던 문재인 정부의 문제일까? 아니면 실수요도 아니면서 여기저기 집을 많이 가지고 있는 다주택자 탓일까? 대출을 풀어서 주택을 사라고 수요를 자극해 현재의 부동산 상승을 낳았던 전전 정권(박근혜 정부)은 아무 잘못이 없을까? 이도 저도 아니면 결국 부동산 시장은 가라앉을 수 있었는데 갑자기 유동성을 계속 늘릴 수밖에 없게 만든 (생각지도 못했던) 코로나19 바이러스에 탓을 돌려야 할까? 지금 이 상황은 누구의 탓일까?

만일 현재 독자 여러분이 고민하는 상황과 비슷하다면, 그래서 현재 이렇게 된 상황이 속상해서 무엇인가 비난할 대상을 찾고 있다면 당장 그 비난을 멈추라고 얘기하고 싶다. 현재 상황의 모든 원인은 그 누구도 아닌 부동산에 무지했던 바로 당신 탓이기 때문이다.

이 책은 크게 두 부분으로 구성되어 있다. 첫 번째는 이론편이다. 무주택자들이 주택 매수를 꺼리는 가장 큰 이유는 거시 변수와 이를 둘러싼 다양한 환경 때문이다. 이와 관련한 내용들을 하나씩 점검하면서 무주택자들의 이론적인 배경지식에 튼튼하게 기초를 세워 줄 것이다. 구체적으로는 무주택자들이 가장 궁금해할 만한 다양한 경제지표와 전국 및 주요 지역별 주택 가격 간의 관계 등을 일일이 비교해 볼 것이다. 이를테면 '금리와 실제 주택 가격과의 관계는 어떠한가?', '해외 부동산 시장이 우리에게 어떤 영향을 주나?' 등을 실증 자료로 분석해 보았다.

또한 주택 시장과 관련된 논문 및 신문 기사 등에 소개된 여러 전문가의 의견을 보여 줄 것이다. 많은 데이터와 그래프가 나오지만 어렵게 생각할 필요는 없다. 단지 더 쉽게 시장을 이해시키고자 꺼낸 도구들일 뿐이다.

두 번째는 실전편이다. '돈이 많이 없는데도 주택을 살 수 있을까?', '산다면 어떤 방법으로 어디를 사야 할까?' 등 현실에서 부딪히는 고민들을 정리해 보았다. 또한 실제로 무주택자들이 주택을 구매하기 위해서는 무엇을 고민해야 하고 고려해야 할지, 어떤 마음을 가져야 할지 등을 정리해 보았다. 실제 집을 사기 위한 노하우 등을 구체적으로 담았다고 볼 수 있다. 다만 "전 사실 가난했어요. 내 집은 왜 없는 걸까 하고 고민했어요. 그런데 부동산으로 이러저러한 방법을 썼더니 부자가 되었어요. 그래서 ○년 만에 ○○억 원을 벌었어요" 같은 내용은 없다. 개인적인, 자수성가 스토리로 지면을 할애하지 않으려 했다. 한편으로는 그런 종류의 책들이 건네는 핵심 내용은 전부 담았다. 오히려 투자 목적이 아닌 무주택자나 갈아타기를 바라는 실수요자들에게 훨씬 실용적일 것이라고 확신한다.

이 책은 철저하게 무주택자와 갈아타기를 희망하는 1주택자들을 위해 썼다. 지금 집을 사도 되는지, 어떤 기준으로 시장을 바라보아야 하는지에 대해 진짜 도움을 주고 싶었다. 이를 위해 100건 이상의 데이터를 조합하여 가공하고 확인했다. 또한 약 60편 이상의 국내외 논문, 서적, 신문 기사 등을 참고했다.

이 책을 다 읽고 나면 독자들은 웬만한 전문가 못지않은 부동산 경제 지식과 자신만의 시장을 이해하는 노하우를 가질 수 있을 것이라 확신한다. 그래서 주택을 구매할까 고민하는 실수요자라면 반드시 이 책을 읽으라고 권하고 싶다. 이 책에서 얻은 지식과 노하우를 통해 머지않아 여러분이 원하는 주택 구입 또는 갈아타기에 꼭 성공하길 바란다.

1. 다양한 통계자료 활용

이 책은 다양한 경제지표와 데이터들을 주택(매매·전세) 가격 자료와 비교할 것이다. 주택 가격 자료는 KB부동산에서 제공하는 아파트 매매 및 전세 지수, 아파트 평균 매매 및 전세 가격 등을 활용할 것이다. 일반 부동산 재테크 서적은 자신이 주장하는 내용의 효과 극대화를 위해 일반적으로 개별 아파트의 가격 변화를 제시하는 경우가 많다. "○○지역의 ○○아파트를 샀더니 몇 억이 올랐어요" 하는 식이다. 재테크 서적을 쓰는 대부분의 저자들은 그 분야와 관련해 강사로 활동하고 있다. 게다가 강의나 책에서 특정 아파트의 가격 상승이 예상된다면서 아파트를 찍어 주기도 한다. 그러나 이 책에서는 개별 아파트의 가격 사례를 들어 시장을 설명하지 않을 것이다. 다시 말하지만 이 책의 목적은 개별

적이고 예외적인 사례를 통해 돈 버는 방법을 설명하고자 함이 아니다. 주택 실수요자들, 특히 무주택자들이 전반적인 또는 지역별 주택 시장의 흐름을 이해하고 본인만의 기준을 정립할 수 있도록 돕는 데 목적이 있다.

우리나라에는 주택 가격 동향을 조사하는 대표적인 기관으로 KB부동산과 한국부동산원이 있다. 두 기관 모두 주간 및 월간 아파트 가격 동향을 발표한다. 가끔 두 기관이 동일한 시기에 같은 지역을 두고도 집값 통계 면에서 이견을 보여 언론의 비판 대상이 되기도 한다. 예를 들어 보자.

 # 사례 1

2020년 2월 3일 기준 KB부동산의 자료를 보면 수도권이 연중 가장 높은 매매·전세 가격 상승률을 기록했으며 세부적으로는 강남구가 1.95% 상승했다고 발표했다. (조금 이따가 설명하겠지만 주간 단위로 1.95%가 상승한 것은 역대급이라 해도 과언이 아닐 정도다.) 반면 동일 시기에 한국부동산원은 투자 수요 유입이 많았던 재건축 단지 위주로 급매물이 출현하며 하락 폭이 확대되었다면서 강남구의 -0.05% 하락을 발표했다.

 # 사례 2

문재인 정부와 더불어민주당이 전·월세 시장의 안정을 위한다는 명분으로 도입한 '전월세 신고제'와 '계약갱신청구권제(이른바 임대차 2법)'가 2020년 7월 30일 국회를 통과하며 다음 날인 7월 31일부터 시행되고 있다. 개정안의 시행으로 세입자는 추가 2년의 계약 연장을 요구할 수 있고, 집주인은 자신이 실거주하는 사정 등이 없으면 이를 받아들여야 한다. 이때 임대료는 직전 계약액의 5%를 초과해 인상할 수 없다. (참고로 임대차 3법 중 '전월세 신고제'는 2021년 6월 1일부터 시행되고 있다.) 그렇다면 임대차 2법 시행 이후의 KB부동산과 한국부동산원의 서울 주간 전세지수 그래프가 어떤지 보자. 그래프에서 보는 것처럼 같은 시기의 조사임에도 불구하고 큰 차이의 흐름을 보인다.

■ 표 00-01. 서울 주간 아파트 전세 가격 지수 변동률

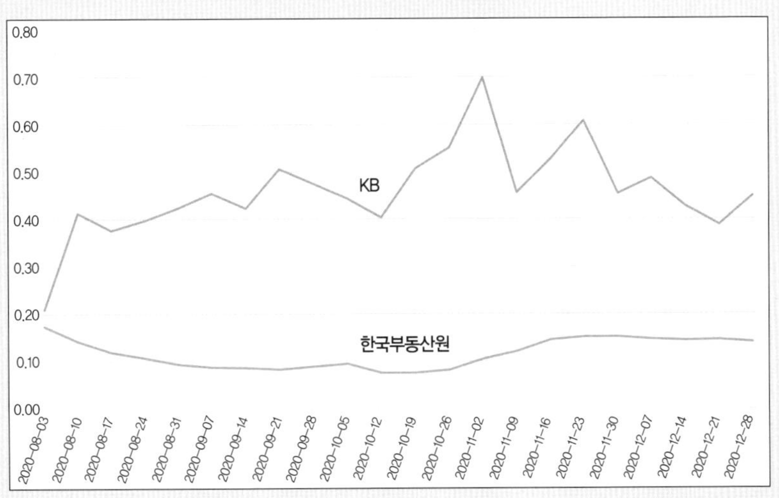

출처 : KB부동산, 한국부동산원

사례 3

2020년 7월 김현미 전 국토부장관은 국회 국토교통위원회에 출석해 "문재인 정부 들어 3년간 서울 아파트 가격이 14% 올랐다"고 하여 언론으로부터 엄청난 뭇매를 맞았다. 그 후 경제정의실천시민연합(경실련)이 2021년 6월 23일에 '문재인 정부 4년간 서울 주요 아파트값이 2배 가까이 올랐다'는 자체 조사 결과를 발표했다. 문재인 정부가 출범한 2017년 5월부터 2021년 5월까지 서울 75개 단지 11만 5,000가구의 아파트 시세를 분석한 결과 99㎡(약 30평)의 아파트 평균값은 6억 2000만 원에서 11억 9000만 원이 되었다는 것이다. 경실련은 KB 매매가격 평균 수치도 근거로 함께 제시하며 2020년 5월 서울 아파트값은 문재인 정부가 출범한 2017년 1월과 비교해 75%가 올랐다고 밝혔다. 당시 김현미 장관은 한국부동산원의 자료를 참고했을 것이다. 하지만 경실련은 "정부가 부동산 가격 상승이 미미했다는 왜곡된 통계를 제시하며 잘못된 정책을 펴고 있다"고 비판했다.

■ **표 00-02. 문재인 정부 임기 동안 서울 아파트값 상승률 비교**

	국토부 발표		KB 매매가격 평균		경실련 분석	
기간	2017.05 ~2020.05	2017.05 ~2020.12	2017.05 ~2020.05	2017.05 ~2021.01	2017.05 ~2020.01	2017.05 ~2021.01
상승률	14%	17%	51%	75%	52%	79%

출처 : 경실련

어떻게 이런 일이 일어날 수 있었을까? 참고로 KB부동산과 한국부동산원의 주택 가격 조사는 표본 수와 조사 방식이 다르다. '월간 통계(아파트)'를 기준으로, 먼저 KB부동산은 2022년 2월 기준으로 152개 시군구의 3만 1,800호를 표본으로 삼아, 실거래가를 바탕으로 제휴된 부동산 중개업소가 '거래 가능한 가격'을 종합하여 통계를 작성한다. 반면 한국부동산원은 2022년 2월 현재 261개 시군구의 3만 5,000호를 표본으로, 부동산원의 조사 직원이 계약 체결된 거래 주택에 대해 신고된 계약 가격을 토대로 통계를 작성한다.

얼핏 설명을 보면 두 기관의 통계가 큰 차이가 날 이유가 없어 보인다. 그러나 한국부동산원의 자료가 현실과 괴리가 있었던 가장 큰 이유를 꼽으라면 바로 표본 수에 있다. 한국부동산원은 표본 수를 2017년 11월 1만 5,886호에서 조금씩만 늘려 2021년 6월 이전까지만 해도 1만 7,190호 수준이었다. 그리고 통계 신뢰도에 대한 비난이 지속되자 2021년 6월이 되어서야 3만 5,000호로 KB부동산과 비슷한 수준으로 올렸다. (참고로 KB부동산은 2017년 11월에도 아파트 표본 수가 3만 327호였다. 거의 2배 수준 이상 높았던 것을 알 수 있다.)

> '집값 통계는 조작, 공시가격은 대충… 한국부동산원의 민낯'
>
> (땅집고, 2022. 4. 19)
>
> 한국부동산원(이하 부동산원)은 현 정부의 부동산 정책 실패에 직접적인 책임이 있는 기관으로 손꼽힌다. 부동산원은 '부동산 통계 조작' 논란은 물론 부실 공시가격 산정으로 비판받고 있다. (중략) 문재인 정부 임기 동안 물의를 일으킨 부동산원은 이미 감사원 특감 대상으로 이름을 올렸다. 감사원은 올해 중·하반기 내에 '정부 주택 관련 통계' 특감에 나설 계획이다. (중략) 정부 공식 통계가 엉터리로 밝혀지자 정치권에선 "한국부동산원이 실수한 것이 아니라 정부의 입맛에 맞게 고의로 통계를 조작한 것"이라는 주장이 제기되었다.

게다가 한국부동산원은 언론으로부터 결과값을 발표할 때 정부의 눈치를 볼 수밖에 없는 것이 아니냐는 비판을 여러 차례 받은 적 있다. 그 결과 올해에는 통계 조작과 관련한 감사원 특감까지 받을 예정이다. 이러한 상황 등을 감안하여 이 책에서는 시장에서 좀 더 신뢰도가 높다고 인정받는 KB부동산에서 발표하는 지수들을 이용할 것이다.

2. KB아파트 가격지수에서 0.1% 상승의 의미는?

아까 강남구 아파트 '주간 매매 변동률'이 1.95% 오른 것이 역대급 상승이라고 했다. 아파트 가격이 10억이라고 가정하면 약 2000만 원 오른 수준을 가지고 웬 호들갑이냐고 할 수도 있다. 이런 오해를 피하기 위해, 즉 주택 시장을 이해하기 위해서는 KB부동산 지수 증감률의 의미를 따져 볼 필요가 있다. 증감률을 따질 때는 전체 아파트 합산 가격을 기준으로 한다. 즉 개별 세대의 증감률이 아니라는 것이다. 예를 들어 보면 더 금방 이해될 것이다. A라는 지역에 10억 원의 아파트가 100세대가 있다고 가정해 보자. 그렇다면 전체 아파트의 합산 가격은 1000억 원이 될 것이다. (100세대×10억=1000억). 그런데 이 중 3채가 11억에 거래되었다고 해 보자. 원래 아파트 전체의 합산 가격이 1000억 원이었는데 세 번의 거래로 인해 1003억 원이 된 것이다. 그렇다면 KB지수 증감률은 0.3%로 표기가 된다. (1003억/1000억-1=0.3%) 그러나 나머지 개별 아파트들의 가치도 실제로는 평균적으로 10억에서 11억으로 10%

가량 올랐다고 보는 것이 합리적일 것이다. 특히, 주택 시장이 뜨거울 때 실제 현장에서는 이보다도 높게 거래 가격이 형성될 수도 있다. 그래서 보통 주간 단위로 0.5% 증감률이 나오면 그 시장은 굉장히 뜨거운 경우가 많다. 이제 앞서 언급했던 강남구의 한 주간 가격 상승률이 1.95%였다는 것이 얼마나 높은 수치인지 감을 잡을 수 있을 것이다.

3. KB부동산 지수 시계열 확인하는 방법

매주 또는 매월 부동산 시장이 어떻게 변동하는지를 기사에서 볼 수 있다. 이는 KB부동산과 한국부동산원이 발표하는 시계열 자료와 보도자료 등을 기초로 작성되는 것이다. 이 책도 KB부동산의 월간 시계열 자료를 바탕으로 작성했다.

■ 그림 00-01. KB부동산 홈페이지 첫 화면

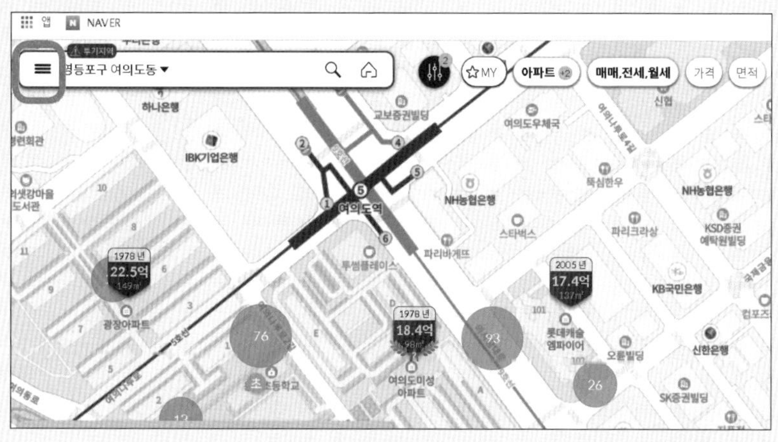

출처 : KB부동산(2022. 5. 2)

KB부동산은 국민은행에서 매물/시세, 분양, 경매, 청약과 분양 일정, 뉴스 등 다양한 정보를 제공하는 부동산 온라인 플랫폼이다. KB부동산이 제공하는 많은 정보 중에서 우리가 지금 찾아보고자 하는 것은 'KB 시계열'이다. 우선 'KB부동산' 홈페이지로 들어가 보자.

주황색으로 체크한 부분을 클릭하면 다음과 같은 메뉴 화면이 나온다.

■ 그림 00-02. KB부동산 메뉴 화면

출처 : KB부동산(2022. 5. 2)

메뉴에서 KB 통계를 클릭하면 주간 통계와 월간 통계를 볼 수 있다. 부동산은 큰 흐름이 중요하기 때문에 이 책에서는 '월간 통계' 자료만 활용했지만 매수에 참여하거나 급변하는 시장 정보가 필요할 때는 '주간 통계'가 더 실용적일 수 있다.

4. 반드시 지역을 구분해서 판단할 것

매주 또는 매월 뉴스를 통해 우리는 전국의 평균 부동산 가격이 어떻게 움직이고 있는지를 접하게 된다. 단언컨대 전국 평균 수치는 단순 발표용 자료일 뿐, 주택을 구매하거나 시장을 읽는 데 아무런 도움이 되지 않는다. 그런데도 "집값이 오를까요, 떨어질까요?"라고 질문하는 사람들이 있다. 이들의 질문에는 마치 '전국의 집값이 하나의 사이클로 상승과 하락을 반복한다'는 생각이 저변에 깔려 있는 듯하다.

■ **표 00-03. KB아파트 매매가격 지수 변동률(2022. 1~2022. 2)**

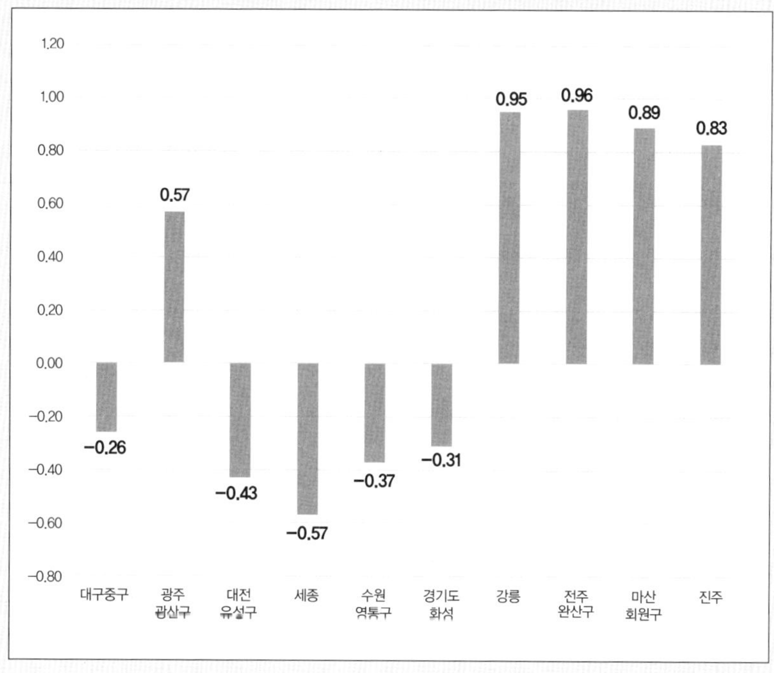

출처 : KB부동산

그러나 KB 시계열 자료를 보면 지금 이 순간에도 어느 지역은 큰 폭의 상승을, 어느 지역은 큰 폭의 하락을 하고 있다.

2022년 2월 'KB 월간 통계' 자료를 보면 한 달 동안에도 광주 광산구, 강릉, 전주, 마산, 진주 등은 큰 폭의 상승을 보인 반면 대구, 대전, 세종, 수원 등은 침체된 분위기다. 즉 부동산 시장은 이렇게 수급 흐름 등 여러 요인에 따라 각자의 움직임을 보인다. 이번에는 좀 더 긴 흐름으로 살펴보자.

과거 10여 년 동안의 그래프를 보면 전국 지수는 평균값을 유지하며 가운데에 있지만, 실제로 한참 동안 서울과 울산의 매매지수는 멀리 떨어져 있었다. 그리고 2015~2016년에 들어서 서울은 가격이 오르고 있는 반면 울산은 꺾이기 시작하는 모습을 볼 수 있다. 즉, 그래프를 보면

■ 표 00-04. 전국, 서울, 울산 아파트 매매가격 지수 흐름(2010. 1~2022. 4)

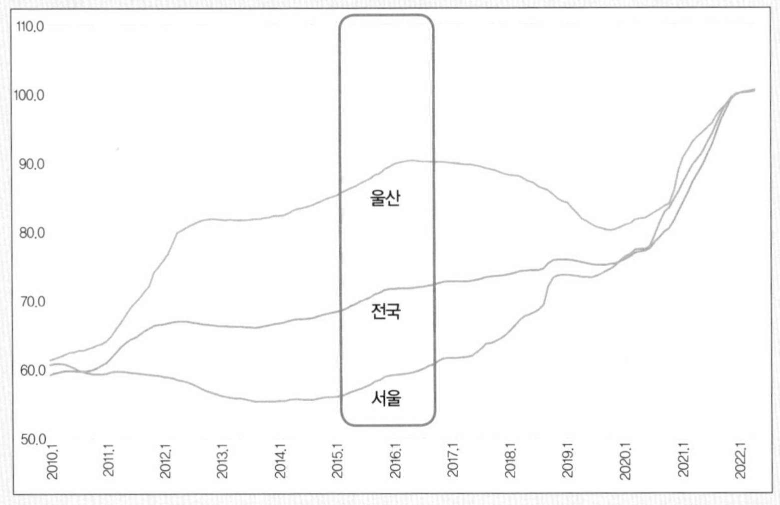

출처 : KB부동산

두 시장이 2020년 이후를 제외한 기간 동안 얼마나 다르게 움직여 왔는지 확인할 수 있다. 어떤가? 전국 평균 변동률로 각 시장의 흐름을 파악할 수 있겠는가?

무주택자들은 명심하라. 이렇게 시장은 각자의 에너지로 움직이고 있다. ('디커플링'이라는 표현을 쓴다.) 따라서 '내 집 마련'을 하고자 한다면 전국 평균 소식에 흔들릴 것이 아니라 실제로 매수하려는 지역을 세분해서 분석해야 한다. 즉 내가 관심 있는 지역의 가격 흐름이 중요하다. 전국 평균 수치만 듣고 주택 매매 여부를 판단한다면 정작 사고자 했던 관심 지역에 대한 잘못된 시그널을 갖게 될 수 있다.

앞으로 다른 주요 경제지표와 비교하면서 전국 평균뿐만 아니라 서울 및 전국 주요 도시들—가급적 인구 100만 이상의 광역시—의 부동산 가격 추이를 KB 지수를 활용하여 지겹도록 보여 줄 것이다. (다만 과거에는 수기로 작성하던 KB부동산 자료의 한계로 인해 경기도의 자료가 2003년 중반 이후부터 집계되기 시작했다. 이런 연유로 2003년 이전 자료를 사용할 때는 전국, 서울, 6대 광역시—부산, 대구, 인천, 광주, 대전, 울산—로, 2003년 이후 자료는 전국, 수도권—서울, 경기, 인천—, 5대 광역시—부산, 대구, 광주, 대전, 울산—로 쓸 예정이다.) 이를 통해 여러분이 이 책을 덮을 때면 서울 이외 지역들의 가격과 다른 경제지표들이 어떤 흐름으로 움직여 왔는지 머릿속에 그려질 것이다. 여러분도 매수 희망 지역의 주택 가격이 어떤 흐름으로 움직일지 기준을 정립해 보자.

이론편

PART 1.

당장 내 집에 관심을 기울여야 하는 이유

피터 린치Peter Lynch는 역사상 가장 위대한 펀드매니저이자 워런 버핏Warren E. Buffett과 함께 월가의 살아 있는 전설로 불린다. 그는 마젤란펀드를 13년간 운용하면서 660배에 달하는 뮤추얼펀드로 성장시킨 것으로 유명하다. 그런데 그의 저서 《전설로 떠나는 월가의 영웅》을 보면, 투자자가 스스로 주식을 매수하기 전에 답해야 할 첫 번째 질문은 '어떤 종목이 투자할 만한가?'가 아니라 '내 집이 있는가?'라고 한다.

그 이유는 다음과 같다. 우선 "100가구 중 99가구는 돈을 벌 수 있다"는 것이다. 바로 안정된 수익률 때문이다. 다음으로 "지렛대 효과 덕분에 계약금을 20%만 내고 10만 달러짜리 집을 산 뒤에 집값이 연 5% 상승한다면 계약금 기준으로 연 25%의 수익을 올리는 효과를 볼 수 있다"며 레버리지 효과를 설명한다. (우리나라는 LTV가 주택 가격과 지역에 따라 달라, 주택 담보대출이 불가능하거나 70%까지 가능하다.) 다음으로 "집은 완벽한 인플레이션 방어책이며, 불황기에 몸을 위탁할 수 있는 물리적인 장소까지 제공한다"고 덧붙인다. 즉 안식처를 제공해 준다는 것이다. 미국에서 주식으로 성공한 걸로 치면 어느 전문가 못지않게 거론되는 피터 리치가 주식보다 '내 집 마련'을 가장 첫 번째 투자처로 꼽은 것은 흥미롭다.

그러면 우리나라의 상황은 어떨까? 실제로 최근 몇 년 동안 유주택자들은 상당한 자산 상승을 경험했다. 반면 무주택자들은 계속 치솟는 주택 매매가격과 전세 가격에 속을 쓸어내릴 수밖에 없었다. 심지어 2021년 말 한 언론사가 여론기관에 의뢰해 2030 MZ세대를 대상으로 미래에 가장 우려하는 걱정거리를 조사한 결과 41.6%라는 압도적인 비율로 '주택 마련'이 1위에 올랐다. 참고로 2위는 건강(15.5%), 3위는 취업(14.9%)이었다(헤럴드경제, 2022. 1. 4). 누구나 편안하게 다리 뻗고 평생을 보낼 수 있는 내 집 마련은 30대 후반 이후뿐만 아니라 MZ세대에게도 큰 걱정거리임이 분명하다.

무주택자들은 '지금이라도 주택을 사야 하는 것일까?', '임대차 3법으로 2년을 추가로 벌었는데 좀 기다려야 하는 걸까?', '저축이나 주식 투자로 돈을 좀 더 모은 다음에 집을 사는 게 낫지 않을까?' 등으로 고민이 많을 것이다.

이번 파트에서는 이런 고민을 하는 무주택자들이 '가급적 내 집 마련에 대해 더 적극적으로 고민해야 하는 이유'에 대해 (단순히 한두 가지 사례가 아니라), 짧게는 5년에서 길게는 20년 이상의 다양한 데이터를 통해 설명하고자 한다.

집은 사는 곳(live)이면서 사는 것(buy)이다

집값이 너무 올라서 걱정? 그래도 사야 하는 이유

2~3년 전쯤 회사에 젊은 인턴 직원이 들어왔다. 점심 식사 후 둘이 공원을 한 바퀴 돌며 이런저런 이슈에 대해 대화하다가 부동산 얘기가 나왔다. 그 친구 역시 '내 집 마련'에 대한 걱정은 여느 친구들과 똑같았다.

"요즘 집이 너무 비싸져서 걱정이에요. 결혼 생각이 있는 남자 친구와도 우리 힘으로는 포기해야 하지 않을까 하는 얘기까지 했어요. 저처럼 걱정하는 친구가 정말 많아요."

인턴 직원의 하소연에 나는 절대 집 사는 걸 포기해서는 안 된다고 얘기했다.

"한 번 생각해 보자. 지금은 결혼 전이니까 상관없을 거야. 그런데 만일 결혼한 이후에도 계속 이사 다닐 수 있을까?"

"뭐, 상황이 그러면 어쩔 수 없지 않을까요."

"결혼해서 애가 어릴 때까지는 잘 모를 거야. 만일 자네 아이들이 초등학교 4학년 이상 되었다고 생각해 봐. 아이들은 동네에서 이미 친구들과 친해져서 이사하기를 싫어해. 아마 자네도 동네에 익숙해져서 계속 살고 싶을 거야. 그런데 주변의 전세 가격이 올라서 집주인이 갑자기 전세금을 지금보다 몇 억을 올려 달라고 하면 어떻게 하지? 자네와 남편은 상관없다지만 자식들은 무슨 죄야? 부모의 잘못된 판단에 원치 않는 이사를 해야 한다고 생각해 봐. 있는 돈에 맞춰서 가려면 원래 살고 있던 동네보다 교육환경이나 인프라는 더 안 좋을 텐데. 심지어 평수를 줄여서 갈 수도 있어."

"아…… 그러면 너무 속상할 것 같아요."

"더 큰 문제는 만일 2년 뒤 또는 4년 뒤에 그 집에서도 쫓겨날 형편이 될 수 있다는 거야."

"아! 어떻게든 집을 사야겠네요."

지어낸 대화 내용이 아니다. 우리 주위에서 벌어지고 있는 현실이다. 심지어 내 주위에는 번듯한 직장을 가지고 있음에도 무주택자인 40~50대가 많다. 그들의 가장 큰 고민거리는 역시 내 집 마련일 것이다. 그도 그럴 것이 서울을 포함한 전국의 주택 가격이 최근 5년 동안 폭등했다. 한 예로 2017년 1월의 서울 평균 아파트 가격은 5억 9769만 원이었으나 2022년 1월 기준으로 12억 5969만 원이 되었다(KB부동산 기준). 수도권은 4억 615만 원에서 7억 9631만 원으로, 전국은 3억 1849만 원에서 5억 5651만 원으로 훌쩍 뛰어올랐다.

무주택자들과 대화하면 느끼는 몇 가지 공통점이 있다. 바로 '타이밍'을 본다는 것이다. 세계 경제가 휘청거린다거나 금리 인상 또는 정부 규제 등으로 집값이 갑자기 수억 떨어지면 (실제로 그때는 좀 더 떨어질 수도 있다고 생각해서 사지도 못하면서) 그때 사겠다는 계획이다. 단언컨대 그런 꿈은 빨리 깨는 편이 정신 건강에 좋다.

이런저런 이유로 집 사기를 주저했거나 하고 있는 이들에게 워런 버핏의 얘기를 들려주고 싶다. 파트 1을 시작할 때 피터 린치가 가장 첫 번째 투자처로 꼽는 것이 '내 집 마련'이라고 한 바 있다. 워런 버핏은 어땠을까? (주식은 잘 몰라도 미국 주식시장에서 6번째로 가치 있는 기업 버크셔 해서웨이를 이끄는 '오마하의 현인' 워런 버핏을 들어 보지 않은 사람은 없을 것이다.)

"모든 것을 고려할 때 내가 인생에서 세 번째로 잘한 투자는 내 집을 장만한 것이었습니다. (이보다 나은 투자 두 건은 결혼반지였습니다.) 물론 월세를 살면서 이 돈으로 주식을 샀다면 돈을 훨씬 많이 벌었을 것입니다. 그러나 3만 1500달러로 산 집에서 내 가족은 52년 동안 아름다운 추억을 만들어 냈고, 앞으로도 더 만들 것입니다."

내가 가장 하고 싶은 얘기이기도 하다. 다음 파트에서 언급하겠지만 우리나라에서 내 집 마련은 다른 어떤 재테크보다 높은 수익률과 안정성을 제공한다. 만약 집값이 오르지 않았다면 또 어떤가? 아니, 백번을 양보해서 샀을 때보다 집값이 좀 떨어졌다 쳐도, 자기 명의의 집이 있다는 사실이 얼마나 마음 든든한 일인지 경험해 보지 않으면 모른다. 더 이상 '올해 주택 시장이 불안합니다', '최근 전세 가격이 큰 폭으로 오르는 중이라고 합니다' 같은 뉴스에 불안해하지 않아도 된다. 이삿짐 정리 때문에 고민할 필요도 없다. 무엇보다 집주인 눈치 보지 않고 내 집에서 아이의 방을 원하는 대로 꾸며 줄 수 있다. 내 가족이 함께 평생 기억될 아름다운 추억을 쌓아 갈 수 있는 공간이 생긴 것이다. 이러한 행복한 경험들은 돈으로는 도저히 살 수 없는 것들이다.

그러니 될 수 있는 한 빨리 내 집 마련을 하라고 아직 무주택자인 사람들에게 권하고 싶다. 혹시 금리나 국내, 심지어 국제경제 상황까지 염려하여 내 집 마련을 주저한다면 걱정하지 마라. 이 책을 읽으면 어떤 방법으로 어디를 사야 할지, 구체적인 내용 등을 통해 궁금증은 물론 주택 구매에 대한 불안까지 해소될 것이다.

임대차 3법이 문제가 아니다

2020년 7월 30일 김태년 전 더불어민주당 원내대표가 주먹을 치켜들었다. 집값과 전세값을 모두 잡을 수 있을 거라 생각했던 임대차 3법 중 핵심인 주택임대차보호법 개정안(이하 개정안)이 국회 본회의를 통과한 것이다. 혹시 모르는 분들을 위해 간단하게 설명하면, 임대차 3법은 개정안에 담겨 있는 전월세 상한제와 계약갱신청구권, '부동산 거래신고 등에 관한 법률 개정안'에 담겨 있는 전월세 신고제를 일컫는다. 이 중 세입자에게 1회의 계약갱신요구권을 보장해 2년에서 4년(2+2)으로 계약 연장을 청구할 수 있으며, 전월세 상한제로 임대인은 임대료 상승 폭을 직전 계약 임대료의 5% 내로만 할 수 있게 되었다. 이 두 가지가 핵심이다. 법 개정 제안 이유도 첫 문구에 '주택 시장의 불안정 속에 전세에서 월세로의 전환이 빨라지고 주택 임대료가 상승함에 따라 임차가구의 주거 불안과 주거비 부담이 가중되고 있으나 현행법으로는 안정적인 주거를 보장하기에 충분하지 아니하다는 지적이 있음'으로 나와 있다. 즉 전세에서 월세로의 전환을 느리게 하고, 상승하는 주택임대료를 낮추기 위해 도입한다는 것이다. 이렇게 좋은 법이 통과되었으니 세입자 입장에서는 정말 감사한 일 아닌가?

서울시 성북구 돈암동에 사는 A 씨도 법이 통과되었다는 뉴스를 보면서 한숨을 돌렸다. 2020년 1월에 4억 중반대에 34평짜리 전세 계약을 맺은 A씨는 계약 기간이 만료되는 2022년 1월에 '약 2000만 원만 올려 주면 계약 갱신을 할 수 있겠구나', '그러면 2024년 12월까지는 정부와 국회의 바람처럼 4년 동안 지금 살고 있는 아파트에서 안정적인 주거를 보장받을 수 있겠구나' 하고 생각했다.

그런데 문제가 생겼다. 집주인이 주변 시세인 6억 5000만 원만큼 전세금을 올려 주지 않으면 실거주를 위해 들어오겠다는 것이었다. 화가 난 세입자 A씨도 이대로 당하고 있을 수만은 없었다. 그래서 실제로 집주인이 거주할지를 입증할 수 있는 자료나 사유를 제시해 달라고 했으나 개인 사정이라 알 필요 없다며 막무가내였다. 2년 만에 2억이라는 큰돈이 어디서 생긴단 말인가? 답답한 A씨는 변호사에게 하소연해 보았지만 변호사는 현재 법으로는 어찌할 방법이 없다고 했다. 결국 한 푼이라도 아끼며 내 집 마련을 꿈꾸었던 A씨는 집주인과 보증금 4억에 100만 원의 월세로 재계약을 했다. 울고 싶은 심정이었지만 아이들의 학교 때문에 이사할 수도 없었다. 게다가 주변 시세도 이미 오른 터여서 방법이 없었다.

앞서 제시한 A씨의 일화는 가상이다. 그러나 완전 허구라고 할 수도 없다. 실제 성북구 돈암동 B아파트의 실거래가 및 전세와 월세 시세를 반영했기 때문이다. 어디 이만큼 오른 곳이 돈암동뿐일까? 인터넷 기사들을 잠깐 검색해 보아도 집주인의 실거주를 이유로 하는 계약 갱신 거절에 관한 내용을 어렵지 않게 찾을 수 있다. 그렇다면 임대차 3법이

■ **표 01-01. 최근 5년간 아파트 전세 가격 지수 흐름(2017. 1~2022. 4)**

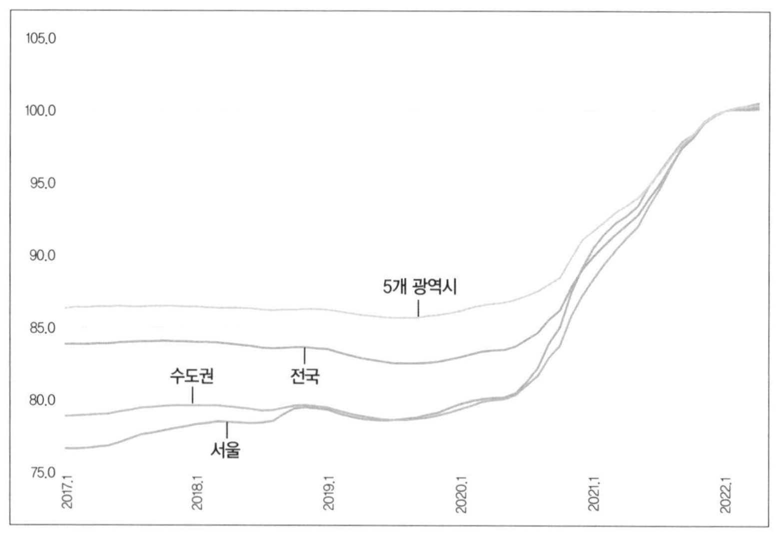

출처 : KB부동산(2022. 5. 23)

시행된 최근 2년 동안 임대차 시장에 어떤 일이 있었는지 데이터를 통해 한 번 살펴보자.

자료를 보면 2020년 7월경을 기점으로 그야말로 폭등했다. 서울, 수도권은 말할 것도 없고, 5개 광역시(부산, 대구, 대전, 광주, 울산)를 포함한 전국의 전세 가격이 들썩였다. 사실 더불어민주당은 2017년 이전부터 전월세 상한제 관련 법안을 제출하는 등 시행 의지가 있었다. 그러나 당시 여당이던 새누리당(현 국민의힘)과 정부는 시장경제와 맞지 않다는 이유로 도입을 반대했다. 내용을 구체적으로 보면 첫 번째, 1990년대 초 전세 기간을 1년에서 2년으로 연장했을 때 전셋값이 1년 만에 16.8%나 급등한 사례를 들며 재발 우려 및 장기적으로는 전·월세 공급을 줄이는 결과가 나올 수 있다는 점, 두 번째, 현재 거주하는 세입자에게는 유리하지만 신규 세입자에게는 또 다른 장벽을 만들 수 있다는 점, 세 번째, 세계적으로 '임대료 상한제'를 통해 주거가 안정이 증명된 사례가 없다는 점 등이었다. 실제로 2008년 노벨경제학상 수상자이자 대표적인 진보학자인 뉴욕대학교의 폴 크루그먼Paul Krugman 교수조차도 "임대료 상한의 부작용은 경제학에서 가장 이견이 없는 정답이다"라고 말하기까지 했다.

그러나 2017년 정권이 바뀌고 2020년 국회에서 다수를 차지한 더불어민주당은 결국 그렇게 바라던 이 법을 시행한다. 결과적으로, 위의 시행을 반대했던 새누리당(현 국민의힘)의 세 가지 논리가 현실이 되었다. 제도의 취지와는 달리 전세 가격은 오히려 폭등했고, 다음 기사에서 보는 것처럼 전세에서 월세로의 가속화 현상도 더 심해졌다.

> 서울 임대차계약 절반이 월세 '전세의 월세화 가속화'(YTN, 2022.1.20)
>
> 임대차 신고제가 시행된 지난해 6월부터 11월까지 서울 주택 임대차 거래 건수는 13만 6,000여 건으로 집계되었습니다. (중략) 신규 계약 9만 8,000여 건 가운데 월세 계약 비중은 48.5%로, 절반 정도를 차지한 것으로 나타났습니다.

답답한 상황이긴 하다. 그러나 미안한 얘기지만 무주택자는 누구 탓을 할 이유가 없다. 임대차 3법의 부작용을 꼬집기 위해 이 책을 쓰는 것도 아니다. 무주택자가 닥친 현실을 바로 보는 것 그리고 어떻게든 내 집 마련을 할 수 있도록 도와주고자 함이다. 그러니 이 책을 끝까지 읽으면서 부동산에 제발 눈을 뜨기를 바란다. 그래서 원하는 내 집 마련하는 데 이 책이 꼭 도움이 되기를 바란다.

마침 좋은 집주인을 만나 5% 범위 내에서 계약갱신청구권을 활용했다면 일단 시간을 번 것에 축하의 말을 전한다. 그러나 지금과 같은 추세라면 2년 뒤에는 전셋값이 어떻게 변해 있을지 모른다. 그러니 절대 안심하면 안 된다. 어쩌면 이번에 새로 전세를 구해야 할 처지에 있는 사람들이 더 악착같이 내 집 마련에 성공해서 몇 년 뒤에 더 크게 웃을 수도 있기 때문이다.

자본주의사회에서 집은 재화다

2022년 1월 초에 한참 온라인을 달군 일이 있다. 환경미화원으로 일하면서 임대업을 통해 27억 원의 자산을 모은 유튜버의 사연이 공개된 후 해당 구청에 '해고하라'는 민원이 빗발친 것이다. 이 30대 유튜버 사치남(사고 치는 남자)은 자신의 유튜버 채널에서 '경매를 통해 취득한 빌라 11채를 소유하고 월세로만 400만 원, 월수입 1000만 원을 벌고 있다'고 자신을 소개했다. 그런데 며칠 지나지 않아 사치남은 자신의 유튜브 채널 게시판에 '구청에 저를 해고하라는 전화가 많이 온다', '재산이 많으면 해고당해야 하냐'며 억울함을 호소했다. 그는 '환경미화원으로 일해도 부자가 될 수 없기 때문에 빌라 투자를 했다'고 말했다. 실제로 댓글에는 많은 악플이 달렸고, 구청으로도 많은 민원 전화가 간 것으로 보인다. 이렇게 댓글을 달고 구청으로 전화까지 한 사람들의 머릿속에는 아마도 이런 생각이 자리 잡고 있지 않았을까?

'아니, 어떻게 사람들의 소중한 집을 가지고 돈벌이를 한단 말이지?'

'집은 사는 것buy이 아니라 사는 곳live이라고.'

현실로 돌아와 2020년에 일어난 정말 안타까운 일을 사례로 들어 보자. 서울 양천구 목동 아파트에서 30대 남편이 아내를 살해한 후 투신해 사망하는 사건이 있었다. 이들 부부는 광명에서 딸에게 좋은 환경을 마련해 주기 위해 목동으로 전세를 얻어 왔다. 이 과정에서 전셋집에 살던 아내는 대출을 해서라도 목동 집을 10억에 사려고 했는데 남편이 반대했다고 한다. 하지만 그 이후 3년 만에 10억 원이 조금 넘던 매수 희망 아파트는 20억 원까지 뛰었고, 설상가상 임대차 3법 이후 전세 시세도 2배 가까이 치솟았다고 한다. 경찰 관계자는 "부부는 둘 다 전문직 종사자여서 경제적 형편 문제로 보긴 어렵다. 그러나 아파트 매입 자금 마련 문제로 부부가 갈등을 빚었다는 취지의 가족 진술이 있기 때문에 자세한 상황을 확인하는 중"이라고 했다. 아이에게 더 좋은 환경을 마련해 주고자 목동으로 갔다가, 오히려 비극적인 결말을 맞게 된 것이다. 이는 표면적으로 드러난 사례이고 우리가 알지 못하는 비극적인 사건들이 얼마나 더 있을까?

앞서 제시한 사례는 너무 극단적이었기에 좀 더 일반적인 사례를 들어 보겠다. 고등학교 때 나보다 공부를 훨씬 못했던 친구가, 나보다 훨씬 더 사회적 평판이 낮은 직장에 다니던 친구가, 나보다 훨씬 더 노력을 게을리했던 친구가 어느 날 고급 외제차를 타고 동창회에 나타난다. 그리고 친구들이 부러워하는 눈빛으로 어찌 지냈냐고 물으니 아파트 두 채를 산 게 대박이 터져서 지금은 직장을 취미 삼아 편하게 다니고 있다고 농담조로 얘기한다. 겉으로는 "우와 부럽다. 좋겠다"라고 웃으면서 축하해 주지만 속으로는 열불이 난다. 더구나 몇 년 전에 아내가 집을 사자고 했을 때, 금리는 오를 것이고 정부는 규제하여 다주택자들이 견디지 못하고 집을 내놓을 것이기 때문에, 그때 기회를 틈타 싼 가격에 집을 사면 된다고 아내를 설득했던 터였다. 그러나 예상과는 달리 주택 가격은 지칠 줄 모르고 올랐다.

무주택자 또는 1주택자나 갈아타기를 계획하는 가족 중에 이런 일로 부부 싸움을 하지 않은 경우가 얼마나 될까? 그 외에도 사례는 너무나 많다. 1990년대 초에 강남에 살다가 분당으로 이사 간 사람, 2010년 초쯤에 잠실 아파트를 판 사람, 전근을 가기 위해 서울에 있는 집을 팔고 지방에 집을 산 사람, 무리하게 대출받는 게 싫어서 강남보다 강북을 선택한 사람 등. 이들에게 집은 사는 것buy이 아니라는 얘기를 하면 공감할 수 있을까?

27억 원을 번 환경미화원처럼 여기저기 부동산 투자를 열심히 해야 한다고 얘기하는 것이 아니다. 다만 최소한 집에 대한 마인드는 철저하게 사치남을 따라야 한다고 말하는 것이다. 실제로 이미 우리나라의 '많은 가구에서 주택 구입은 거주 목적뿐만 아니라 투자 목적도 있다'는 연구 결과(김지현, "주택 구입에 영향을 미치는 요인 분석", 「부동산학보」 68권 0호, 2017, 107~118쪽)도 있다.

만일 직장 생활을 시작하는 20대 후반이나 30대 초반이라면 최소한 '집은 사는 곳live'이라는 유토피아적인 얘기에 현혹되지 말고, 가급적 내 집 마련을 위해 노력할 것을 당부한다. 30대 후반이나 40대 이상임에도 아직 무주택이라면 정말 정신 똑바로 차려야 한다. 본인이 주택 구매에 관심이 없어 가난하고 무주택자인 건 상관없다. 그러나 당신의 자본주의에 대한 무지 때문에 자녀 세대까지 집으로 인해 고통을 당할 수 있다. 이 얼마나 속상한 일인가? 빌 게이츠Bill Gates는 "가난하게 태어난 것은 당신 잘못이 아니지만 죽을 때도 가난한 것은 당신 잘못이다"라고 말했다. 문제는 많은 무주택자가 뭐가 문제인지도 모른 채 열심히 일만 하고 있다는 것이다. 우리나라에서 가난을 탈출하기 위해 가장 첫 번째로 해야 할 일은 바로 '내 집 마련'임을 명심하라!

집은 최고의 안식처이자 제1의 투자처다

돈을 모아서 집을 사겠다고?

교육부와 통계청이 발표한 '2021년 초·중·고 사교육비 조사' 결과에 따르면, 우리나라 초·중·고생이 지출한 총 사교육비는 23조 4000억 원 수준이다. 우리나라의 2020년 말 국내총생산(GDP, 명목, 연간)가 1933조 원 수준임을 감안하면 그중 1/100이 넘는 돈을 사교육에 투자하고 있는 것이다. 우리는 교육이 가성비가 가장 떨어지는 투자라는 것을 경험을 통해 알고 있다. 그럼에도 자식에게 투자의 효율성을 따질 수는 없다. 비싼 학원비를 대 주는 것은 관습적으로 내려오는 자식이 공부를 잘하면 좋은 직장을 얻을 수 있다는 믿음 때문이다. 그러나 냉정하게 생각해 보자. 엄청난 경쟁률을 뚫고 좋은 대학과 대기업에 들어가면 성공이 보장될까? 미안하지만 자본주의에 대한 이해가 부족하면 그저 노동의 노예로 살 뿐이다. 안타깝게도 학교에서는 자본주의에 대해 아무것도 가르쳐 주지 않는다.

우리는 곧잘 "내 월급 빼고 다 올랐다"라고 말한다. 열심히 공부해서 원하던 대학에 들어가고, 또 원하던 직장에 입사하고, 좋은 짝을 만나 결혼도 한다. 가족이 생겼으니 마음먹고 열심히 돈 모아서 집 한 채 사야지 한다. 하지만 주택 가격은 내 연봉이 오르는 속도와는 비교도 할 수 없을 정도로 빠르게 오른다. 이를 어찌한단 말인가!

나는 가끔씩 돈을 모아서 집을 사겠다는 이들을 볼 때마다 소설《노인과 바다》의 주인공 산티아고가 생각난다. 여러 날을 물고기 한 마리 잡지 못하던 노인은 어느 날 엄청나게 큰 물고기를 만난다. 사흘간 사투를 벌여 잡아 배에 묶어 두지만 항구를 향해 가던 도중 상어 떼를 만나 뼈만 싣고 돌아온다. 여러분의 신세는 어떠한가? 가족과 함께 두 다리 뻗고 편안하게 쉴 수 있는 집을 사기 위해 쉬지 않고 직장에서 열심히 일했는데, 내 월급보다 빨리 오르는 집값 때문에 좌절한 적이 있지 않은가?

아마 독자 여러분만의 일은 아닐 것이다. 실제로 소득과 집값의 상관관계를 나타내는 통계가 있다. 가계 연간소득 대비 주택 가격 배수PIR, Price to Income Ratio라는 지표다. 즉 연평균 소득으로 해당 지역의 평균 주택을 구입하는 데 걸리는 시간을 의미한다. 예를 들어, PIR이 10이라면, 연평균 소득을 10년 동안 한 푼도 쓰지 않고 모두 모아야 집 한 채를 살 수 있다는 뜻이다. 현재 아파트 가격을 해당 지역 사람들의 연소득 수준으로 나눠 보는 지표라고 할 수 있다. (언론에서 서울의 집을 사기 위해서는 한 푼도 안 쓰고 몇 년을 모아야 한다고 보도할 때가 있다. 바로 이 자료를 활용한 것이다.) 만일 PIR이 오르면 자산 가격이 월급 오르는 속도보다 빠른 것이고, PIR이 내리면 그 반대라고 생각하면 쉽다. 예를 들어, 서울의 주택 가격이 급격하게 상승하면서 최근 5년간 서울 아파트 PIR도 함께 올랐다. 2021년 6월 KB부동산이 발표한 자료에 따르면 서울에서 중위 소득 계층이 중간 가격대 집을 마련하려면 18.5년을 모아야 하는 것

■ **표 01-02. 서울 아파트 중위값 PIR**

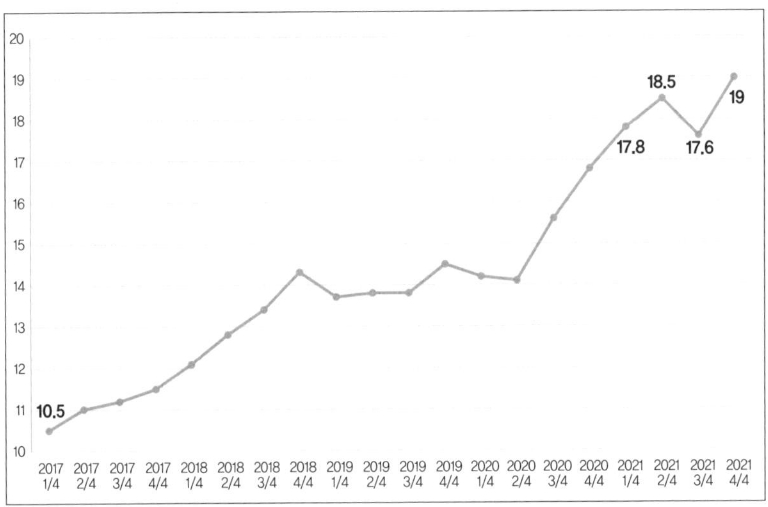

출처 : KB부동산

PIR은 가구당 연소득 대비 매매가격 비율이다. KB부동산의 PIR에서 가구 소득은 통계청 가계 동향 조사의 분위별 평균 소득이며, 월평균 소득을 연소득으로 환산한 것이다. 소득 자료는 분기별 자료이며, 평균 주택 가격은 월별 발표 자료다.

으로 나타났다. 생활비와 아이들 교육비로 나가는 돈을 감안하면 돈 모아서 서울에 '내 집 마련하기'란 사실상 불가능에 가깝다. 특히 [표 01-02] 자료를 보면, PIR이 2017년에 10.5 수준이었다가 약 5년 만에 거의 2배 수준이 되었다.

최근 서울의 아파트 가격만 가지고 너무 논의를 일반화하는 거 아닌가 하는 의문을 품을 수도 있다. 이번에는 대상을 전국, 서울, 6대 광역시(부산, 대구, 인천, 광주, 대전, 울산)로 논의를 좀 더 확장해 보고자 한다. 구체적으로 KB에서 제공하는 아파트 평균 가격과 우리가 일해서 번 돈(근로소득과 사업소득의 합)이 2008년 이후 현재까지 어떤 흐름을 보였는지를 살펴보았다. (KB부동산은 주택의 평균 매매가격을 2008년 이후부터 제공하기 시작했다.)

비교해 보니 일해서 번 돈은 2009년부터 58% 오르는 동안, 아파트 가격은 6대 광역시 178%, 서울 138%, 전국 121%로 폭등했다. 평균 가격이니 이보다 훨씬 더 오른 주택도 많을 것이다. 데이터를 자세히 살펴보면 6대 광역시의 아파트 가격은 2009년 이후 급여 변동률보다 항상 높은 수준을 나타냈다. 그러나 전국, 그중에서도 특히 서울은 오히려 근로소득보다 훨씬 낮은 상승률을 보이다가 2017년을 기점으로 엄청난 상승을 보였다. 최근 들어서는 서울을 포함해 전국 어느 지역의 아파트 평균 가격도 근로소득의 성장률보다 더 오르고 있음을 개별 사례가 아닌 전체 데이터로 직접 확인할 수 있었다. 그리고 앞으로도 이 추세는 쉽게 변하지 않을 것으로 보인다.

열심히 일해서 돈을 모으는 것은 여전히 중요하다. 그러나 막연하게

■ 표 01-03. 근로소득·사업소득의 합과 아파트 평균 가격의 변동률(2009~2021)

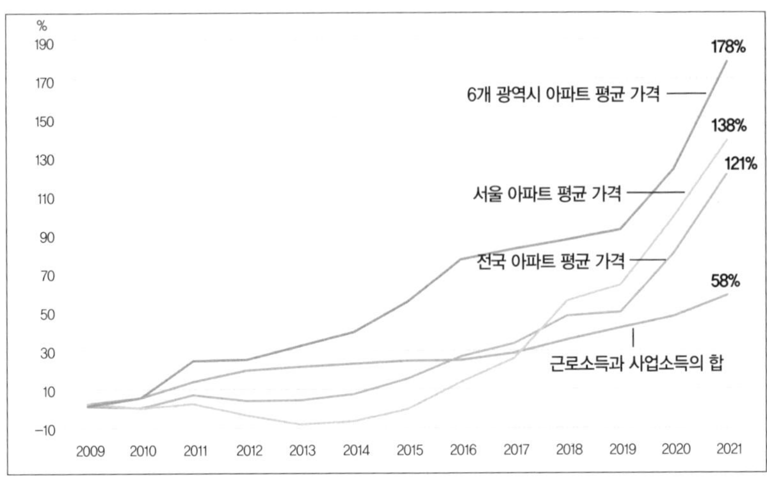

출처 : KB부동산 아파트 평균 매매가격(12월), 통계청 가계 동향 조사 중 가구당 월평균 2인 이상 비농림어가 근로소득과 사업소득의 합(도시, 명목, 매년 4분기)

> 소득은 경상 소득과 비경상 소득으로 나뉜다. 경상 소득은 정기적이고 예측이 가능한 소득이며 아래와 같이 나뉜다. 경상소득 중 실제 일해서 제공받는 소득은 근로소득과 사업소득뿐이다.
>
> - 근로소득 : 노동을 제공하고 받는 모든 근로자의 소득
> - 사업소득 : 가게나 회사 등을 운영하여 얻는 소득
> - 재산소득 : 자신의 재산을 이용해 얻는 소득으로 돈을 빌려주거나 저축을 통해 받게 되는 '이자소득'과 땅이나 집, 건물 등을 빌려주고 받는 '임대소득'의 합계
> - 이전소득 : 생산 활동과 관계없이 퇴직, 질병, 사고 등 발생 시 국가 등으로부터 받는 소득

'돈만 모아서 집 사기'가 굉장히 비효율적인 방법이라는 것을 데이터를 통해 알 수 있다. 그러니 돈 모으는 것과 동시에 '내 집 마련'을 위한 공부를 반드시 병행해야 한다.

월 소득 1000만 원 vs. 자가 주택 보유자, 누가 승자일까?

주변에 좋은 대학교를 나오고 좋은 직장을 다니는 지인들이 있다. 약대 교수, 대기업 직원, 대형 언론사 기자 등. 물론 그중에는 맞벌이도 있다. 그렇다면 연봉이 가계 기준으로 월 소득 1000만 원이 넘을 것이다. 그런데 의외로 집 살 타이밍을 놓치거나 잘못된 판단으로 인해 여전히 무주택자인 경우를 꽤 많이 보았다.

얼핏 생각해 보면 '월 1000만 원이면 억대 연봉인데도 집 사기 어렵다'는 것이 쉽게 이해되지 않을 것이다. 추측컨대 자녀의 교육 수준과 주변의 시선 등을 생각해서 아무 아파트나 사기 싫었을 수도 있다. 또는 정부의 집값 규제로 인해 주택 가격이 좀 떨어지지 않을까 하는 기대 심리도 있지 않았을까? 아파트를 산다는 것 자체가 워낙 큰돈이 들어가는 일이다. 운 좋게 아파트 청약에 당첨되지 않는 다음에야 조금이라도 더 싸고 좋은 집에 들어가고 싶은 것은 인지상정이다.

최근에 그들을 만나 보았는데 하는 이야기가 똑같았다. "요즘 주택 가격이 너무 비싸져서 어찌해야 될지 모르겠어. 난 포기했다"라는 푸념부터 "이젠 자식들도 벼락거지가 된 걸 걱정한다", "더 나이 들어서도 집을 못 사게 될까 봐 고민이다"라는 하소연까지.

많은 무주택자가 느끼는 심정도 이와 크게 다르지 않을 것이다. 그들이 느끼는 현실은 실제 데이터에서도 나타난다. KB부동산에서는 5분위 평균 아파트 가격을 발표한다. 이는 평균 아파트 가격순으로 5등분한 자료다. 자료를 통해 서울, 수도권, 5대 광역시, 전국 할 것 없이

■ 표 01-04. 서울 5분위 아파트 평균 가격 흐름(2013~2021)

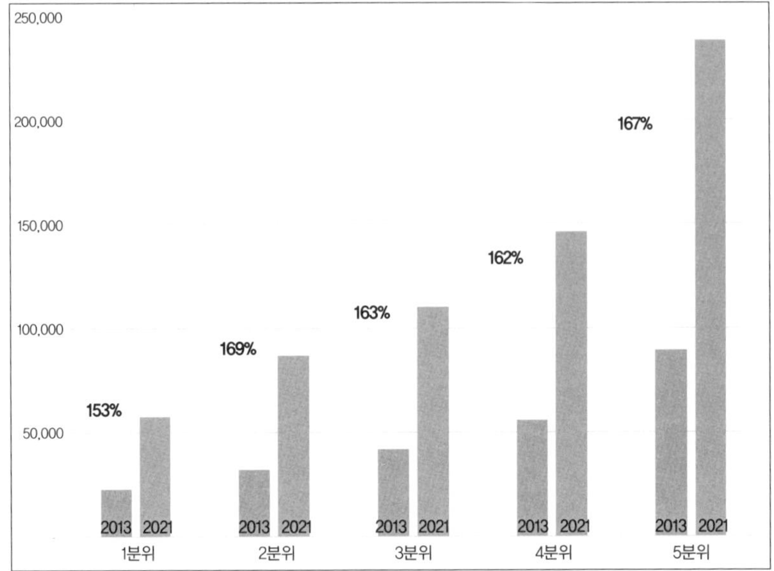

(금액 단위 : 천 원)

■ 표 01-05. 수도권 5분위 아파트 평균 가격 흐름(2013~2021)

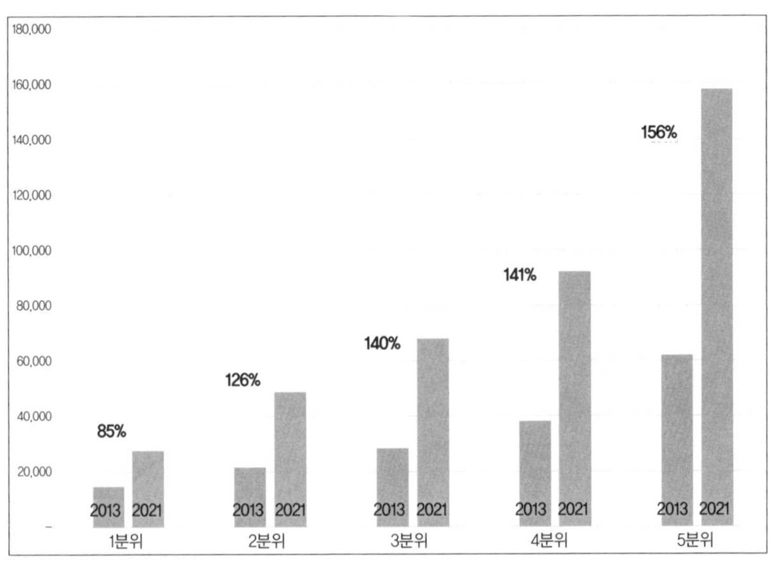

(금액 단위 : 천 원)

■ 표 01-06. 5대 광역시 5분위 아파트 평균 가격 흐름(2013~2021)

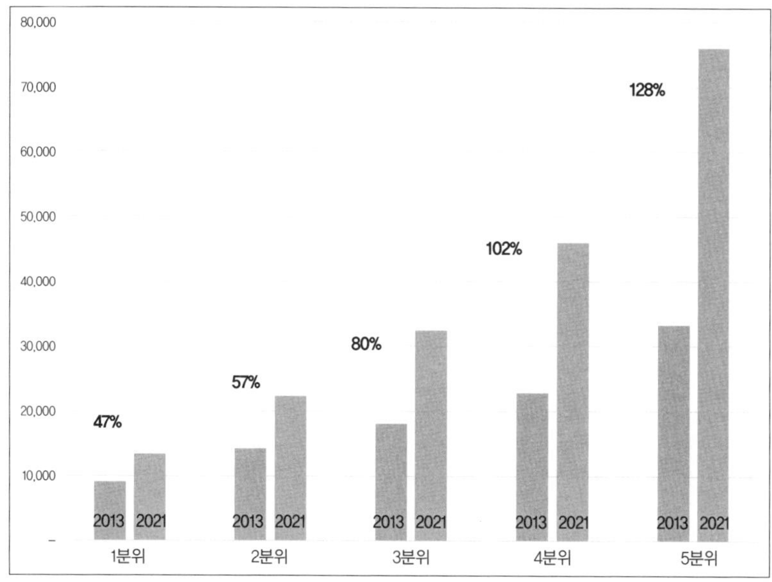

(금액 단위 : 천 원)

■ 표 01-07. 전국 5분위 아파트 평균 가격 흐름(2013~2021)

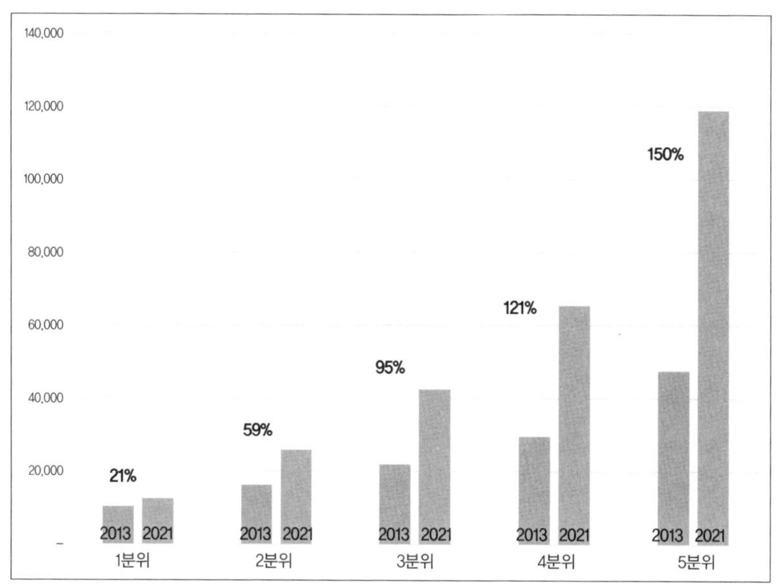

출처 : KB부동산(금액 단위 : 천 원)

비싼 아파트(5분위)가 더 많이 오른다는 것을 확인할 수 있다. 그렇다면 만일 월 1000만 원 이상의 소득을 거둔 사람들은 그동안 소득이 얼마나 올랐을까?

2021년 통계청 자료에 따르면 우리나라 10%에 속하는 가구의 월 가계소득(근로, 사업)은 약 1200만 원 수준이다. 약 10년 전인 2013년 기준 823만 원에 비해 47%가 상승했다. 그렇다면 2013년에 서울이나 수도권의 아파트를 산 사람 또는 5개 광역시와 전국적으로 최하 20%(1분위)를 제외한 대부분의 주택(약 80%)을 산 사람이 무주택으로 소득 10% 안에 들어가는 계층보다 훨씬 더 높은 소득을 얻었음을 알 수 있다. 중간 수준 이상의 아파트를 샀다면 자산 상승의 폭은 더 컸을 것이다. 상위 소득 10% 안에 들면서 아직까지 내 집 마련을 하지 못한 사람이 있다면 더욱 눈에 불을 켜야 할 것이다. 이는 뒤집어 말하면 우리 가정이 한 달에 1000만 원 이상 벌지 못하더라도 서울, 수도권 또는 웬만한 지역에 중간급 이상의 '내 집'만 있었다면 상위 10%의 고소득자를 부러워할 필요가 없다고 해석할 수도 있다. 오히려 그들이 여러분을 부러워할 것이다. 무주택자일수록 지금 당장 내 집 마련을 위한 공부를 해야 하는 이유다.

집도 없는데 주식 투자를 한다고?

장기간 저금리가 이어져 오고 있었다. 그러던 중 2020년 초에 발생한 코로나19로 인한 팬데믹은 시중의 유동성에 기름을 부었다. 결국 현금 가치의 하락을 우려한 많은 이의 관심은 어느 때보다 재테크로 쏠렸다. 금융투자협회에 따르면 주식 예탁금 규모가 2019년 약 27.4조 원에서 2020년에는 60조 원을 넘더니, 2021년에는 급기야 70조 원을 넘어서기까지 했다. 신문의 경제면을 펼치면 주식이 힘든 이들을 위해 수많은 펀드 상품들을 소개하고 있다. (우리 눈에는 잘 띄지 않지만) 누군가가 주식으로 대박 쳤다는 뉴스도 들리고. 그러다 보니 무주택자들 중에도 주식하는 사람이 많다. 예전 같으면 경제 TV 채널이나 신문에만 나올 법한 재테크 전문가들이 최근에는 지상파를 비롯한 각종 TV 예능 채널에도 등장하고 있다. 나오는 이들은 주로 주식 등 금융 전문가들이다. 대화 내용도 대부분 펀드나 주식과 관련된 얘기가 많다. (하긴 지상파 TV나 인기 있는 예능 채널에서 부동산 전문가가 나와 "이제 집값 더 오릅니다"라고 해 보자. 팩트 여부와 관계없이 무주택 서민들로부터 엄청난 항의를 받을 것이다.)

그중에 이런 분위기에 불을 지른 사람이 있다. 수년 전부터 개인 투자자들의 주식 투자를 도와, 이른바 '동학개미운동'을 이끌었다고 평가받는 분이다. 심지어 TV에서는 이분을 한국의 워런 버핏이라고까지 부른다. (굳이 실명은 거론하지 않겠다.). 이분은 집을 사거나 전세가 아닌 월세를 얻어서 그 돈으로 주식 투자를 하라고 권한다. (기본적으로 전세 얻지 말고 월세를 얻으라는 의견에는 나도 동조하는 바다. 전세는 기본적으로 2년 뒤 또는 4년 뒤에 돈을 고스란히 돌려받는 대신 남의 집에서 주거 안정을 누리며 살 수 있는 우리나라의 독특한 제도다. 더 자세한 내용은 뒤에서 설명하겠다.) 2020년에도 여러 차례 언론과의 인터뷰에서 "서울 일부 지역만 제외하고 부동산은 계속 떨어지고 있다. 부동산은 대출받아서 하는 레버리지 투자이기 때문에 이자를 생각하면 번다고 볼 수 없다. 부동산 가격이 떨어지는 일만 남았다"고 말하는 것을 보았다. (주식은 오르는데 부동산이 떨어질 것이라는 근거가 무엇인지는 모르겠으나 이 부분은 여기서는 논외로 하겠다.)

여기에서는 주식과 아파트를 각각 장기간 가지고 있었을 때 실제로 어떤 자산의 수익률이 높았는지를 살펴보고자 한다. 여러분이 2000년 1월에 각각 주식과 아파트를 샀다고 가정해 보자. (최근 5년간 만으로 데이터를 추출하면 주택 가격이 주식보다 월등한 수익률을 보인다. 그러나 논의를 일반화하기 위해 20년 이상의 변동률을 확인하는 것임을 밝힌다.) 여기서 여러분이 주식시장 지수를 이기는beat the market 초고수는 아니더라도 따라갈 수 있는follow the market 중고수 이상은 된다고 전제하겠다. 그래서 지수의 기준은 종합주가지수 KOSPI와 KOSPI 50, 코스닥KOSDAQ이다. (물론 당신이 시장을 이기는 주식을 가지고 있었을 수도 있다. 그런 논리라면, 분명히 평균 가격 이상으로 상승한 아파트도 분명히 있을 것이다. 여기에서는 우리가 그 누군가보다 특별하다는 생각은 제외하고, 최대한 논의를 일반화해 보자.) 아파트는 전국, 수도권, 6개 광역시의 KB아파트 매매가격 지수를 활용하고자 한다.

2000년 이후 주식과 아파트 주요 대표 지수의 변동률을 따져 보았다. [표 01-08]에서 보듯이 모든 대표 지표에서 아파트가 주식을 앞서고 있었다. 만일 2000년에 서울에 내 집 마련을 했더라면 높은 가격 상승을 경험했을 것이다. 반대로 그 당시에 코스닥 주식을 샀다면 20년이 지난 지금까지 반토막 이상의 손해를 복구하지 못했을 것이다. 굳이 서울 아파트 또는 KB선도 50 지수를 따지지 않더라도 전국 및 수도권,

■ 표 01-08. 주가지수와 아파트 가격 지수 흐름(2000. 1~2022. 4)

구 분		주가 및 아파트 매매지수		지수 변동률	
		2000.1월	2022.4월		순위
주식	코스피 50	1000.00	2431.60	143%	5
	코스피	1059.04	2695.05	154%	4
	코스닥	2660.00	904.75	-66%	6
아파트	전국	29.9	100.5	236%	2
	서울	23.3	100.3	330%	1
	6개 광역시	31.3	100.2	220%	3

출처 : KRX 정보데이터시스템, KB부동산 (주가지수는 2000년 1월 4일과 2022년 4월 29일 종가 기준, 아파트는 2000년 1월과 2022년 4월 월간 KB지수 기준)

- 코스피 50은 코스피 상장기업 중 기업 규모나 실적 등을 기준으로 상위 50개 종목을 따로 모아 주가지수화한 것이다. 이와 비슷한 개념으로 아파트에는 KB선도 50 지수가 있다. 이는 시가총액 50개 단지의 아파트를 선정하여 매월 시가총액 변동률을 지수화한 것으로, KB부동산에서 2008년부터 공개하고 있다. 기간의 차이 때문에 비교 대상에 넣지는 않았다. (참고로 KB선도50의 2017년 1월부터 2022년4월까지 5년간의 지수 변동률은 109%다. 비싼 아파트일수록 더 가파르게 오른 것을 확인할 수 있다.)
- 변동률(증감률) 계산식 : (비교 지수/기준 지수)-1

6개 광역시의 아파트 매매가격 지수가 대부분의 주가지수 변동률을 앞서고 있었다. (참고로 코스피 50, 코스피 100, 코스피 200을 모두 비교한 결과 코스피 50의 지수 변동률이 가장 높았다.) 재미있는 것은 주택 가격의 상승으로 인한 심리적 안정감이 주식시장에 긍정적인 영향을 준다는 연구 결과도 있다는 점이었다.(유한수, "주택 시장과 주식시장 간의 연관성", 「부동산 정책 연구」 18집 2호, 2017, 1~11쪽)

주위를 둘러보아도 아파트로 돈 번 사람은 있어도 주식으로 돈 번 사람은 찾아보기 힘들었을 것이다. 혹시 독자 스스로도 'TV, 신문, 책에는 주식으로 돈 번 사람이 이렇게 많은데, 왜 나만 안 될까? 내가 어디가 부족한 걸까, 아니면 주식 공부를 덜 한 걸까?'라고 생각해 본 적이 있을 것이다. 만일 이렇게 생각했다면 자책할 필요가 없다. 엄청난 변동성의 시련을 이기고 시장지수라도 따라갈 수 있는 실력자가 22년간 -66%에서 154% 정도의 수익을 거두는 곳이 주식시장이다. 반면 데이터상에서 보듯이 같은 시기에 서울이나 전국 어디에라도 내 집 마련을 해 두었더라면 주식보다 높은 수익률을 거뒀을 것이다. 더군다나 주식의 변동성은 주택 가격을 훨씬 앞선다. 일반인이 집중하지 못하고 매일 HTS 창을 보는 이유다. 엄청난 프로가 아닌 이상 매도 타이밍을 잡지 못하고 손절매한 경험이 분명히 여럿 있을 것이다. 그러면서 '다시는 절대로 주식 투자하지 않겠다'고 마음먹을 것이다.

예전에도 경제 전문가들이 수차례 주택 가격이 대폭락할 것이라고 예언하는 책을 썼다. 그들은 베스트셀러 작가가 되었지만, 그로 인해 집 사는 걸 보류하거나 또는 있는 집마저 팔아 피해를 본 사람이 수두룩하다. 많은 사람의 투자 멘토가 되고 있는 분들은 본인이 모르는 분야에 대해서는 언급을 조심해야 한다고 말하고 싶다. 현명한 판단에 지장을 초래하여 본의 아니게 선의의 피해를 입는 사람들을 양산할 수 있기 때문이다.

끝으로 주식보다 내 집 마련을 우선해야 하는 가장 큰 이유가 있다. 주택은 설령 가격이 떨어지더라도 실체가 있다는 것이다. 즉, 가족이 함께 살며 추억을 쌓는 가치 효용은 이미 돈으로 셀 수가 없다. 그러나 주식은 어떠한가? 투자재로써 돈을 벌지 못한다면 개인에게 주는 효용은 아무것도 없다. 독자 여러분이 엄청난 주식 고수라면 모르겠으나 무주택자면서 어설픈 실력으로 주식 투자하고 있다면 명심하라. 주식 투자를 하는 데 쓰는 에너지의 절반을 들여 이 책에 나온 방법을 철저하게 익히고 내 집 마련에 힘쓰는 게 더 효율적인 투자법이라는 것을.

이론편

PART 2.

정보와 소음을 구별할 줄 알아야 한다

나는 평상시 두 가지 신문을 구독한다. 하나는 중앙지, 하나는 경제지다. 어떤 때는 제목과 기사 몇 줄만 읽는데도 한 시간이 훌쩍 흐른다. 어디 그뿐인가? 유튜브, 각종 SNS, 인터넷 뉴스 등 다양한 매체를 통해 우리는 과거와 비교할 수 없을 정도의 다양한 소식과 정보를 접하게 된다. 너무 많은 정보가 한꺼번에 쏟아지다 보니 어떤 때는 이러한 뉴스에 소홀히 하다가 빠르게 변해 가는 세상에서 나만 괜히 뒤처지는 게 아닌가 싶은 생각이 들기도 한다.

이런 상황에서 많은 무주택자들은 더욱 망망대해에 있는 섬 같은 느낌을 받지 않을까? 신문, 방송 등에서 나오는 기사 그리고 정부의 발표를 들어 보면 '이제 곧 금리는 오를 테니', '미국에서 유동성을 줄이겠다고 하니' 이제는 (내가 생각하기에) 이 미친 아파트 가격이 떨어지지 않을까 싶다가도, 언론에서 어떤 전문가들이 올해도 서울 등 입주 물량 부족한 지역 중심으로 주택 가격이 오른다고 전망하면 또 마음이 흔들릴 것이다. 매일 쏟아지는 정보가 도움이 되기는커녕 오히려 무주택자들을 혼란에 빠뜨린다는 사실이 아이러니하다. 사실 무주택자 (또는 갈아타기를 계획 중인 1주택자 등) 중 많은 이가 주택 매매를 고려할 때 금리 이외에도 세계경제 및 국내 경제 상황, 인구수 감소 등 여러 변수를 고민한다. 이유는 단 하나, 가장 쌀 때 주택을 사고, 가장 비쌀 때 팔고 싶기 때문이다. 특히 내가 그동안 만나 보고 겪었던 무주택자들의 가장 큰 특징 중 하나는 거시경제 변수, 그중 금리에 굉장히 민감했다. (아마도 언론 또는 전문가—라 불리는 이들—의 영향 때문일 것이다.) 그러나 이런 것들이 과연 주택 수요자가 어느 특정 지역의 주택 매매를 고려할 때 의미가 있을까? 우리가 알고 있는, 우리가 믿고 있는 또는 언론과 정부 등에서 우리가 믿어야 한다고 부추기는 내용은 과연 믿어도 될까? 금리는, GDP는, 세계경제는, 인구수는 과연 주택 가격에 그동안 얼마나 영향을 주었을까? 이에 대한 기존의 연구 자료와 실제 지표들의 흐름을 살펴보고자 한다.

이 책에서 주택 가격이 오를지 떨어질지 전망하거나 살지 말지를 부추기지 않을 것이다. 다만, 지표들의 흐름과 다양한 연구 자료 및 전문가들의 의견을 제시하면서 무주택자들이 주택 구입에 대한 나름의 기준을 세우는 기회를 제공할 것이다.

어설픈 경제 지식이 두려움을 만든다

금리가 오를까 봐 집을 못 산다고?

2018년 9월 이낙연 전 국무총리는 국회 대정부질문에 출석해 "기준금리 인상을 심각하게 고려할 때가 되었다는 의견에 동의한다"고 말했다. 뒤이어 2018년 10월에 김현미 전 국토부장관은 "금리(인상) 문제에 대한 전향적인 고민이 필요하다"고 말했다. 또한 집값 폭등의 원인을 묻는 질문에는 "저금리 정책의 지속으로 인한 시중 유동성 과잉이 가장 큰 이유 중 하나"라며 "지난 정부(박근혜 정부)부터 지속된 저금리가 정권이 바뀜에도 불구하고 전혀 변화가 안 일어나는 게 유동성 과잉의 원인"이라고 지적했다.

결국 저금리로 인해 만들어진 유동성 과잉으로 서울 등 여러 지역에서 주택 가격이 치솟았기 때문에 금리를 인상하면 가격 상승을 억제할 수 있으리라 본 것이다. 정부 관료가 자신의 권한 밖에 있는 금융통화위원회(금통위)의 금리 결정 권한까지 언급한 것이다. 이에 대해 이주열 한국은행 총재는 며칠 뒤 금통위 회의에서 "통화정책에서 주택 가격은 하나의 고려 요인이지만 과거 사례를 보면 금리와 주택 가격이 일관된 관계를 보이지 않는다", "이는 주택 가격 결정에 있어 금리 외에도 다른 요인이 많이 작용하고 있다는 의미"라고 밝혔다.

실제로 이낙연 전 총리와 김현미 전 장관처럼 금리가 오르면 주택 가격이 떨어질 거라고 생각하는 사람이 많은 듯하다. 그러한 생각을 하는 데에 물론 나름의 논리가 있다. 바로 정책 금리가 올라가면 주택을 구매하기 위한 대출금리가 올라가고, 그러면 매수자들은 주택 구입에 부담을 느낄 것이다. 그 결과 주택 구매 수요에 부정적인 영향을 주어 주택 가격 상승을 억제하는 효과가 있다는 것이다.

이러한 금리와 주택 가격에 대한 다양한 연구와 전문가들의 의견이 있었다. 그런데 앞서 제시된 내용만 종합해 보더라도 금리가 주택 가격에 미치는 영향이 연구 결과마다 다르다. 금리가 오르면 무조건 모든 주택 가격이 상승하고, 금리가 내려가면 반대 상황이 되는 것은 아니다. 시기별, 지역별로 미치는 영향이 다르다는 것이다. 심지어 금리가 주택 가격에 크게 영향을 미치지 않는다고 주장한 논문도 있다.

이번에는 2020년 1월 17일, 기준금리를 연 1.25%로 동결할 당시의 2020년도 제1차 금융통화위원회(정기) 의사록 공개 자료를 보자. 금리 동결 주장 위원들은 "주택 가격 상승에 저금리가 일조"했다는 의견을 낸 반면 금리 인하를 주장한 위원들은 "주택 가격이 가계 부채와 연동되어 상승하는 것이 아니라 공급 제약에 기인한 것으로 본다"는 견해를 밝혔다. 이처럼 주택 가격과 금리의 관계는 산술적이지 않고 연구 자료와 전문가들 사이에서도 의견이 엇갈린다.

이번엔 전문가들의 판단에 맡기지 말고, 실제로 2000년 이후 정책금리가 주택 가격과 어떤 흐름을 보였는지 여러분이 직접 확인해 보기 바란다. 모든 도시의 사례를 들 수는 없으므로 대표적으로 몇 개 지역만 제시한다.

[표 02-01] 자료를 보면 서울은 거의 금리와 상관없는 모습을 보인다. 2000년대 초반이나 2005년 이후 기준금리가 5% 가까이 치솟는 급격한 금리 상승 시기에도 오히려 가격이 올랐다. (현재 기준금리는 2022.4월 현재 1.50이다.) 세계적인 금융 위기가 발생한 2007년 후반 금리는 2%까지 곤두박질쳤다가 2010년에 3%대까지 올린 후 2017년까지 1%대로 다시 하락하는 모습을 보였는데, 서울 아파트 가격은 금리의 급격한 변동과는 상관없이 2007년부터 2016년까지 완만한 하락과 상승의 모습을 보였다. 대구와 광주도 금리와 연동한다고 단정하기 어렵다. 2000년 초반부터 2007년 중반까지 금리의 상승과 하락이 급격했지만 두 지역의 주택 가격은 완만한 곡선의 모습을 보였다. 특히 2010년경에 금리를 2%대에서 3%대 이상으로 급격하게 올리는 구간에서 오히려 대구와 광주는 주택 가격이 높은 상승을 보였다.

금리가 주택 매수 수요자들에게 심리적인 부담 또는 조달 비용의 일부 상승을 일으킬 수는 있겠으나 절대적인 변수가 될 수 없음을 직접

■ 표 02-01. 정책 금리와 서울, 대구, 광주 아파트 매매가격 지수 비교(2000 .1~2022. 4)

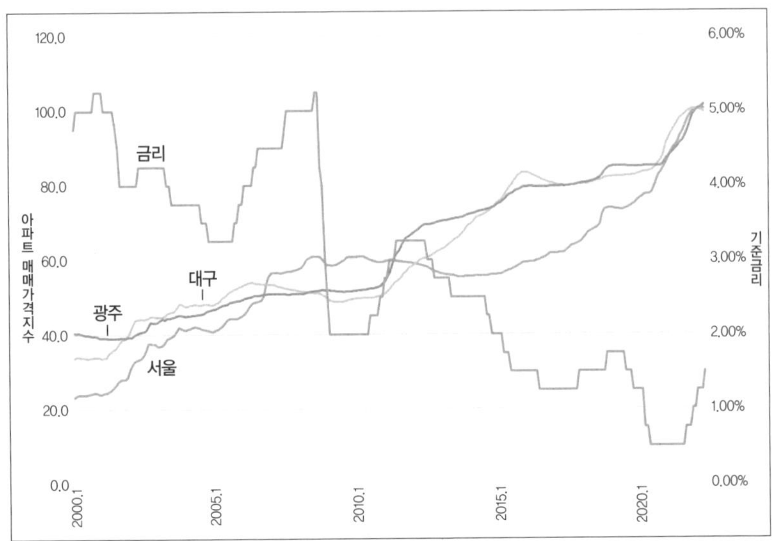

출처 : 한국은행, KB부동산

정책 금리 : 각 나라의 중앙은행이 통화 공급을 조절하기 위해 활용하는 공식 금리다. 우리나라는 IMF를 계기로 콜금리 목표제를 도입하게 된다. 콜금리는 금융기관 상호 간에 자금 부족을 조절하기 위해 초단기로 자금을 빌리거나 빌려주는데 이것을 '콜'이라 하고, 이에 따른 이율을 '콜금리'라고 부른다. 그리고 1999년 5월 6일 4.75%로 기준금리를 콜금리 목표로 설정하게 된다. 그러나 '콜금리' 조절이 시장 상황을 제대로 반영하지 못한다는 판단하에 2008년 3월 이후부터는 현재와 같은 한국은행 기준금리로 운영하고 있다. 우리나라에서 정책 금리(기준금리)는 통안증권MSB, Monetary Stabilization Bond을 담보로 하는 7일물 환매조건부증권RP, Repurchase Agreement 금리다.

확인해 보았다. 그 영향이 지역별·시기별로 다를 뿐 아니라 크지도 않았다. 심지어 서울의 주택 가격은 금리와 관계없이 움직였다. 이는 주택 가격에 영향을 미치는 더욱 중요한 변수들이 많다는 의미다.

이제부터 무주택자들은 기억하라! 이후에 설명하겠지만 금리 인상을 정확히 예측한다는 것은 어떤 전문가도 할 수 없을 뿐만 아니라 '내 집 마련'의 판단을 헷갈리게 하는 요소다. 물론 본인의 현금 보유 상황과 대출 여력 한계 등 재무 여건을 감안해서 신중해져야 하는 것은 분명하다. 그러나 지금까지 살펴본 대로 '금리 인상'이 곧 '주택 가격 하락'으로 바로 연결된다고 판단하지는 말아야 한다. 오히려 우리가 예측할 수 있으면서 주택 시장에 직접적인 영향을 주는 변수가 무엇인지 찾으려 노력하는 게 훨씬 더 생산적이다.

테이퍼링? 양적 긴축? 주택이 얼마나 줄었는지는 따져 보았나? (유동성과 지역별 2021년 주택 입주 물량)

신문 경제면에 10년째 단골 메뉴로 나오는 단어가 있었다. 바로 '테이퍼링'이다. '점점 가늘어진다'는 뜻으로 2013년 5월 당시 벤 버냉키Ben Bernanke 미 중앙은행Fed 의장이 언급하면서 유명해졌다. 간단히 설명하면 다음과 같다. 금융 위기 이후 미국은 나라의 운영자금을 마련하기 위해 엄청난 양의 채권을 발행한다. 그리고 중앙은행이 이렇게 발행한 채권들을 매입함으로써 시중에 돈을 푸는 것을 양적 완화라고 한다. 여기에서 테이퍼링이란 양적 완화의 규모를 줄인다는 의미다. 실제로 미국 중앙은행은 2021년 11월부터 시작한 자산 매입 축소의 규모를 늘려 2022년 3월까지 마무리했다. 이는 자산의 양극화—즉 부동산이나 주식 등 자산을 가지고 있는 사람만 더욱 부자가 되는—현상도 있지만 무

■ 표 02-02. 미국 통화량(M2)과 소비자물가지수 추이

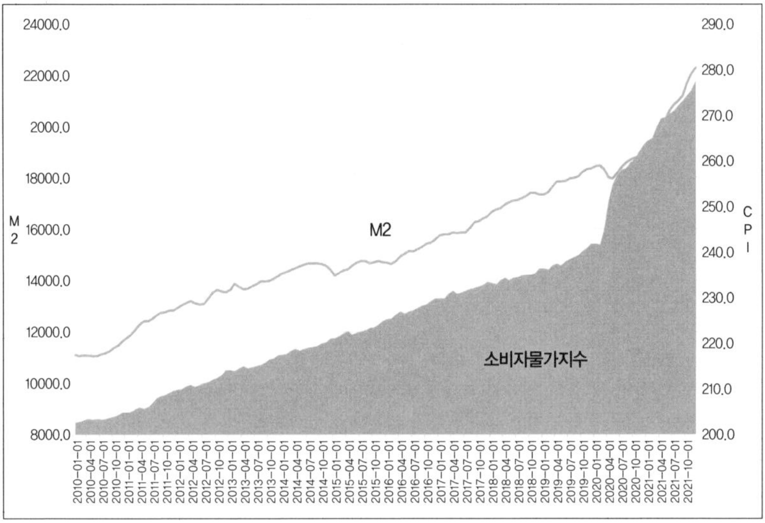

출처 : Federal Reserve Economic Data

유동성 지표: 크게 M1과 M2, 두 가지를 사용한다. M1은 가장 좁은 의미의 돈으로 내가 언제든지 요구하면 현금화가 가능하다. 지폐, 동전 또는 근처 은행 ATM기계에서 찾을 수 있는 요구불 예금 등을 포함한다. M2는 M1에다가 2년 미만짜리 정기예금 등 짧은 만기에 묶여 있는 돈까지 포함한다. 흔히 시중에 유동성을 확인할 때 쓰이는 지표다.

소비자물가지수 : 소비자가 구입하는 상품과 서비스의 가격 변동을 측정하기 위한 지표다.

었보다 가파르게 오르고 있는 물가 때문이다. 여기에 더해 2022년에는 보유 자산—주로 채권—을 줄이는 방식 등을 통해 시장에 풀었던 돈을 회수하는 양적 긴축에 대해서도 자주 언급되고 있는 상황이다.

우선 실제로 미국에 돈이 얼마나 풀렸고, 물가의 흐름은 어떤지 살펴보자.

[표 02-02] 자료를 보면, 2010년부터 전반적으로 꾸준히 통화와 소비자물가지수가 우상향하는 것을 볼 수 있다. 테이퍼링이 계속 제기되었던 이유다. 그러다가 2020년 이후 예상치 못했던 팬데믹의 영향으로 미국의 통화량은 엄청난 속도로 증가한다. 소비자물가지수도 2021년 12월 기준으로 한 해 전보다 7.1%나 올랐다. 이는 40년 만에 최고치다.

많은 전문가와 언론들은 원자재 가격의 상승, 그린플레이션, 공급망 애로 등에서 문제를 찾기도 했다. 이에 대해 〈중앙일보〉는 통화론자인 존스홉킨스대 스티브 행키Steve Hanke 교수와의 인터뷰를 진행했다. 그는 통화론자답게 "모든 물가 상승은 통화량 급증 때문이다. 총통화M2 증가율이 13%를 넘고 있는 마당에 물가가 뛰는 것은 자연스럽다"라고 답했다(2022. 1. 11). 행키 교수는 물가를 잡기 위해서는 금리 인하만으로 부족하다며 M2 증가율을 낮춰야 한다고 주장했다. 이런 상황을 감안하면, 미국이 지난 2021년 11월부터 2022년 3월까지 매월 300억 달러씩 채권 매입 축소를 진행하고, 양적 긴축을 단행하려는 상황이 충분히 이해된다.

한국도 시중에 풀린 유동성을 신경 쓰지 않을 수 없다. [표 02-03]을 보자. 최근 10년간 한국의 소비자물가지수 CPIConsumer Price Index 전년 동

■ 표 02-03. 소비자물가지수 전년 동기 대비 증감률

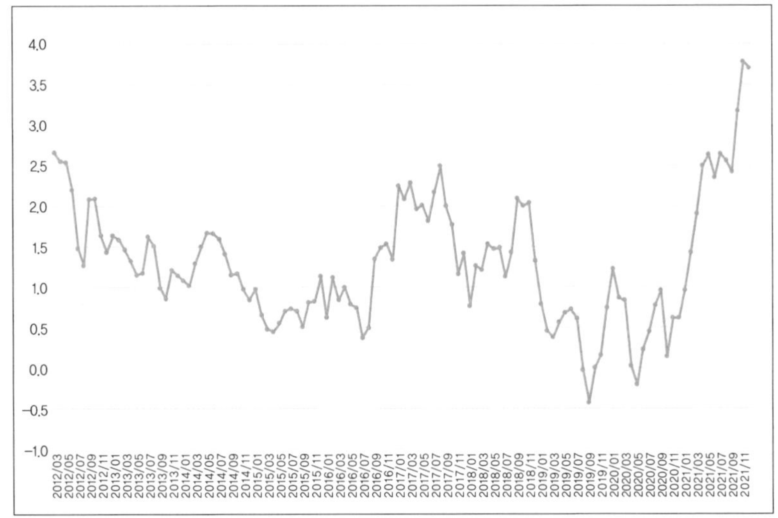

출처 : 한국은행

기 대비 증감률 추이를 보면 2020년 중반 이후부터 급격하게 치솟고 있기 때문이다. 그렇다면 2000년 이후 우리나라의 전체 시중에 풀린 돈 중에 단기성 자금 비율을 나타내는 M1과 M2 현황은 어떻게 될까?

2000년 이후 M1의 증가율이 꽤 높은 편임을 알 수 있다. 즉 전체 유동성 중에서 단기자금이 시중에 빠르게 확대되고 있다는 의미다. 이를 좀 더 자세히 알아보기 위해 M1/M2 비율을 살펴보았다.

2000년 이후 우리나라의 M1/M2 평균 비율은 29%이며, 노무현 정부와 문재인 정부에서 두드러지게 평균값을 넘어서고 있다. [표 02-04]를 보면 2020년 이후에는 20년간 평균보다 약 6~7% 높은 37~38%에 달하는 역대급 단기 유동자금이 풀려 있음을 확인할 수 있다. 결국 M1/M2의 비율이 높다는 것은 이자와 관계없이 즉시 자산 시장에 투자할 수 있

■ 표 02-04. M1과 M2 흐름

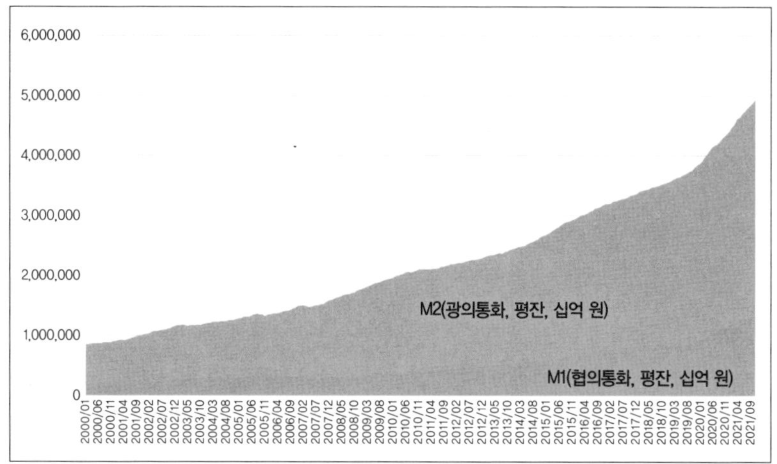

출처 : 한국은행

■ 표 02-05. 2000년 이후 M1/M2 비율 흐름

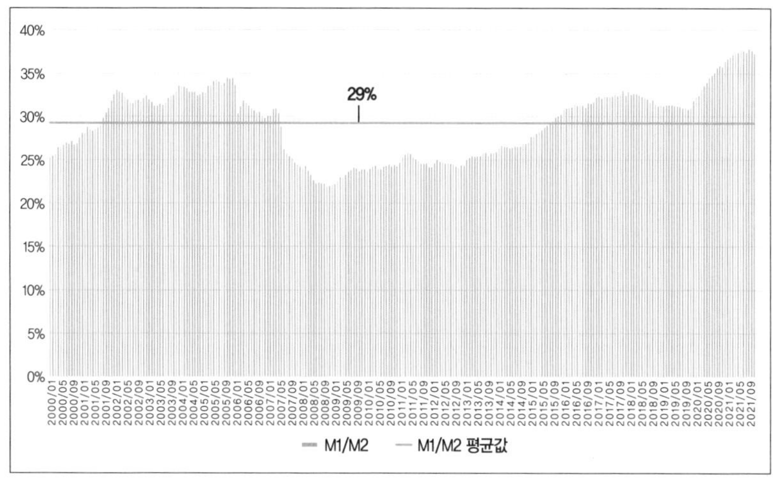

출처 : 한국은행

는 돈이 시중에 많이 풀려 있다고 해석할 수 있다. 저금리가 주택 가격에 영향을 주는지에 대해서는 이견이 있다. 하지만 대부분의 논문은 넘치는 유동성이 주택 가격에 영향을 준다는 것에 한목소리를 내고 있다.

여기에서 스티브 행키 교수의 말을 다시 한 번 곱씹어 보자. 교수의 말을 단순하게 정리하면 결국 물건의 개수가 늘어나는 속도보다 총통화량의 증가 속도가 더 빠르기 때문에 돈의 가치는 하락하며 물가가 올라갈 수밖에 없다는 의미다. 예를 들면, 어느 지역에 필수재인 빵이 10개 있고, 돈은 1000원이 풀려 있다고 치자. 빵은 그동안 100원이었다. 그런데 공장에서 빵 15개를 생산하는 동안 시중에 돈이 2000원 풀렸다. 더군다나 빵을 만들기 시작해서 먹을 수 있을 때까지 3년이 걸린다고 생각해 보자. 그렇다면 그동안 빵은 처음에 불린 유동성 때문에 200원까지 올라갔다가 빵이 다 만들어진 3년쯤 뒤에 약 133.33원(2,000원/15개)쯤에서 균형가격을 맞출 것이다. 물론 집과 화폐량이 1 대 1의 관계는 아니고, 세상이 지금 이야기처럼 그렇게 단순하지도 않다. 경제학 논쟁을 하고자 함은 더더욱 아니다. 핵심은 혹시 무주택자 중에서 유동성 긴축 통화정책에 대한 걱정 때문에 집 사기를 주저하는 사람이 있다면 그럴 필요 없다는 것이다. 그보다 집을 사기 위해 알아야 할 정보가 있다.

혹시 매수 희망 지역에 주택이 얼마나 줄고 있는지는 걱정해 본 적 있을까? 아마 많지 않을 것이다. 그렇다면 돈이 이렇게 풀리는 동안 필수재인 주택은 얼마나 새롭게 시장에 공급되었는지 알아보자. 통화론자 입장에서 논리를 아주 단순화해 보아도 주택 시장을 안정화시키기 위해서는 약 6~7%의 단기자금이 늘어난 만큼 주택이 새롭게 공급되었어야 한다. (물론 지역별로 소득 대비 입주 물량을 따로 구별해서 비교할 수도 있지만 내용이 지나치게 복잡해지는 반면 실효성은 의문이 있기에 여기에서 별도로 논의하지는 않겠다.) 그런데 [표 02-06]에서 보는 바와 같이 수도권을 포함해 전국적으로 입주 물량이 늘기는커녕 오히려 직전 최근 5년 평균보다 상당한 수준으로 줄어든 것을 볼 수 있다.

참고로 국토부 산하기관인 한국부동산원에서는 2022년부터 입주 물량을 발표하기 시작했다. 따라서 과거 연도별 입주 물량은 민간 통계

■ **표 02-06. 직전 5년(2016~2020년) 대비 2021년 지역별 입주 물량 비교**

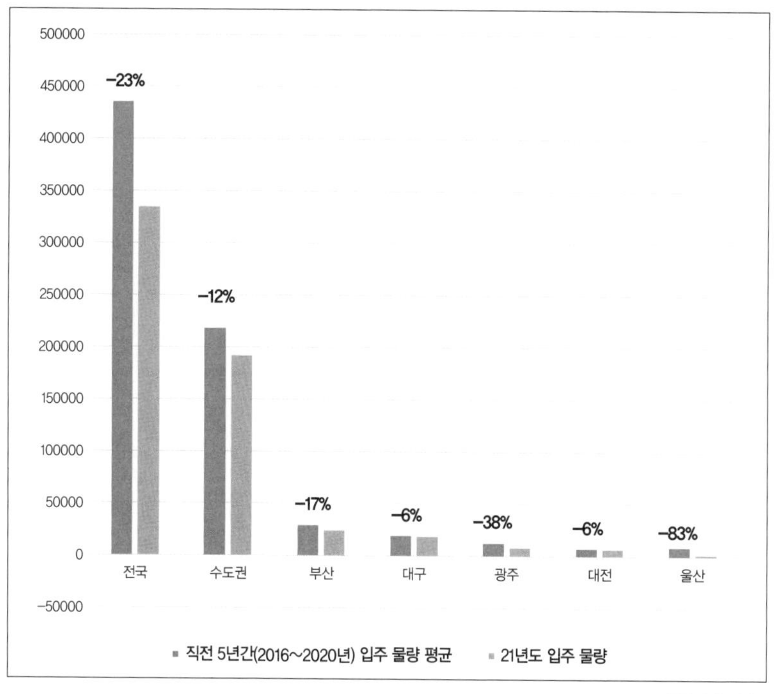

출처 : 부동산지인

자료에서 확인할 수밖에 없었다.

입주 물량이 줄어든 것 역시 전국적으로 가격이 치솟은 중요한 이유 중 하나라고 할 수 있다. 이에 따라 아파트의 평균 가격은 한 해 동안에만 아래와 같은 폭발적인 흐름을 보였다.

■ **표 02-07. 아파트 평균 가격 흐름**

지역	평균 가격			㎡당 가격		
	'20.12	'21.12	변동률	'20.12	'21.12	변동률
전국	45,017	55,322	23%	526.9	661.6	26%
수도권	62,845	79,081	26%	738.3	952.9	29%
5개 광역시	33,054	39,701	20%	377.2	463.6	23%

출처 : KB부동산(금액 단위: 만 원)

(사실 한 해의 입주 물량만으로 가격 흐름을 예측하고 판단하는 데는 한계가 있다. 수년간 입주 물량과 가격 흐름은 어떠했는지를 함께 봐야 종합적으로 이해가 가능하다. 또한 광역시나 도 단위가 아니라 인근 지역까지도 함께 따져 봐야 한다. 이는 실전편에서 다룰 예정이다.)

2021년에 입주 물량이 이렇게 감소한 것은 2017년 이후 주택 인허가 실적과 관련이 있다. 주택은 바로 건설되는 것이 아니기 때문에 보통 아파트는 사업 승인을 받고 약 3년 정도 뒤에 입주한다. 즉 인허가 실적은 약 3년 뒤의 입주 예정 물량이라고 판단할 수 있다.

이렇듯 공급 선행지표인 인허가 물량 자료를 보면 2015년부터 2017년까지는 수도권을 포함해 전국적으로 주택 인허가 물량이 확대된 것을 볼 수 있다. 이때 관리처분계획인가 등을 거쳐 착공했던 잠실의 헬

■ 표 02-08. 주택 건설 인허가 실적

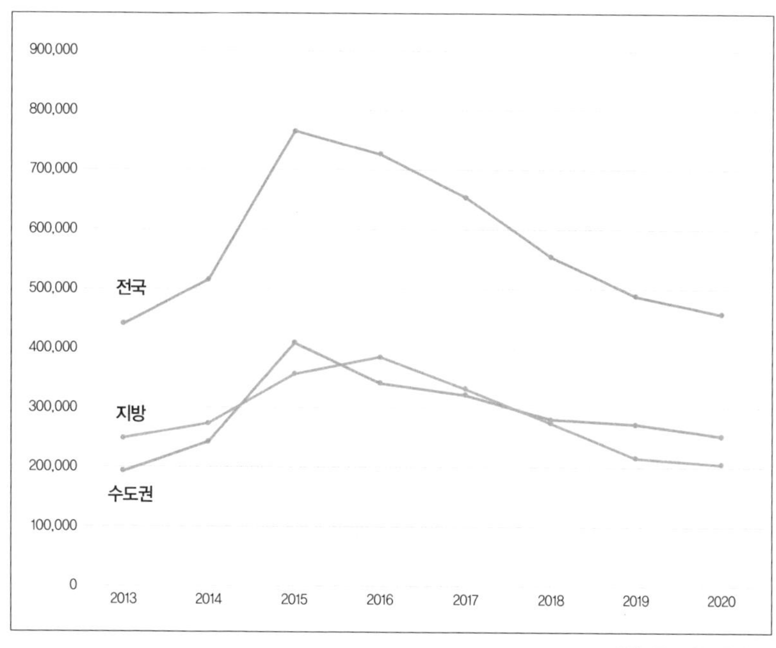

출처 : 국토교통부 통계누리

리오시티 9,510세대, 강동구 고덕 그라시움 4,932세대, 강동구 고덕 아프테온 4,066세대, 개포 재건축(블레스티지, 디에이치아너힐즈, 포레스트) 5,573세대 등이 대규모 입주를 했다. 여기에 더해 경기도도 2018년도에 약 15만 가구가 입주하는 등 비교적 안정적인 입주 물량이 기반이 되었다. 그러나 그래프에서 보이듯이 2018년부터 전국적으로 주택 건설 인허가 물량이 급격하게 떨어진 것을 볼 수 있다. 특히 수도권의 주택 건설 인허가 물량이 2014년 이후 처음으로 30만 호 이하로 내려간 뒤 계속 떨어지는 모습이다. 이는 결국 2021년의 수도권 입주 부족으로 인한 매매가와 전세가의 동반 상승을 일으켰다. 저금리, 전 정부의 대출 완화, 투기꾼만 탓할 게 아니라 정작 정부가 해야 할 일을 제대로 하지 못하고 시기를 놓친 것을 자각해야 한다. 다행히 공급의 중요성을 늦게나마 깨달은 문재인 정부는 2018년 12월 19일에야 수도권 제3기 신도시 입지 및 주택 공급 계획을 발표한다. 이때 공개된 대규모 택지 지구가 바로 남양주 왕숙, 하남 교산, 인천 계양 테크노밸리, 과천, 고양 창릉 지구다.

2020년 11월 30일 김현미 전 국토부장관은 "아파트가 빵이라면 내가 밤을 새워서라도 만들겠다"는 유명한 말을 남겼다. (이 말을 계기로 김현미 전 장관은 빵뚜아네뜨라는 별명을 얻기도 했다.) 그리고 변창흠 장관으로 바뀐 이후 '공공 주도 3080+', '2.4 대책' 등 다양한 공급 대책을 추가로 발표한다. 하지만 신도시는 기본적으로 계획 발표에서 첫 입주까지 절대적인 시간이 걸린다는 게 문제다. 3기 신도시도 아주 빨라야 첫 입주를 2026년 또는 2027년에 할 수 있다. 즉, 2017년 이후 30만 호 이하로 감소한 주택 건설 인허가 실적으로 인해 2022년 이후 당장 입주할 수 있는 물량이 더 줄어든다는 것이다. 주택 건설 인허가가 계속 줄어들었던 지역은 그 기간만큼 입주 부족과 더불어 가격 불안정이 예상된다.

최근 급격한 물가 상승으로 인해 우리나라의 중앙은행도 유동성을 관리해 나가지 않을 수 없다. 그러나 이러한 소식을 들었다고 해서 바로 내 집 마련을 보류할 필요는 없다. 독자 여러분이 신경 써야 할 것은 자신이 지역의 주택은 얼마나 감소하고 있는지, 즉 입주 물량이 부족해지고 있는지를 알아보는 것이다. 그렇다면 이런 내용들은 어디에서 알아봐야 할까? 걱정할 필요 없다. 실전편에서 구체적으로 다룰 예정이다.

경제성장(GDP 성장률 · 경기종합지수)과 주택 가격은 얼마나 상관있을까?

전문가들이 부동산 시장 하락을 전망할 때 금리 인상, 유동성 축소와 함께 가장 많이 드는 이슈가 국내 경제 침체 우려일 것이다. 기사를 하나 보자.

> 요동치는 글로벌 경제 위기에… 국내 부동산 시장 영향은?(〈동아일보〉, 2020. 3. 15)
>
> 신종 코로나바이러스 감염증(코로나19) 충격이 국내외 경제 전반으로 확산되는 가운데 사태가 더 길어지면 외환 위기나 글로벌 금융 위기 때처럼 국내 집값이 하락할 수도 있다는 관측이 나오고 있다. 이달 9일 국내와 해외 증시가 일제히 폭락하면서 코로나19 사태가 글로벌 경제 위기로 번지는 것 아니냐는 우려가 커졌기 때문이다.
>
> 부동산 전문가들은 향후 주택 시장에 대해 "코로나19 사태가 얼마나 지속될지에 달려 있다"면서도 "장기화될 경우 집값이 하락할 수도 있다"고 전망했다.

아! 너무 떨리는 기사다. 국내 경제도 아닌 글로벌 경제가 위기라니! 당연히 전문가들도 집값이 하락할 수 있다고 생각할 수밖에 없을 것이다. 무주택자 입장에서는 이 기사를 읽는 동안 주택을 살까 고민해 오다가 또 기다려야 한다는 명분이 생긴 셈이다.

실제로 국내총생산, 경기동행지수, 산업생산지수 등이 주택 가격에 영향을 미친다는 연구 결과들을 찾아볼 수 있다.(장한익, 임병권, 김형근, “국내외 거시경제 변수를 고려한 주택의 매매와 전세 가격 간 동조화 변화 분석”, 「주택연구」 제27권 4호, 2019, 89~124쪽, 함종영, 손재영, 황세진, “동태 요인 모형을 이용한 주택 가격 변동 요인 분석”, 「한국부동산분석학회 상반기 온라인 학술대회」, 2021, 210~221쪽)

그로 인해 우리는 경제가 어려우면 결국 수요에 부정적인 영향을 미쳐 자산 시장도 위험해지지 않을까 생각한다. 가뜩이나 주택 시장에 민감한 무주택자들은 매수 대기 경향을 보일 수밖에 없을 것이다. ‘경제가 어려우면 돈이 잘 안 돌 것이고, 결국 유효수요가 줄어 집값이 하락한다’는 흐름에 의한 의심도 물론 영향을 주겠지만 본능적으로 그럴 수밖에 없는 이유가 있다. 1997년 IMF 구제금융과 2008년 서브프라임모기지 부실로 인한 글로벌 금융 위기, 두 사태 다 우리에게 엄청난 경제적 충격을 주었기 때문이다. 그 당시 주택 가격도 휘청거렸다. 전국, 서울, 6대 광역시 모두 말이다. 그러다 보니 주택 매수 대기자들이 경제 위기라는 단어만 보아도 움찔하고, ‘경제 위기=장기간 집값 하락’이라는 공식을 항상 적용하게 되는 것이다.

그런데 그런 논리라면 경제가 어려우면 모든 지역의 주택 가격이 장기간 침체기를 겪고, 경제가 좋아지면 모든 지역의 집값이 다 상승해야 한다. 과연 그럴까? 실제 우리나라 경제 흐름과 지역별 집값 관계는 어떠했는지 따져 볼 필요가 있다.

KB가 주택 통계를 시작한 1986년부터 국내 전국 주택 가격(매년 12월 기준, 전년 대비 증감률)과 해당 기간 동안 우리나라의 경제가 잘 돌아가는지 알아보는 대표적인 지수인 경제성장률과 경기종합지수Composite Index를 함께 비교해 보았다.

우선 경제성장률은 일정 기간 동안 한 나라의 경제의 성장을 나타내는 지표이며, [(금년도 실질GDP - 전년도 실질GDP) ÷ 전년도 실질GDP] × 100로 계산된다.

또한, 현재 '경기가 좋다, 나쁘다'를 판단하는 데 가장 대표적인 것이 경기종합지수다. 경기종합지수는 선행leading, 동행coincident, 후행지수lagging로 나뉘며, 여기에서는 현재의 경기 상황 판단에 이용되는 동행종합지수(12월 기준, 전년 말 대비 증감률)를 활용하고자 한다.

경제성장률(전년 대비 증감률)은 장기 추세선으로 보면 등락은 있지만

■ 표 02-09. 경제성장률(전년 대비 증감률)과 주택 가격 변동률(전년 대비 증감률)

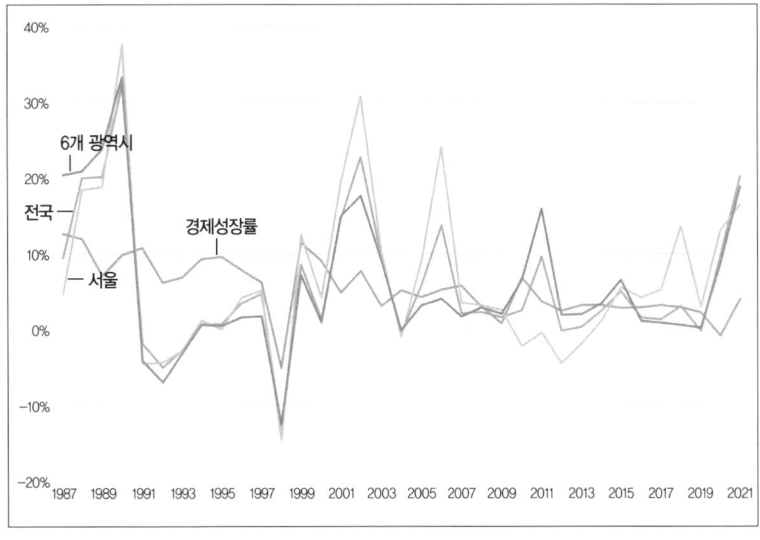

■ 표 02-10. 경기종합지수(전년 대비 증감률)와 주택 가격(전년 대비 증감률) 흐름 비교

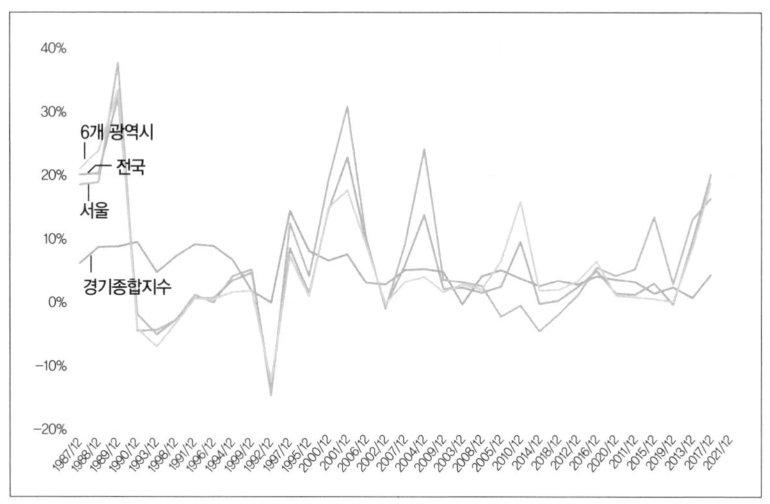

출처 : KB부동산, 한국은행

> **경기종합지수 CI는 국민경제 전체의 경기 동향을 쉽게 파악하고 예측하기 위하여 주요 경제지표인 생산, 소비, 고용 등을 종합한 지수다. 경기종합지수는 1983년부터 발표되며, 선행종합지수, 동행종합지수, 후행종합지수로 나눈다. 특히 여기에서는 산업생산지수 · 제조업가동률지수 · 건설기성액 · 수출 및 수입액 등 현재의 경기 상태를 보여 주는 동행종합지수를 활용했다.**

IMF 구제금융을 받는 1997년 급락하기 전까지 비교적 높은 성장세를 보였다. 심지어 1980년대 중후반에는 여러 차례 10%가 넘는 경제성장률을 보이기도 했다. 같은 시기에 경기종합지수(전년 대비 증감률)도 전반적으로 7% 이상의 높은 경기 호황을 보였다. 그런데 주택 가격은 전국, 서울, 6개 광역시 모두 1990년대 초반까지 치솟다가 그 뒤로는 오히려 높은 경제성장세와 경기 호황에도 불구하고 급락하는 것을 볼 수 있다.

이는 파트 7에서 설명하겠지만, 노태우 정부에서 추진한 1기 신도시를 포함한 주택 200만 호 건설 정책의 영향이 가장 크다. 이후 주택 가격은 전국, 서울, 6개 광역시가 모두 약간 상승하다가 IMF 구제금융을 겪으며 GDP 성장률 및 경기종합지수와 함께 큰 폭으로 하락했다. 그러나 우리 경제는 강한 반등을 시도하면서 주택 가격도 크게 상승했다. 그러고 나서 2000년대부터 경제성장률과 경기종합지수는 약 3~8%의 성장세를 유지하다가 금융 위기를 맞고서 일시적으로 급락하는 모습을 보인다. 이후, 경제성장률과 경기종합지수는 큰 변화없이 2020년의 팬데믹 발생 이전까지 2~4% 수준의 성장세를 이어 왔다. 여기에서 특이점은 전반적으로 함께 움직이던 전국, 서울, 6개 광역시의 지수 증감률이 금융 위기 이후 디커플링되면서 각기 다른 방향을 보였다는 데 있다. 구체적으로 2004년에 서울 지수는 다시 상승하는 모습을 보이나 6개 광역시는 거의 변화가 없다가 2010년이 되면서 상승하기 시작한다. 그러나 그때 서울 지수는 경제성장세가 그리 나쁘지 않음에도 불구하고 2012년까지 하락을 지속하다 2013년경이 되어서야 조금씩 반등했다.

위의 흐름을 해석해 보자. IMF 구제금융 같은 외환 위기급 또는 글로벌 금융 위기급의 큰 충격이 온다면 모든 부동산이 일시적으로 하락할 수 있다. 그러나 모든 아파트 가격은 우리 경제의 자생력과 함께 아무리 길어도 2~3년 안에 회복할 수 있다. 그런데 여기에서 '서울과 수도권의 부동산 가격은 글로벌 금융 위기 이후 2013년 반등할 때까지 계속 침체되어 있지 않았냐고' 의문을 제기하는 독자가 분명히 있을 것이다. 그렇다면 되묻겠다. 경제가 침체되었는데 어찌 서울 부동산 가격만 하락하고, 전국과 6개 광역시의 부동산 가격은 오히려 활황세를 보였을까? 왜 서울에만 부정적인 영향을 주고, 나머지 전국과 6개 광역시에는 주지 못한 것일까? (부디 국내의 경제성장률은 오로지 서울과 수도권의 주택 시장만 관계있다고 미리 결론 내리는 독자는 없길 바란다.) 이는 서울이 글로벌 경제 위기 때문에 오랫동안 장기간 침체를 겪은 것이 아니라 가격 하락에 영향을 미친 다른 요소가 있었던 것으로 해석할 수 있다. 다음에서 구체적으로 논의해 보자.

글로벌 경제까지 걱정인가?

글로벌 금융 위기 이후 수도권 시장이 침체에 빠졌던 진짜 이유

2007년 말에 발생한 글로벌 금융 위기 이후 서울과 수도권의 부동산 시장은 장기간 침체를 겪었다. 그러나 앞장에서 밝혔듯이 이는 전국적인 현상이 아니라 서울과 수도권이 유독 심했다. 원래 경제 위기는 서울과 수도권의 주택 가격에만 크게 영향을 주는 것일까? 내 대답은 '전혀 아니다'다. 내가 생각하는 서울 부동산 시장이 2013년 반등하기 전까지 약 6~7년간 침체를 겪은 이유는 다음과 같다.

첫째, 강남 우수 지역의 대량 입주다. 2007년부터 2008년까지 잠실권에 트리지움, 리센츠, 파크리오, 엘스 등 약 2만 2,000가구가 일시에 입주한 것이 대표적이다. 2009년에는 서초구에 반포자이 등 6,000여 세대가 대규모 입주를 했다. 그때 이후로 도심 내 우수한 지역(강남, 서초, 송파)에 이 정도급 대규모 입주가 일시에 몰린 경우는 2016년에 입주한 송파파크하비푸르지오 4,635세대와 2018년 송파헬리오시티의 9,510세대밖에 없다. (바로 뒤에서 언급할 보금자리를 제외하고, 앞으로도 이렇게 우수 지역에 대규모 입주가 가능한 것은 재건축밖에 없다.) 이렇게 훌륭한 지역에 아파트가 공급되면서 전세 가격과 매매가격이 동시에 안정될 수 있는 기회를 얻게 된다.

둘째, 이명박 대통령이 당선되고 난 뒤 '보금자리'라는 히트 상품을 내놓는다. 2009년에 강남 세곡, 서초 우면, 하남 미사, 고양 원흥 등 우수 지역에 사전청약이라는 개념을 처음 도입하여 주택을 공급한다. 당시에는 정말 충격적인 제도였다. 땅을 아직 보상도 하지 않았는데 미리 정해진 가격에 공급한다니! 게다가 강남에 30평대 아파트를 3억 원대에 분양한다고? 그야말로 있을 수 없는 파격이었다. 당시 국내 부동산 시장의 최대 이슈는 '보금자리주택'이었다고 해도 과언이 아니다.

개발제한구역(그린벨트)을 풀어 싸게 분양하는 이 아파트는 이른바 '반값 아파트'로 불리며 서민들의 내 집 마련에 대한 희망과 기대감을 불러일으켰다. 더 눈길을 끈 건 "정부는 수도권 그린벨트 개발 일정을 앞당겨 2012년까지 32만 가구로 공급한다"는 약속이었다. (사실 실현 불가능한 약속이었지만) 모든 무주택자는 당시 주택을 매수하려던 계획을 일시에 멈추고 모두 보금자리주택만 바라볼 수밖에 없었다. '나도 싼 가격에 강남 입성이라는 로또를 맞을 수 있다'는 희망을 가지고 말이다. 어쨌거나 당시 보금자리 등을 통해 공급한 주택 덕에 강남구는 2014년에 6,815호, 2015년에 3,618호 등의 입주 물량을 확보할 수 있었다. 특히 강남구 내에 6,800호가 입주한다는 것은 수서택지개발지구에 1992년 아파트가 입주한 뒤로 처음 있는 일이었다. 서초구도 우면, 내곡지구 등 보금자리주택지구에 2011년부터 입주를 시작해 2013년에 4,078호, 2014년에 2,563호 등 총 1만 927호가 들어서게 된다. 서초구에서도 이 정도 대규모 입주 물량은 그 뒤로도 찾아보기 힘들다.

셋째, 이명박 정부 때부터 추진했던 뉴타운 사업 아래 사업성이 우수한 단지들을 중심으로 입주와 공급을 진행 중이었다. 그중 대표적인 곳이 2008년부터 입주를 시작했던 약 1만 7,000세대 규모의 은평구 은평뉴타운, 2003년부터 입주를 시작했던 1만 6,000세대 규모의 성북구 길음뉴타운, 2015년부터 입주를 시작했던 약 5,400세대 규모의 성동구 왕십리뉴타운 등이 있다.

넷째, 노무현 정부 때부터 계획했던 2기 신도시인 성남 판교(판교는 2001년부터 추진되기 시작했다), 수원 광교, 위례, 김포 한강, 파주 운정 1·2지구, 동탄1·2, 양주 옥정, 회천, 인천 검단, 오산 세교 3지구 등 어마어마한 물량이 분양을 대기했다. 특히 보금자리와 서울 뉴타운 등의 인기에 밀려 판교, 위례 등 인기 지역을 제외한 대부분의 사업 추진이 공급 과잉의 우려 속에 난항을 겪을 수밖에 없었다.

다섯째, 앞에서 설명했던 공급 이슈와 함께 2000년 초반부터 금융 위기까지 치솟았던 매매 가격 상승세가 한계에 부딪힌 것이다. 이를 증명하는 데이터가 바로 아파트 매매가격 대비 전세 가격 비율이다. 이 비율이 어느 정도가 적정한지는 지역마다 다르기 때문에 일률적으로 말할 수는 없지만, 서울의 경우 보통 50~60%를 유지해 왔다(70%가 넘은 적도 있는데 이후에는 강한 매매 상승세를 보였다). 그러나 2006년 말부터 강남을 시작으로 서울 전체의 매매가격 대비 전세 가격 비율이 30%대로 내려간 것이다. 심지어 2009년 1월에는 강남의 이 비율이 35.9%로 역대급 최저 수준을 보인다. 이는 실수요보다 투자 수요가 지나치게 많이 유입된 것으로 해석할 수 있다. 즉, 상승세가 꺾일 수밖에 없는 상황이었다.

다양한 이유에도 불구하고 하필 그 타이밍에 금융 위기까지 닥쳐 하락세의 방아쇠 역할을 했다. 이렇게 글로벌 금융 위기와 서울 시장의 침체기가 절묘하게 맞아떨어지면서 우리는 자연스레 경제 위기가 오면 오랫동안 주택 가격이 침체될 것이라는 생각을 하게 된 것이다.

특히 서울에는 많은 인구가 살고 있다. 수도권까지 합하면 약 2,000만의 인구다. 더구나 우리나라의 모든 주요 언론사가 위치해 있다. 우리나라 언론이 부동산, 특히 서울 부동산에 많은 관심을 두는 것은 어쩌면 당연하다. 그러다 보니 금융 위기가 터지고 나서 서울과 수도권의 부동산이 하락한 것이 마치 모든 지역의 부동산 가격이 하락하는 것처럼 착각하게 된 것이다. 서울과 수도권에 거주하는 이들과 언론에게 다른 지역의 부동산 가격은 처음부터 관심 대상이 아니었다. 그래서 지방의 상승장과 관계없이 마치 전국 부동산이 하락하는 것처럼 느끼는 것이다.

그렇다면 조금 더 구체적으로 글로벌 금융 위기가 발생한 2007년부터 본격적인 반등을 시작하는 2015년까지의 서울과 5개 광역시의 시장 분위기를 살펴보자.

지방의 모든 광역시는 금융 위기가 지난 2009년부터 2011년 사이 약간의 시차를 두고 엄청난 상승을 보인 반면 서울은 2014년까지 큰 힘을 쓰지 못했다. 설령 경제 위기가 한 번 닥쳤다고 해서 무조건 장기

■ 표 02-11. 서울 및 5개 광역시 아파트 매매가격 지수 흐름(2007. 1~2014. 12)

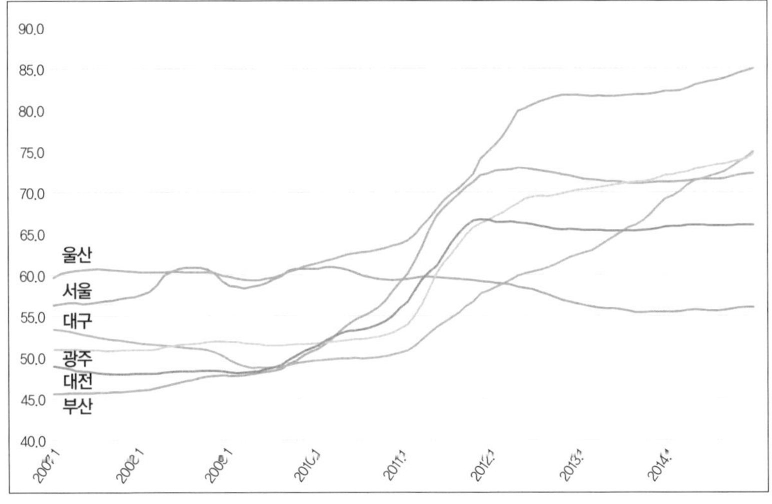

출처 : KB부동산

침체를 의미하는 것은 아니라는 주장의 강력한 방증이다. 물론 서울이 침체기를 겪을 즈음에 등장한 단어가 하우스 푸어다. 2006년이나 2007년경에 서울 및 수도권 등에 주택을 구입한 사람들은 한동안 마음고생을 많이 한 것도 사실이다.

그러다 보니 글로벌 금융 위기 이후 겪은 서울과 수도권의 장기간 주택 시장 침체가 트라우마처럼 사람들의 뇌리에 남게 되었다. 이들에게 경제 위기는 곧 장기간 부동산 침체였다. 게다가 모 경제연구소 대표가 2008년에 《부동산 대폭락 시대가 온다》라는 책으로 폭발적인 인기를 얻으면서 수도권 부동산 시장 폭락론에 기름을 부었다. 그 폭락론이 오히려 수요에 영향을 미쳐 시장이 더 침체되는 기이한 현상을 기록했다고 할까?

정리해 보자. 대형 금융 위기가 오면 모든 부동산 시장은 침체를 겪을 수 있다. 그러나 우리의 경제가 생물처럼 반등하면—시장의 반등은 경제성장률, 고용지표, 경기종합지수 등으로 확인할 수 있다—주택 시장도 함께 일어설 수 있다. 다만 지역별로 다를 수 있다. 해당 지역에 많은 공급 물량이 예정되어 있다면 장기간 시장 침체를 겪을 수 있다. 그러나 다시 한 번 강조한다. 주택 매수 대기자들은 경제 위기를 걱정할 것이 아니라 관심 있는 지역에 신규 공급과 입주 물량이 어느 정도 예정되어 있는지 확인하는 것이 우선이다.

논의를 마치기에 앞서 분명히 밝혀 둘 것이 있다. 장기적인 안목으로 보면 경제와 주택 시장은 지역에 관계없이 우상향해 왔다. 그 부분은 인정해야 한다. 그리고 국가를 뒤흔들 수준의 경제 위기가 아니라면 주택 시장은 특정한 지역적 요인에 더 영향을 받는다는 것을 명심할 필요가 있다.

일본과 미국의 부동산이 침체에 빠졌던 이유는?

이번에는 부동산 시장이 무너졌던 일본과 미국의 사례를 살펴보고자 한다. 두 나라 모두 부동산 시장이 과열되었고 이에 금융권에서 무리하게 대출을 일으켰다가 금리 인상 등을 겪으며 위기에 빠지게 되었다는 것이 일반적인 견해다. 한 예로 1980년대 말 일본은 LTV 운영을 90~120%까지 했다. 즉, 주택 가격이 1억 원이라면 내 돈 한 푼 없이 집을 살 수 있었다. 그야말로 작은 위기에도 휘청일 수밖에 없는 취약한 상황이었다.

일본은 부동산 시장이 침체에 빠지기 시작한 1990년대 이후에도 지속적으로 주택을 공급해 왔다. 1980년대 연평균 공급 가구 수가 136만이었는데, 버블이 붕괴한 1990년대에 오히려 144만 가구가 공급되었다. 2000년대에도 도심과 신도시 등에 재건축·재개발로 주택 공급을 늘려 왔다. 2018년 기준 일본의 주택 공급량은 인구를 감안했을 때 미국의 2배, 영국의 2.6배였다. 주택 가격 상승을 제어한 주 요인이라고 할 수 있다.

"일본 집값 버블 꺼뜨린 게 고령화?… 틀렸어, 공급 폭탄이야"(〈조선일보〉, 2021. 2. 24)

일본 주택 공급량, 인구 감안하면 미국의 2배 영국의 2.6배

일본의 주택 시장만 침체가 장기화된 이유는 고령화보다는 주택 공급이 '비탄력적'이었기 때문이라는 분석이 나온다. 미국의 경우, 2000년대 평균 156만 가구가 공급됐고 가격이 급등했던 2005년 착공 주택 수가 200만 가구를 넘었다. 금융 위기로 집값이 급락한 2010~2013년에는 평균 66만 가구로 공급이 급감했다. 반면 일본은 1980년대 연평균 공급 가구 수가 136만이었는데, 버블이 붕괴한 1990년대 오히려 144만 가구나 공급됐다. 미국은 공급 급감이 가격 반등으로 이어졌지만, 일본은 '공급 폭탄'이 가격 회복의 발목을 잡았다. 일본은 2000년대 들어서도 도시 경쟁력 강화라는 명분으로 도심은 물론 신도시에서도 재건축·재개발로 주택 공급을 늘리고 있다. 일본 인구 1000명당 착공 주택 수(2018년 기준)는 7.5가구로, 미국(3.8가구)의 거의 2배, 영국(2.9가구)의 2.6배다. 인구 1000명당 주택 수는 일본이 494채로 한국(412채)과 미국(421채)보다 많다.

"일본도 공급 줄자 버블 꼈다. 도쿄 신축 아파트 평균 8억 돌파"(〈서울경제〉, 2021. 2. 14)

실제로 일본은 부동산 시장 침체기를 겪었음에도 불구하고 2010년까지 지속적으로 수도권에 분양 물량을 쏟아 낸다. 그리고 분양 물량이 꺾이는 2010년을 지나서야 주택 가격이 상승하는 것을 확인할 수

■ **그림 02-01. 일본 수도권 신축 아파트 평균 가격 추이 및 신축 아파트 분양 규모**

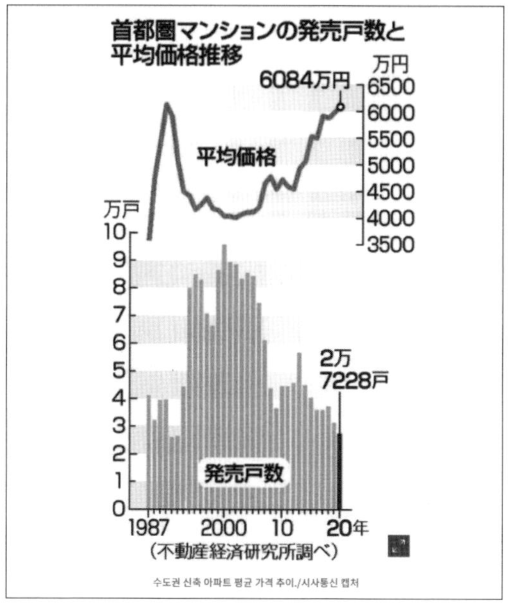

수도권 신축 아파트 평균 가격 추이./시사통신 캡처

출처 : 서울경제

있다. 특히 2020년부터 코로나19의 영향으로 (여러) 모델하우스가 폐쇄되면서 1992년 이후 28년 만에 공급 규모가 3만 호 밑으로 떨어졌다. 결국 줄어든 아파트 공급과 막대한 유동성으로 인해 최근 도쿄 신축 아파트 평균 가격이 평균 8억 원을 돌파하며 버블 시대 수준으로 돌아가게 된다.

이번에는 2000년대 중반 전 세계를 금융 위기에 빠뜨린 미국의 사례를 살펴보자.

[표 02-12]를 보면 미국도 1990년대 이후 신규 주택 착공 건수가 지

■ 표 02-12. 미국 신규 주택 착공 건수 및 주택 가격 지수

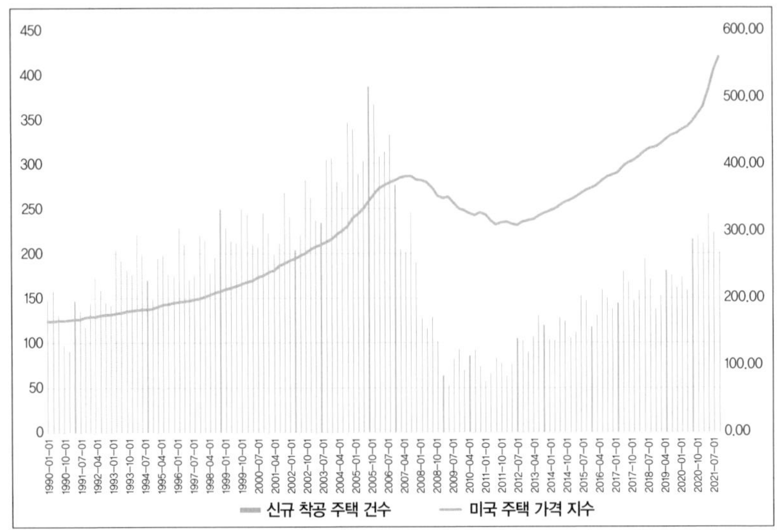

출처 : Federal Reserve Economic Data

속적으로 증가하다가 2006년 중반에 정점을 찍는다. 주택을 건설하는데 필요한 시간이 2~3년이라고 하면 얼추 주택 가격 하락 시기와 맞아떨어진다. 결국 늘어난 주택은 집주인을 제대로 찾지 못하면서 무리하게 일으켰던 대출의 부실화와 함께 글로벌 금융 위기로 이어진다. 이후 계속 이어진 주택 가격의 폭락에 따라 2011년까지 주택 착공 건수는 1990년대 이후 가장 낮은 수준을 보인다. 그리고 이 즈음을 기점으로 주택 가격도 다시 상승하고 있다.

결국 대출 규제, 금리 등도 주택 가격과 관련이 있을 수 있지만 공급이 시장에서 얼마나 중요하게 작용하는지를 나타내는 대표적인 사례라고 할 수 있다.

해외 부동산들도 휘청거린다는데

막상 집을 사려고 하면 걸러 내야 할 소음이 너무 많다는 것을 느낀다. 이번에는 외국의 부동산 시장까지 발목을 붙잡는다. 최근 수년간 서울과 전국의 많은 지역이 높은 주택 가격 상승률을 보였지만 그래프가 사선형으로 오르는 것이 아니라 상승과 보합 또는 약보합 그리고 상승 등의 패턴을 반복했다. 만일 무주택자 등이 시장이 단순히 약보합인 상황에서 이런 뉴스들을 접하면 '내 집 마련'에 적극적일 수 있을까? 가뜩이나 부동산 초보인 무주택자는 당연히 혹시 이제 진짜 침체기에 빠져드는 거 아닌가 하고 의심할 법하다. 한 번 상상해 보라.

> "글로벌 부동산 시장 조정기 진입… 보수적 접근 필요" / ○○증권 ○○○연구원 분석, 국가 간 거리 있어도 주요 도시 간 동조화 경향(〈한국경제신문〉, 2019. 1. 3)
>
> ○○증권 ○○○연구원은 3일 보고서를 통해 "스웨덴, 홍콩, 호주 등에서 시작된 부동산 가격 하락이 다른 도시로 확산될 가능성이 높다"며 "부동산 관련 자산을 확대하기보다는 보수적으로 접근할 필요가 있다"고 말했다.

> 日 지방 경기 침체·부동산 가치 하락에 상속 포기… 커지는 '빈집 공포'(〈서울신문〉, 2020. 1. 5)
>
> 핵심은 경기 호황에도 이어지는 지방 부동산 가격의 하락세다. 도쿄·

오사카·나고야 등 '3대 도시' 권역을 제외한 지방 주택지의 공시지가는 2018년까지 26년 연속 하락했다.

차갑게 식는 글로벌 부동산 시장… 거품 터질까 '위태위태'(SBS, 2019. 01. 13)
미·중 무역 전쟁과 미국 긴축 우려, 브렉시트, 사상 최대 부채 등 세계 경제에 위험 요인이 산적한 가운데 숨어 있는 진짜 리스크는 글로벌 부동산 거품이 될 수 있다는 지적이 나오고 있습니다.

차갑게 식는 글로벌 부동산 시장 빨간불, 블룸버그 "부동산 거품이 올해 가장 저평가된 리스크"(노컷뉴스, 2019. 1. 13)
국제통화기금(IMF)에 따르면 2000년을 기준(100)으로 한 글로벌 주택 가격 지수는 2017년 3분기 159.7로, 미국의 서브프라임 모기지(비우량 주택 담보대출) 사태가 촉발한 세계 금융 위기 직전인 2008년 1분기의 최고치(159.0)를 넘어섰다. 이 지수는 2017년 4분기에 160.1로 최고 기록을 경신했다. 경제협력개발기구(OECD)에 따르면 36개 회원국 가운데 16개국에서 2017년 주택 가격 지수가 전년 대비 하락하거나 상승세가 둔화했으며, 지난해 2분기 상승률이 전 분기보다 둔화한 곳은 20개국에 달했다.

美 부동산 경기도 꺾였나… 12월 주택 판매 0.4% 감소(〈서울경제〉, 2020. 1. 28)

> 주택 시장의 위축은 세계 경기가 꺾인데다 미·중 무역 갈등과 홍콩 시위 등이 겹치면서 부동산 투자 심리가 냉각되었기 때문으로 풀이된다. (중략) 저금리 기조가 더 이상 부동산 활황을 부추기지 않을 것이라는 전망도 나온다. 댈러스 연준 소속 이코노미스트인 엔리케 마르티네스 가르시아는 "장기 금리 하락이 더는 주택 투자를 늘리지 못하는 시점에 도달한 것일 수 있다"고 지적했다.

어떠한가? 왠지 외국의 부동산 가격이 휘청거리면 우리도 영향을 받을 것 같지 않은가? 진짜 그런지 한 번 살펴보자. 2019년 5월 국토교통부와 국토연구원이 서울 한국프레스센터에서 '문재인 정부 주택 정책 2년의 성과와 과제'라는 주제로 정책 세미나를 개최했다. 여기에 참석한 전문가들은 9.13 부동산 대책(2018년) 등의 안정책으로 부동산 추가 급등을 막은 사실을 가장 중요한 성과로 꼽았다. (그 이후에는 이런 자화자찬

■ **그림 02-02. 주요 국가 실질 주택 매매가격 지수 추이 비교**

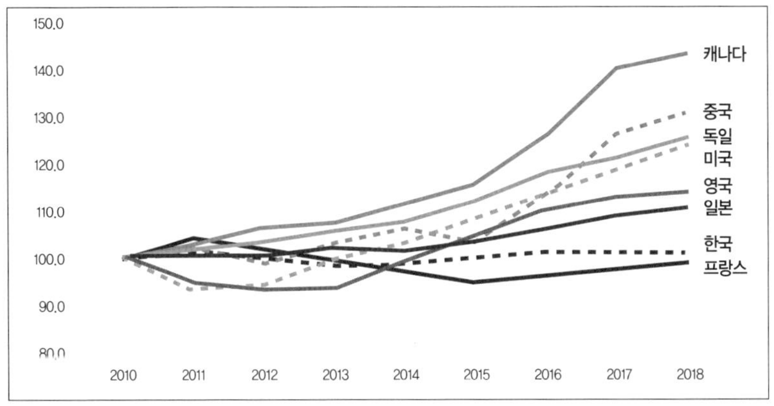

■ 그림 02-03. 주요 도시 주택 매매가격 변동률 비교(2014~2018)

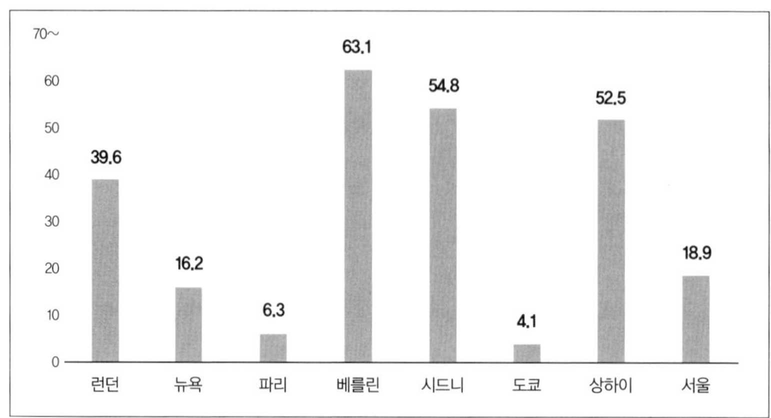

출처 : 국토연구원, 세미나 자료

식 세미나를 개최했다는 뉴스를 못 본 것 같다.) 어쨌거나 이 자리에서 발표된 세미나 자료를 보면 글로벌 금융 위기 이후인 2010년부터 2018년까지의 OECD 각 국가별 전국 주택 가격과 2014년부터 2018년까지의 주요 도시 주택 매매가격 변동률이 나오는데, 국가별로 또는 도시별로 서로 큰 차이를 보인다. 특히 같은 대륙권이라도 차이를 보이는 건 마찬가지였다.

OECD Data 홈페이지에서 'Housing Price'를 검색하면 국가별 주택 가격지수도 [그림 02-04]를 통해 확인할 수 있다.

2015년 이후 터키가 엄청난 상승률을 보이며 가장 오른쪽에 위치해 있으며, 우리나라는 지수 107.5를 기록하며 그다지 높지 않은 상승을 보이고 있다. 국가별 집값 상승률은 각 나라가 어느 대륙에 속해 있는지와 관계없이 제각각임을 알 수 있다.

그런데 조금 이상하지 않은가? 우리나라의 주택 가격 상승률이 해

■ **그림 02-04. OECD 국가별 명목 주택 가격 추이(2017~2021)**

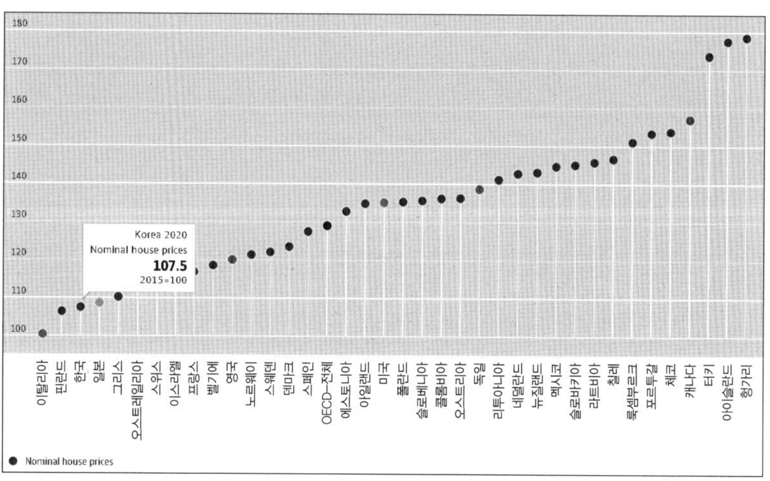

출처 : OECD

외 국가와 비교해서 이 정도로 낮은가 싶은 독자가 있을 것이다. 사실 OECD 통계는 한국부동산원이 제공한 전국 주택 가격 동향을 활용하고 있다. 책의 '이 책을 제대로 활용하는 법'에서 밝혔듯이 김현미 장관 시절 국토교통부는 2017년 5월부터 2021년 1월까지 서울 아파트값이 17%만 올랐다고 했다가 언론 등으로부터 된통 비난을 받은 적이 있다. 이때 자료의 출처가 바로 한국부동산원이다. 즉 KB 자료를 이 데이터에 썼다면 결과가 많이 달라졌을 것이다. 굳이 여기에서 비교해 보진 않겠다.

이번에는 다른 해외 자료를 찾아보자. 영국계 글로벌 부동산 컨설팅 그룹 나이트프랭크Knight Frank에서는 매 분기 전 세계 주요 도시들의 주택 가격 현황을 발표한다. 여기에서 서울이 최근 몇 년 동안 상승률 앞 순위에 있더니 급기야 2021년 3분기에 지난 1년간 주택 가격이 가장

■ 표 02-13. 주요 세계 도시 지표

순위	도시	상승률 (2018. Q4 ~ 2019.Q4)	도시	상승률 (2019. Q4 ~ 2020.Q4)	도시	상승률 (2020. Q3 ~ 2021. Q3)
1	프랑크푸르트	10.3%	오클랜드	17.5%	마이애미	26.4%
2	타이베이	8.9%	선전	13.3%	서울	22.6%
3	서울	7.6 %	서울	11.7%	상하이	20.5%
4	베를린	6.5%	마닐라	10.2%	모스크바	20.5%
5	마닐라	6.5%	모스크바	9.9%	토론토	20.4%
6	광저우	6.3%	상트 페테르부르크	8.7%	샌프란시스코	20.2%
7	스톡홀름	5.2%	상하이	8.5%	타이베이	18.9%
8	마드리드	5.1%	밴쿠버	8.1%	로스앤젤레스	18.2%
9	토론토	4.9%	취리히	8.0%	광저우	17.6%
10	델리	4.7%	로스앤젤레스	7.6%	상트 페테르부르크	15.5%

출처 : 나이트프랭크

높게 상승한 도시 자료에서 2위를 기록했다.

참고로 2018년 1Q(2017년 3월~2018년 3월) 보고서에도 서울이 24.7%의 상승률을 기록하며, 전 세계 주요 도시에서 가장 주택 가격 상승률이 높은 도시로 보고되기도 했다.

사실 국내 자료 중에서도 한국부동산원과 다른 결과의 보고서를 낸 기관이 있다. 바로 한국은행이다.

PIR은 파트 1에서 설명한 바와 같이 소득 대비 주택 가격을 나타내는 자료다. 한국은행이 발표한 2021년 6월 금융안정보고서에 따르면 2020년 4분기 한국의 PIR은 2019년 4분기와 비교해서 1년 만에 12.7%

■ 그림 02-05. 주요 국가별 소득 대비 주택 가격 비율(PIR)

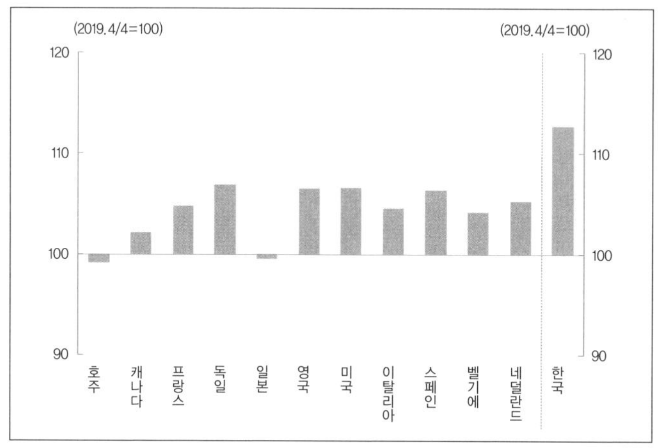

출처 : 한국은행

올랐다. 다음으로 높은 미국, 영국, 독일 등에 비해서도 큰 폭의 상승률을 보이고 있다.

이번에는 PIR을 나타내는 다른 해외 자료를 찾아보았다. 전 세계의 물가 조사 등 각종 통계자료를 제공하는 인터넷 사이트인 넘비오(Numbeo)에서 전 세계 한국의 PIR과 순위를 확인해 보았다.

30~50위권에 있던 한국의 PIR 순위는 2018년부터 20위권 내로 진입하더니 급기야 2022년 현재 전 세계 10위권이다. (KB부동산과 넘베오에서 말하는 PIR의 개념은 같으나 계산하는 방식이 다르기 때문에 수치가 일부 다를 수 있다. 중요한 건 흐름을 확인하는 것이다.) 10위권 진입은 역사상 최초의 기록이다.

지금까지 보았듯이 각 나라의 주택 가격은 경제 상황, 부동산 정책 및 지역별 수급 현황 등에 따라 다르게 진행된다. 지정하적, 정치적으로 얽혀 있는 유럽 등에서도 주택 가격은 별로 연동하지 않는 반면 서울은 전 세계 어느 도시와 비교해도 높은 가격 상승을 보이고 있다. 이러한 사정 등을 감안하면 해외와 국내 주택 시장이 연동하지도 않고, 앞으로도 그럴 가능성이 있어 보이지 않는다. 물론, 전 세계가 다시 한 번 글로벌 금융 위기를 함께 겪는 날이 올 수도 있다. 그러나 파트 1의 'GDP 성장률과 주택 가격과의 관계'에서도 언급했듯이, (언제 올지 모를) 외부 충격이 오더라도 국내 주택 시장은 지역 자체의 공급 과다 등 특수성이 없는 한 경제 회복과 함께 1~2년 내에 반등할 가능성이 높다.

■ 표 02-14. 국가별 부동산 가격 지수(Current Property Prices Index by Country, PIR)

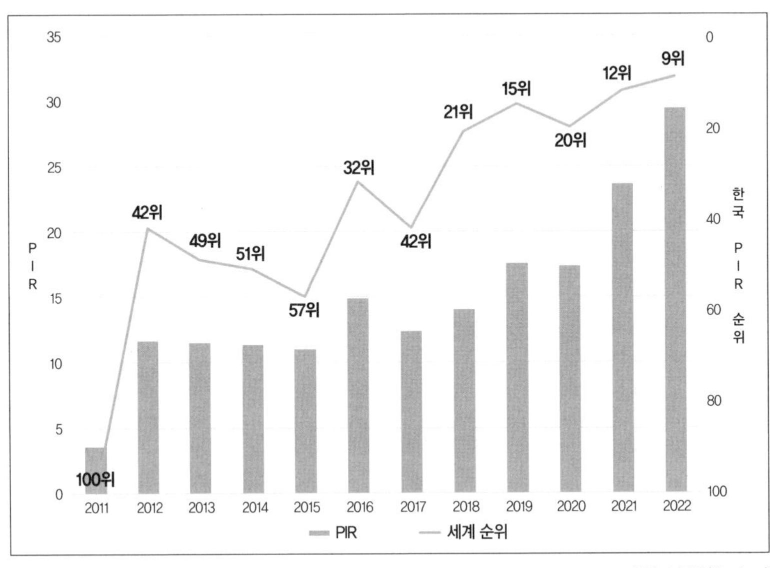

출처 : 넘베오(Numbeo)

정리해 보자. 가끔 언론에서는 블룸버그, IMF, OECD 등을 인용한 해외 부동산 관련 기사를 내보낸다. 특히 해외 부동산 시장이 '흔들린다'면서 우리나라 전문가들의 인터뷰를 담아 '우리나라 부동산 시장도 유의해야 한다'는 식의 기사가 많다. 이와 관련하여 감히 단언컨대 무주택자는 해외발 주택 시장 기사가 나오면 눈을 감아라! 내 인생에 아무 도움되지 않는 기사라고 생각하는 게 마음 편하다. 혹여 해외 주택 시장 자체에 투자할 생각이라면 모를까? (그런데 국내 주택 시장도 파악이 안 된 무주택자가 해외에 투자한다고? 제발 아서라!)

이론편

PART 3.

권위가 주는 '경계음'을 경계해야 한다

영국의 동물학자이자 유명한 저술가인 리처드 도킨스Clinton Richard Dawkins는 《이기적 유전자》를 저술해 대중으로부터 엄청난 반응을 일으켰다. 다윈의 '적자생존과 자연선택' 개념을 '유전자' 단위로 설명하며, 이를 통해 인간의 행동이 나오게 되는 본질을 밝히고자 시도했다. 이 책의 '내 등을 긁어 줘, 나는 네 등 위에 올라탈 테니' 편에서는 이기적 존재인 개체가 무리를 지어 함께 협력해 생활하면서 '이타적으로 보이는 행동'에 대해 설명한다. 내용을 정리하여 소개하면 다음과 같다.

"같은 무리에 속한 새가 다른 새들을 '포식자인 매'로부터 지키기 위해 '경계음'을 낸다. 이는 이타적인 행위처럼 보이지만 동료에게 경고를 보내 발신자 자신이 이기적인 이익을 얻을 가능성도 여러 가지 있다."

즉 발신자 스스로를 보호하기 위해 다른 무리의 행동을 이끌도록 경계음을 낸다는 것이다. 그리고 사회성 곤충인 '벌'에 대한 예시도 든다.

"꿀단지 개미 중에는 괴이하게 배가 부풀어 꿀을 잔뜩 꾸려 넣을 수 있는 일개미 계급이 있다. 이들이 평생 하는 일이란 전구처럼 천장에 매달려 다른 일개미들의 먹이 저장소로 이용되는 것이다. 인간의 관점에서 볼 때 이들에게 개체로서의 삶이란 전혀 존재하지 않는다."

다시 주택 시장 얘기로 돌아와 보자. 문재인 정부 5년 동안 우리는 정부와 전문가들로부터 부동산 시장에 대한 많은 '경계음'들을 들었다. 규제를 외치는 정부와 어려운 경제 이론을 얘기하는 전문가들은 "집값이 너무 올랐다", "정부 정책과 규제를 통해 안정될 것이다", "지금은 집 살 때가 아니다" 등을 주장했다.

그런 경계음을 듣고 집 사는 것을 보류했거나 심지어 가지고 있던 집을 처분한 무주택자들은 '경계음'이 원망스러울 것이다. 반대로 경계음을 무시하고 그동안 집을 매수한 유주택자들은 '그때라도 집을 사지 않았다면 어땠을까?' 하고 안도의 한숨을 내쉬고 있을 것이다. 이렇게 권위가 주는 경계음은 개인에게 막대한 영향을 미친다.

"다주택자는 불편해질 겁니다", "부동산 시장은 안정되고 있으니 기다려라"는 정부의 경계음은 과연 '무주택자를 위한 것이었을까, 아니면 수요 억제를 통해 시장을 억지로라도 안정시키면서 정권 연장을 바라는 '정치인 또는 정부의 고위 관료'를 위한 것이었을까?

"금리 인상과 테이퍼링이 예정되어 있으니 부동산 매수에 신중해야 한다", "해외 부동산도 휘청거리고 있다"고 주장하던 전문가들의 전망은 얼마나 '무주택자'들에게 도움이 되었을까? 각종 어려운 용어를 써

가며 그들이 내놓는 전망에 대한 결과를 확인해 본 적 있나? 혹시 그들이 속해 있는 기관의 이익을 대변하는 전망은 아니었을까를 의심해 본 적은 있나? (국책 연구 기관은 정부의 눈치를 보느라, 금융권 소속 전문가는 금융사를 위해) 또 개별 전문가들이 '책팔이'하며 내놓은 신박한 이론들은 과연 누굴 위한 것이었을까?

각 개체가 수중의 '돈'으로 막대한 대출을 받아 '집'을 사는 것보다 '저축'이나 '주식 투자'를 통해 기업과 경제에 수혈하는 것이 사회 전체적으로 보면 훨씬 이득이다. 그래서 정부와 언론 등은 지금이라도 집을 사야 한다고 부추기지 않는다. 기업과 경제에 흘러야 할 돈이 아파트에 묶이는 것은 사회 전체의 이익에 반하기 때문이다.

그러나 개인으로서는 어떨까? 혹시 오늘도 열심히 일하면서 '저축'과 '주식 투자'를 통해 '언젠가는 내 집을 마련'하려고 했던 계획이 단지 '여왕개미만을 위한 것은 아니었을까? 혹은 다른 일개미를 위한 것은 아니었을까?

즉, 사회적으로는 도움이 되는 선택이 개인에게는 좋지 않은 선택이 될 수도 있다는 것을 명심해야 한다.

지금도 무주택자인 사람들의 특징 중 하나는 파트 2에서 보았듯이 소음을 걸러 내지 못하는 경우가 많다는 것이다. 또 하나의 특징은 권위에 지나친 신뢰를 보낸다는 것이다. 여기에서의 권위는 '정부', '전문가', '언론' 등이다. 이 역시 주택 시장을 바라보는 자신만의 기준이나 지식이 부족하기 때문에 발생되는 현상이다.

이번에는 아무도 결과를 책임지지 않는 '권위의 경계음'은 어떤 것이 있었고, 실제로는 어떠했는지 알아보자. 또 앞으로 권위를 앞세워 유포되는 정보(?)들에 어떻게 대처해야 하는지 등에 대해 다뤄 보고자 한다.

규제로 집값 잡을 수 있다던 정부

부동산만큼은 자신 있습니다

독일의 시인 프리드리히 횔덜린F.Hoelderlin은 이렇게 말했다.

"국가가 지상 지옥이 된 것은 항상 국가를 지상천국으로 만들려고 했기 때문이다"라는 유명한 말을 남겼다. 이에 맞는 사례가 바로 로베스피에르의 목초 얘기가 아닐까?

18세기 프랑스혁명 당시 경제에는 문외한이던 급진 지도자 로베스피에르의 우유 가격 통제 사례는 정부가 시장에 인위적으로 개입하면 얼마나 참혹한 결과를 초래하는지를 잘 볼 수 있다. 로베스피에르는 최고 실권자가 된 후 물가를 안정시키고 대중의 인기를 얻기 위해 우유 가격을 절반으로 낮춘다. 처음에는 우유 가격이 하락하여 시민들이 좋아했지만 결과는 의도와 정반대로 나타났다. 우유 값이 너무 낮아 건초 가격 등 때문에 수지를 맞출 수 없던 목축업자는 젖소 사육을 포기하고 대신 도축하여 고기로 내다 팔기 시작했다. 시장에 나오는 우유 물량은 급감했고, 가격은 급등세를 보였다. 젖소가 줄어들어 우유 생산량이 감소했고 이에 우유 가격이 더욱 상승한 것이다. 그러자 이번엔 건초 가격도 절반으로 낮추라고 지시한다. 결국 건초 생산업자들 역시 수지가 맞지 않는다며 사료 생산을 포기하고 건초를 불태워 버렸다. 이로 인해 사료값도 덩달아 올라갔고 공급량이 줄어든 우유 값은 천정부지로 치솟아 소수의 부자들만 우유를 마실 수 있게 되었다."

문재인 전 대통령이 취임 이후 부동산과 관련한 주요 발언을 정리해 보았다.

- (2017년 8월 17일, 취임 100일 기자회견에서) "8.2 대책은 가장 강력한 부동산 대책이다. 더 강력한 대책도 주머니 속에 많이 넣어 두고 있다."
- (2019년 11월 19일 '2019 국민과의 대화'에서) "정부에서는 성장률에 어려움을 겪더라도 부동산을 경기부양 수단으로 활용하지 않을 것. 그런 면에서 부동산 문제는 정부에서 잡을 자신이 있다", "과거에는 '미친 전·월세'라는 말이 나올 정도로 불안정했다. 현재는 아주 안정되어 있다."

- (2020년 1월 신년사에서) "부동산 시장의 안정, 실수요자 보호, 투기 억제에 대한 정부의 의지는 확고하다. 부동산 투기와의 전쟁에서 결코 지지 않을 것이다."
- (2020년 8월 10일 청와대 수석 보좌관회의에서) "부동산 종합 대책의 효과로 과열 현상을 빚던 주택 시장이 안정화되고 집값 상승세가 진정되는 양상을 보이기 시작했다. 앞으로 대책의 효과가 본격화되면 이런 추세가 더욱 가속화되리라 기대한다."
- (2021년 1월 11일 신년사에서) "주거 문제의 어려움으로 낙심이 큰 국민들께는 매우 송구한 마음입니다."
- (2021년 3월 22일 청와대 수석 보좌관회의에서) "정부로서는 매우 면목 없는 일이 되었지만 우리 사회가 부동산 불법 투기 근절을 위해 힘을 모아야 할 때입니다."

발언을 보면 초창기에는 부동산 시장 안정에 대한 상당한 자신감을 보인다. 그러나 시간이 갈수록 잡히지 않는 부동산 가격 때문에 고개를 숙이는 모습을 볼 수 있다. 초창기에는 강력한 수요 억제책으로 가격이 일시적으로는 안정된 것처럼 보이는 구간도 있었다. 그런 이유로 다양한 주택 시장 규제를 통해 시장을 안정화할 수 있으리라는 확신이 있었던 듯하다. 그러나 예상과 달리 주택 가격은 억눌렸던 용수철이 튀어오르는 것처럼 역대급 상승을 기록했다. 실제로 KB아파트 가격 매매지수는 2017년부터 지속적으로 상승하여 2022년 4월 현재 전국, 서울 등 수도권, 5개 광역시에서 조사 이래 가장 높은 수치를 기록하고 있는 중이다.

이렇게 주택 가격이 계속 오른 데 대해 문재인 정부는 원인을 몇 가지 들었는데 그중에 가장 대표적인 것이 '유동성'이었다. 유동성으로 인한 주택 가격의 상승은 비단 우리나라만이 아닌 전 세계적인 현상이라는 설명도 친절하게 덧붙였다. (이미 우리는 파트 2에서 해외의 주택 가격과 비교해도 우리나라, 특히 서울의 상승률은 굉장히 높은 수준이라는 것을 확인했다.)

이번에는 KB가 주택 가격 조사를 시작한 시점(1986년)을 참고하여, 각 정권별 KB아파트 매매지수 변동률과 유동성(M2) 증가율을 계산해 보았다.

■ **표 03-01. 각 정권별 KB아파트 매매지수 변동률 및 M2 증가율**

역대 대통령	정권 시기	KB아파트 매매지수 변동율			유동성(M2, 평잔) 증가율
		전국	서울	6대 광역시	
노태우	1988.2~1993.2	70%	71%	68%	198%
김영삼	1993.2~1998.2	3%	2%	-1%	151%
김대중	1998.2~2003.2	38%	60%	33%	59%
노무현	2003.2~2008.2	34%	57%	17%	48%
이명박	2008.2~2013.2	16%	-3%	32%	42%
박근혜	2013.2~2017.3	10%	10%	14%	31%
문재인	2017.5~2022.5 (매매지수 변동률과 M2 증가율은 2022. 4월 까지 계산)	38%	62%	32%	49%

출처 : KB부동산, 한국은행

자료를 보니 노태우 대통령 정부에서는 3저 호황(저금리, 저물가, 저환율)에 따른 엄청난 경제성장률과 함께 올림픽 등의 영향으로 엄청난 유동성 증가율을 보였고, 그에 따라 서울, 6대 광역시 할 것 없이 전국적으로 가장 높은 주택 가격 상승을 보였다. 김영삼 대통령 정부 시절에도 높은 유동성 증가율을 보였으나 IMF 구제금융의 여파로 오히려 주택 시장이 침체된 것을 확인할 수 있다. 노태우 정부를 제외하고 전국적으로, 특히 서울에서 가장 높은 주택 가격 상승을 보인 것은 문재인, 김대중, 노무현 정부순이었다.

이번에는 구체적으로 각 정부마다 유동성M2 증가율 대비 KB아파트 매매지수 변동률이 어느 정도 올랐나를 살펴보았다. 즉, KB아파트 매매지수 변동율을 유동성M2증가율로 나눠 본 것이다.

유동성 증가율을 감안하면 어느 정부와 비교해도 문재인 정부 때 전국, 특히 서울에서 엄청나게 높은 주택 가격 상승이 있음을 확인할 수

■ 표 03-02. 유동성(M2) 증가율 대비 KB아파트 매매지수 증감률

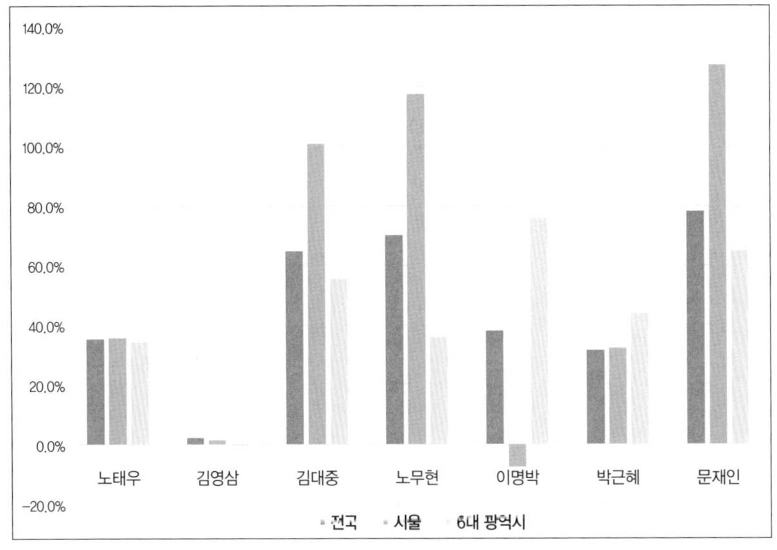

출처 : KB부동산, 한국은행

있다. (그리고 문재인 정부와 유사한 부동산 정책을 폈던 노무현 정부 역시 서울의 수치가 높다.) 이를 보면 문재인 정부의 해명처럼 단순히 유동성 증가만으로 주택 가격이 치솟은 이유를 설명하긴 어려울 듯싶다. 과연 어떤 정책들을 펼쳤길래 이러한 역대급 아파트 가격 상승이 일어났는지 한번 확인해 보자.

도대체, 투기꾼의 정체는?

문재인 정부에서 부동산 대책 중의 가장 핵심으로 꼽히는 다주택자(또는 투기꾼) 규제에 대한 얘기와 만일 앞으로도 정부가 이런 류의 대책을 할 때 무주택자는 어떻게 대처해야 하는지를 살펴보겠다.

다음은 문재인 정부에서 가장 오랫동안 장관직을 역임했던 김현미 전 국토부장관의 취임사 일부다.

"이번 대책은 수요를 억제하는 방안에 집중되었습니다. 그런데 아직도 이번 과열 양상의 원인을 공급 부족에서 찾는 분들이 계신 것 같습니다. 속내를 들여다보면 현실은 다릅니다"라면서 2017년 5월 주택 소유별 거래량을 2016년 5월과 비교해 증감률을 표시한 자료를 제시했다. 자료에 따르면 무주택자의 경우 5월에 주택 구매 거래가 1년 전보다 6.0% 줄어든 반면 집을 다섯 채 이상 가진 사람들의 주택 구매는 7.5% 늘어났다. 특히 서울 강남 4구(강남·서초·송파·강동)의 경우 5주택 이상 소유자의 거래 증가율이 송파구 88.9%, 강동구 70.0%, 강남구

58.3%, 서초구 23.8%로 높게 나타났다. 또한 "부동산 정책은 투기를 조장하는 사람들이 아니라 정부가 결정해야 한다는 점을 반드시 기억해 주시기 바랍니다"라며 "숫자로 현실을 왜곡하지 맙시다. 숫자는 현실을 파악하기 위한 수단일 뿐입니다. 현장과 괴리된 통계는 정부에 대한 불신만 키웁니다. 또한 문제를 해결할 수 있는 기회를 박탈하는 위험천만한 일이기도 합니다"라고 덧붙였다.

문재인 전 대통령의 당 대표 비서실장이기도 했던 실세 김현미 전 장관의 이 취임사는 향후 국토교통부가 기준으로 삼아야 할 중요한 주택 정책 방향의 제시였다. 공급은 충분하나 부동산 과열의 원인은 투기 수요와 다주택자 때문이라는 것이었다. 그래서 김현미 전 장관은 세금과 대출 규제 등을 통한 투기 수요 억제 및 다주택자의 매도 유도를 우선시했다. 2017년 8월, 청와대 뉴미디어비서관실과의 인터뷰에서 '실수요 보호와 단기 투기 수요 억제를 위한 주택 시장 안정화 방안(이른바, 8.2 대책)'의 배경에 대해 설명하며, "내년 4월까지 시간을 드렸으니 자기가 사는 집이 아니면 좀 파시라"고 단호하게 말하기까지 했다.

그 이후 주택 가격이 오르면 다시 규제를 강화하는 식의 두더지 잡기 정책 등을 반복하더니 부동산 대책을 28회나 낸다. 8.2 부동산 대책 이후 내놓는 정책 중에도 많은 부분이 '투기 수요 억제(라 읽고 다주택자 규제로 실행)'를 통한 주택 시장 안정에 방점이 찍혀 있었다. 그러면서도 또 가격이 오르면 전가의 보도처럼 김현미 전 장관과 정부는 저금리 등에 따른 유동성 외에 박근혜 정부의 대출 규제 완화와 투기 수요를 주요 요인으로 꼽았다. 유동성 대비 (특히, 서울의) 주택 가격 상승률은 문재인 정부가 어느 정부와 비교해도 역대급으로 높았던 것을 이미 앞에서 살펴보았다. 그렇다면 남은 주요 범인인 대출 규제와 다주택자 규제도 계속 강화되었는데 문재인 정부 5년 동안 엄청나게 주택 가격이 상승한 이유는 무엇일까?

우선 문재인 정부 내내 주택 가격을 폭등시킨 주범으로 몰린 다주택자 현황부터 살펴보자. 정부의 논리 대로라면 이 시기에 다주택자가 늘거나 실제 그 지역에 살지 않으면서 주택을 매수하는 외지인—정부 표현 대로라면 투기꾼—에 의한 거래가 늘어나야 한다. 그런데 아래 표에서 보는 것처럼 전국, 서울, 수도권, 5대 광역시에서 소유물 건수별 주택 소유자 수—즉 다주택자 현황—는 일정하게 유지되고 있었다.

■ **표 03-03. 거주 지역 주택 소유물 건수별 주택 소유자 수**

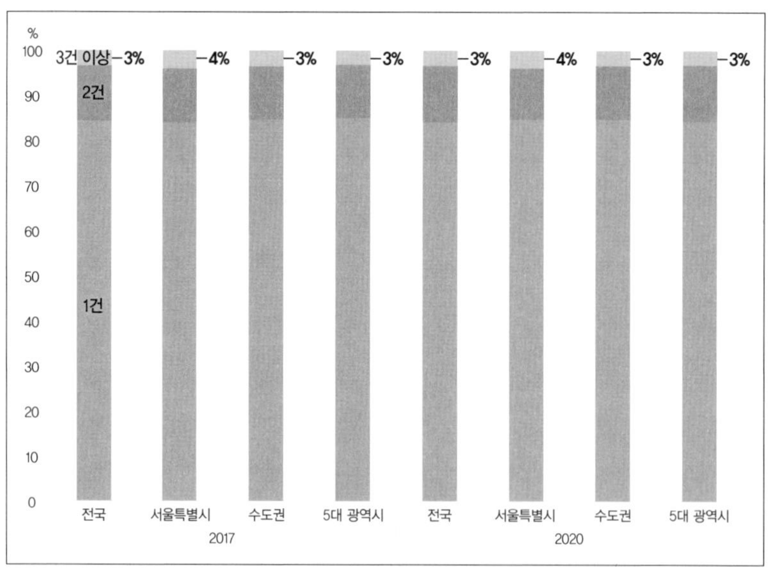

출처 : 통계청 주택 소유 통계

특히 문재인 정부의 주요 타깃이라 할 수 있는 투기꾼—3주택 이상 소유자—는 정권 초기부터 2020년 말까지 큰 변화 없이 3%(서울만 일시적으로 4%)를 유지하고 있다. 과연 이 정도가 국내 주택 시장을 요동시킬 만한 수준의 비율이라고 할 수 있을까?

김현미 전 장관의 취임사로 돌아가 보자. 김 전 장관은 여기에서 다주택자 거래량의 증가율은 밝혔지만 거래량 자체는 말하지 않았다. 이후 밝혀진 국토부 자료에 따르면 실체는 다음과 같다. 2017년 5월 강남 4구 주택 구매 거래는 총 3,904건이었는데 이 중 5주택 이상 소유자의 거래는 98건으로 전체의 2.5%에 불과했다. 무주택자가 2,103건으로 53.9%를 차지했고, 1주택 소유자가 1,158건으로 29.7%에 달했다. 집을 갈아타려는 1주택자도 사실상 실수요자인 만큼 무주택자와 1주택 소유자가 전체 거래량의 83.5%를 점유한 것이다. 국토교통부의 자료를 역산하여 만들어 본 강남 4구의 2016년 5월과 2017년 6월의 거래

■ **표 03-04. 강남 4구 2016년과 2017년 주택 소유 수별 거래량**

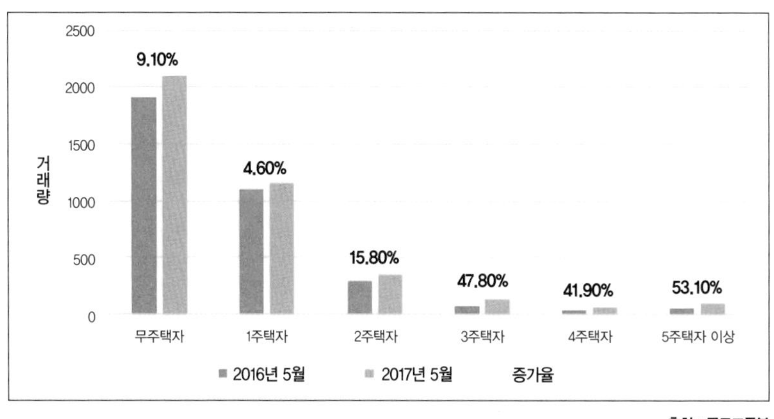

출처 : 국토교통부

량을 살펴보면 [표 03-04]와 같다.

다주택자의 경우 절대 건수 자체가 적다 보니 거래량이 조금만 늘어도 증가율이 껑충 뛰는 현상이 발생한 것이다. 과연 2016년 5월과 2017년 5월의 거래량 증가율 데이터만으로 김현미 전 장관의 취임사와 지난 정부의 정책 방향처럼 다주택자가 시장을 과열시켰다고 확신할 수 있을까? 오히려 숫자로 현실을 왜곡한 것은, 현장과 괴리된 통계를 제시한 것은 김현미 전 장관 아닌가?

부동산 시장 규제? 집 살 타이밍이다

이번엔 주택 가격의 상승 원인을 '투기꾼'이라는 범인이 아니라 그 범인을 잡으려 했던 '규제' 자체가 아닐까 하고 의심해 보자. 대체 어떤 규제들이 있었는지 몇 가지만 살펴보도록 하자. (실제로, 주택 시장은 결국 수

■ 그림 03-01. 조세의 전가와 귀착 설명

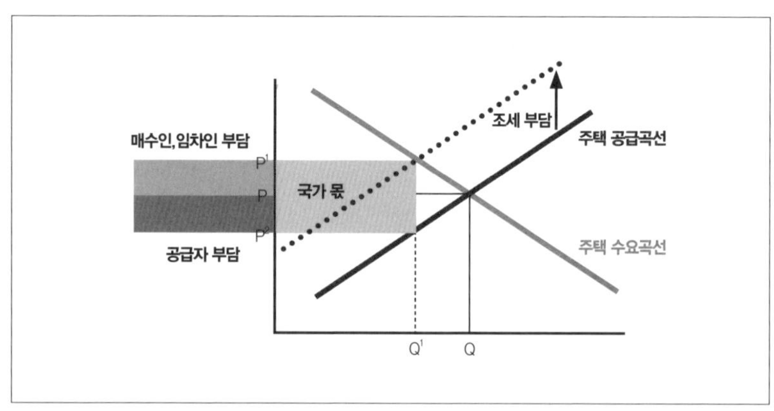

급에 따라 움직이며, 규제가 지속될수록 공급 감소로 인해 주택 가격은 더 오른다. 이런 현상은 우리나라에서만 일어나는 것이 아니라는 사실을 해외 논문에서도 찾아볼 수 있다.) 가장 대표적인 것이 다주택자 세금 중과세다. 정부는 당초 다주택자의 매물이 시장에 나오면 주택 시장이 안정되겠거니 생각했다. 그런데 그런 순수한 의도가 오히려 문제를 일으킨 게 아닐까? 이러한 중과세가 과연 가격 안정에 도움이 될지 우선 이론적으로 한 번 살펴보자.

[그림 03-01]은 경제학원론 교과서에 나오는 '조세의 전가와 귀착'에 관한 것이다. 세금은 기본적으로 모든 재화의 가격을 올린다. 납세의무자에게 부담된 조세가 다른 사람에게 이전되는 현상이다. (부동산 가격이 올라가는 원인으로 임대차 3법, 양도세 및 보유세 중과 등은 학계와 언론에서 계속 지적한 내용이다.) 어렵지 않은 내용이니 핵심 내용만 간단히 설명하겠다. 결국 조세 부담으로 인해 당초 가격이 P였으나 매수인 또는 임차인이 부담하는 가격은 P1으로 올라간다. 정작 공급자(매도자 또는 집주인)는 P2의 떨어진 가격만 받게 된다. 그리고 가격 상승 및 공급자의 수익 하락으로 인해 공급량은 Q에서 Q1만큼 줄어들게 된다.

아파트 가격이 오른 것은 이미 우리가 알고 있다. 그렇다면 실제 거래량도 위의 설명처럼 줄었을까? 이에 대한 힌트를 얻을 수 있는 기사들이 여럿 있다.

"강남 아파트, 12·16대책 이후 증여 급증"(MBC, 2020. 4. 9)

"차라리 물려준다… '거래 절벽' 아파트, 증여는 역대 최고치"(〈세계일보〉, 2021. 10. 5)

“세금 폭탄 맞고 팔 바엔 물려준다. 더 거세지는 증여 열풍”(《조선일보》 땅집고, 2022. 2. 4)

언론에서도 당초 시장에 나왔어야 할 매물들이 증여로도 이동했음을 수도 없이 지적했다. 그리고 이렇게 줄어든 매물이 다시 시장의 가격을 올리는 악순환을 반복시켰던 것이다. 경제학까지 갈 필요도 없다. 생각해 보시라. 문재인 정부는 대한민국의 웬만한 중소 도시들을 모두 부동산 조정 지역으로 묶어놔 버렸다. 조정 지역에서 3주택자가 양도를 할 경우 지방소득세까지 합치면 양도소득세 최고 세율은 82.5%에 달한다. 혹시라도 전세를 주고 있다면 오히려 집을 팔더라도 세금으로 돈을 더 내야 할 판이다. 당신이 이런 상황이라면 그만큼의 세금을 내고 집을 팔겠는가? 멀리 갈 것도 없다. 청와대 대통령비서실 민정수석비서관으로 일하던 김조원 전 청와대 민정수석도 강남구 도곡동과 송파구 잠실동에 시세 20억 원이 넘는 아파트를 보유하고 있었다. 당시 청와대 내부의 지시로 그는 시세보다 2억 원 이상 비싸게 매물로 내놓는 꼼수를 부리다 결국 주택을 팔지 않고 양도세 폭탄을 피하기 위해 사퇴를 선택했다. ‘직’보다 ‘집’을 택한 것이다. 김조원 전 수석만의 일은 아닐 것이다. 이렇게 매도를 기피하는 현상이 심해질수록 시장의 매물은 말라갈 수밖에 없다.

실제 연구 논문들도 매도를 유도하려고 양도세를 강화한 것이 오히려 시장의 매물을 줄어들게 하는 등 정책 목표를 이루지 못하게 했다고 문제점을 지적하고 있다. (박정현, 김형근, “아파트의 조세 부담과 거래량 간의 관계에 대한 실증 연구", 「세무와 회계 연구」, 2019, 241~278쪽.) (오승규, "2020년 부동산 세제의 동향과 평가", 「부동산법학」, 2020. 19~48쪽, 오예성, 이호진, 황세진, "주택 양도소득세의 동결 효과에 관한 연구 - 강남 3구의 주택 매매와 가격 변동을 중심으로", 「부동산·도시연구」, 2020, 63~81쪽). 또한 과도한 세제 정책은 합리성도 인정되기 어려워 심지어 헌법에 어긋나는 주택 정책 입법이라고 비판한 연구 결과도 있었다.(류지민, "다주택자 양도소득세 중과에 관한 규범적 검토 - 부동산 세금의 '제재'화에 관하여", 「법학논집 25권」 2호, 2020, 99~142쪽).

노벨경제학상을 수상한 프리드리히 A. 하이에크Friedrich Hayek는 그의 저서 《노예의 길》에서 경제학의 아버지 애덤 스미스Adam Smith의 말을 다음과 같이 인용한다.

"개인들에게 어떤 식으로 그들의 자본을 사용해야 하는지 지시하려는 정치가가 있다면 가장 쓸데없는 데 쏟는 부담을 스스로 떠안으려는 것일 뿐만 아니라 안심하고 맡길 수 없는 권위를 차지하려고 하는 것이다. 특히 이 권위를 자신이 잘 행사할 줄 안다고 환상에 빠질 정도로 어리석고 잘난 체하는 사람이 그 권위를 수중에 넣게 될 때만큼 위험해지는 경우는 없다."

문재인 정부의 이렇게 과격한 '세금 폭탄 정책 실험'은 집값을 잡겠다는 의도와 달리 거꾸로 집값·임대료 폭등을 부를 수 있다는 점을 보여 준다. 김현미 전 국토교통부 장관은 세율 인상의 목적을 "증세가 아니라 불로소득 차단"이라고 언론에서 수차례 밝혔지만 세금으로 주택 가격을 인하하겠다는 발상 자체가 허구임이 결과로 증명된 셈이다.

이런 전례 없는 정책 실험의 결과가 현실에서 증명된 것은 알겠는데 이로 인해 받는 무주택자 또는 세입자들의 피해는 누가 책임을 져야 할까? 그러는 사이 국가는 [그림 03-01]에서만큼의 몫을 세금으로 얻는다. 실제로 지난 2월 통계청장, 한국개발연구원KDI 수석 이코노미스트 등을 역임한 유경준 국민의힘 의원이 내놓은 '부동산 관련 세금 국제비교' 보고서에 따르면 2020년 기준 한국의 GDP 대비 자산세 비중은 3.976%를 기록하며 프랑스와 함께 공동 1위를 차지했고, 영국(3.855%)이 뒤를 이었다. 즉 실수요자의 부wealth가 국가로 이전된 것이다. 오죽했으면 부동산 관련 세수가 본 예산 대비 14조 원이 더 걷히는 등 국세 수입 오차 규모도 역대 최대치를 기록하기도 했다.

"'부동산 예측' 실패한 정부, 역대 최대 초과 세수 발생"(〈국민일보〉, 2022. 2. 11)

문재인 정부의 또 하나의 대표적인 규제를 살펴보자. 바로 천정부지로 솟는 서울 집값 억제를 명분으로 한 아파트 정비사업의 규제다. 이주 수요 등에 따른 가격 불안을 걱정했기 때문이다. 이창무 한양대 교수는 2021년 KDI가 개최한 '부동산 포럼'에서 "고(故) 박원순 시장이 서울시장으로 재직하던 2014년을 전후해 서울시의 정비사업 출구 전략에 따라 해제된 뉴타운은 총 393개 구역에 달한다. 이 구역의 정비사업이 모두 완결되었다면 총 26만 3,908가구의 아파트 공급이 가능했을 것으로 추산된다"고 밝혔다("박원순, 뉴타운 해제… 연 5000억 사회적 비용 초래", 〈국민일보〉, 2021. 9. 13) 이렇게 공급과 시장의 매물이 꽉 막혀 버린 상황에서 정비사업의 추가 규제는 결국 수도권 가격 상승의 도화선이 될 수밖에 없다. 문재인 정부의 대표적인 정비사업 규제 정책은 조합원 지위 양도 제한, 재건축 초과 이익 환수제, 안전 진단 강화, 분양가 상한제 확대 등이다. 결국 정부의 무차별 규제로 인해 재건축을 늦추거나 포기하는 사례가 급격하게 늘어났다. 다음은 참고할 만한 기사다.

> "재건축 얼어붙고 주택 공급 더 줄 듯"(〈매일경제〉, 2019. 8. 6)
>
> 경제위기 불러올 수 있는 정책, 부작용 커 경제위기 올 수도
>
> 분양가 상한제가 시행되면 강남을 중심으로 한 서울 재건축·재개발은 사실상 사업 자체가 불가능해져 '올킬'이 예상된다. 가을 이사철을 앞두고 이미 전세 가격이 불붙은 상황에서 전세난을 더 부채질할 가능성도 제기된다.

실제로 그동안 재건축 추진이 어떻게 진행되어 왔는지를 나타내는 자료를 찾아보니 다음과 같다.

자료를 보면 2017년 이후 재건축 사업에 의한 준공 물량이 전국, 특히 수도권에서 늘어나고 있다. 이는 박근혜 정부에서 인가를 받아 추진된 물량이다. 그러나 2017년 이후 수도권의 인가 물량은 급격히 줄어들고 있음을 확인할 수 있다. 우려가 현실이 된 셈이다. 수도권 내, 특히 서울의 주택 가격 불안이 2022년 이후 훨씬 걱정되는 이유다.

■ 표 03-05. 전국 재건축 추진 현황 – 인가

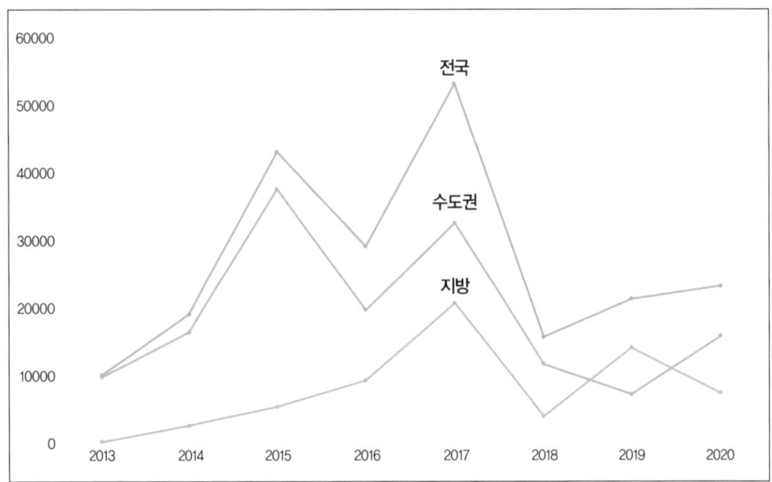

■ 표 03-06. 전국 재건축 추진 현황 – 준공

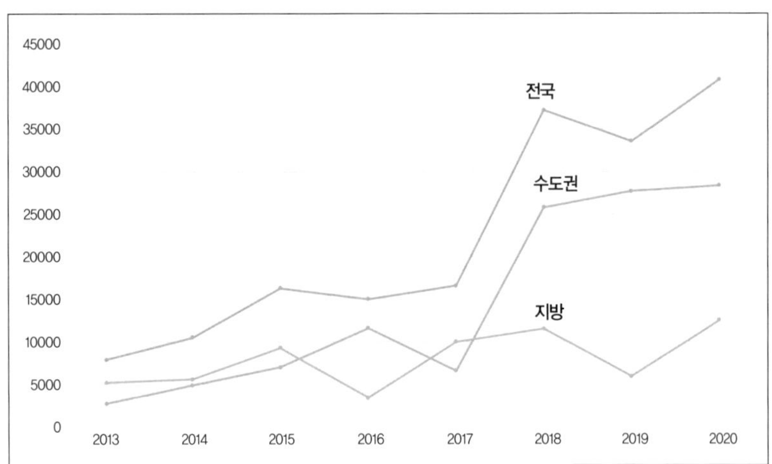

출처 : e나라지표

사실 박근혜 정부의 부동산 정책에 아무 책임도 없다고 할 수는 없다. 문재인 정부는 한동안 오르는 집값의 원인을 박근혜 정부의 부동산 정책 탓으로 돌렸다. 그중 제일 앞에 있었던 것이 '대출 규제 완화'였다. 오랫동안 이어진 저금리에 대출 규제 완화까지 보태지면서 부동산 시장을 과열로 이끌었다는 주장이다. '빚 내서 집 사라'는 정책 방향이 가수요를 만들어 주택 시장을 자극시켰다고 판단했다. 문재인 정부가 전 정권의 주택 정책을 비판할 때 가장 많이 주장했던 논리다. 물론 '대출 규제 정책'이 주택 가격에 어느 정도 영향을 미친다는 것은 해외 논문에서도 찾아볼 수 있다. 그러나 박근혜 정부의 가장 큰 실수는 도심지 내 공급에 치중한 나머지 대규모 주택 공급을 소홀히 한 것이다. [표 03-07]은 2010년 1월부터 2021년 10월까지 서울을 비롯한 수도권 아파

■ 표 03-07. 수도권 아파트 매매가격 지수(2010. 1~2021. 10)

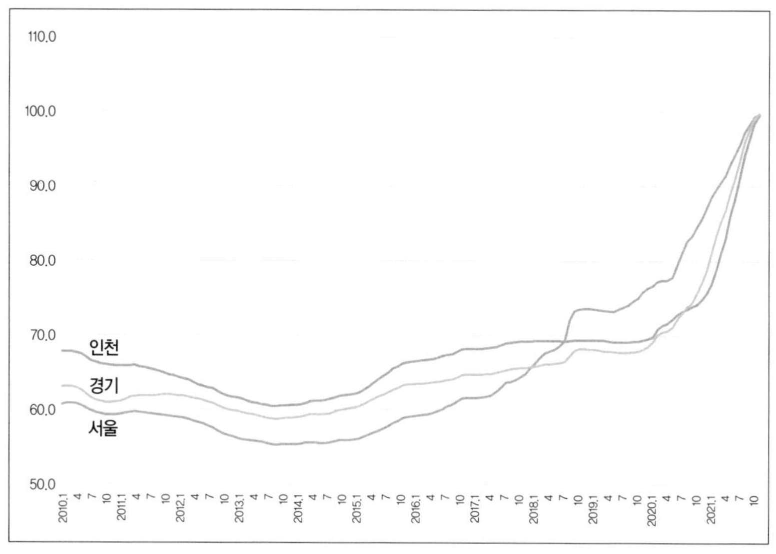

출처 : KB부동산

트의 매매가격 지수다.

자료를 보면 수도권의 주택 시장은 그야말로 오랫동안 안정기를 겪는다. 2015년까지는 오히려 침체기라고 표현하는 게 맞을 듯하다. 그러다 보니 시장과 정부는 대규모 주택 공급의 필요성을 느끼지 못한다. 이러한 분위기가 형성되면서, 급기야 2014년 9월에 정부는 '규제 합리화를 통한 주택 시장 활력 회복 및 서민 주거 안정 강화 방안'을 발표하기에 이른다. 대규모 주택 공급 방식을 개편하고, 공급 물량을 조정한다는 계획이다. 그중의 가장 핵심은 택지개발촉진법(이하 '택촉법') 폐지 추진이었다.

> "2014년 택지개발촉진법 폐지. 신도시 건설 정책 '마침표'"(〈한겨레신문〉, 2014. 9. 1)
>
> ○○○국토교통부 주택 정책 과장은 "2011년 이후에만 파주 금능 등 전국 6곳에서 택지개발지구의 지정이 해제·취소되었다. 이 법에 따른 개발은 더 이상 유효하지 않다"고 말했다. (중략) ○○○ 세종대 교수는 "택촉법의 폐지는 대규모 주택 개발 시대가 끝났다는 선언과도 같다"고 평가했다.

택지개발촉진법은 도시의 주택난을 해소하기 위해 주택 건설에 필요한 택지의 취득·개발·공급 및 관리 등에 관한 특례를 규정해 주거 생활의 안정과 복지 향상에 이바지할 목적으로 1980년에 만들어진 법이다. 분당, 일산 등 1기 신도시와 판교, 광교, 동탄 등 2기 신도시도 모두

이 법을 근거로 조성되었다. 그러나 당시에는 주택 공급이 넘쳤던지라 정부는 물론 전문가들조차도 더 이상 대규모 개발이 필요하지 않다고 판단한 것이다. 이에 따라 택촉법 폐지는 당시 여당이던 새누리당(현 국민의힘) 강석호 의원이 발의하여 의원입법으로 추진된다.

> "택지지구 지정 '택촉법' 34년 만에 폐지 수순"(〈머니투데이〉, 2014. 10. 29)
>
> 강석호 의원이 29일 신도시 등 대규모 택지개발지구 신규 지정을 중단하는 내용의 '택지개발촉진법 폐지법률안'을 국토부와 협의해 국회에 제출했다.

그러나 해당 법률은 19대 국회 종료와 함께 2016년 5월에 자동 폐기가 되었고, 2016년 9월에 같은 당인 이우현 의원에 의해 재추진되기도 했다.

> "黨正, 택지개발촉진법 폐지 재추진"(〈매일경제〉, 2016. 10. 18)

그렇게 우여곡절을 겪었던 택지개발촉진법은 아직까지 폐기되지 않고 근거를 유지하고 있긴 하다. 그러나 문제는 법의 폐지 여부와 관계없이 줄어든 대규모 택지다. 정부는 2017년까지 수도권을 포함한 대규모 공공 택지 지정을 중단시킨다. 결국 이 기간 동안 택지 개발 추진 실적이 거의 전무했다.

수도권 택지지구 지정 현황을 보면 2012년부터 2017년에 이르기까

■ 표 03-08. 수도권 택지 지정 현황

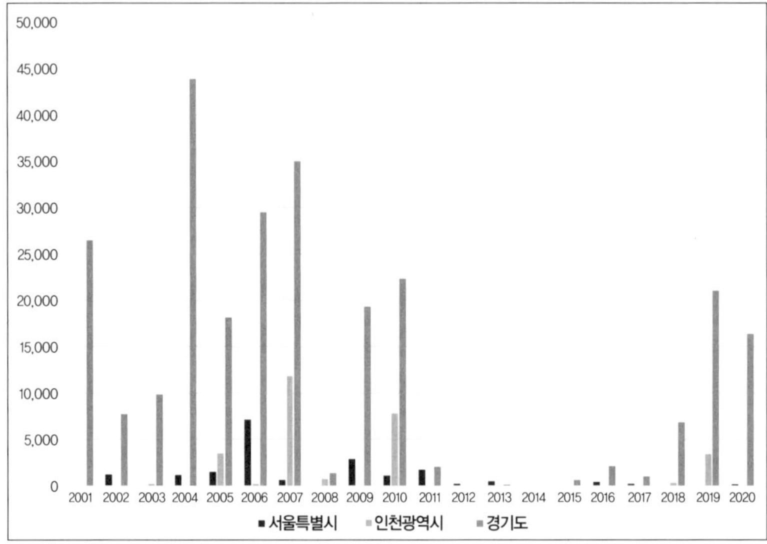

출처 : 국토교통부

■ 표 03-09. 수도권 택지 공급 현황

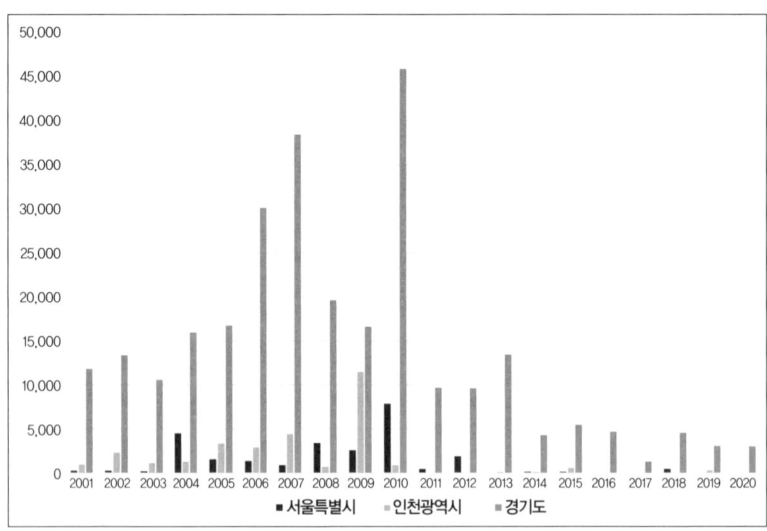

출처 : 국토교통부

지 그야말로 휑하게 뻥 뚫려 있는 것을 볼 수 있다. 그러다 보니 수도권 택지지구의 공급 현황도 2014년부터 급감하고 있다. 다만 박근혜 정부는 [표 03-08]과 [표 03-09]에서 보는 것처럼 민간 재건축 등을 통한 도심지 내 주택 공급에 역점을 두었다. 그로 인해 그나마 문재인 정부 기간 동안 서울 도심 내 입주 물량을 채워 넣을 수 있었다. (서울의 입주 물량은 파트 4의 [표 04-01]에서 확인할 수 있다.)

바통을 이어받은 문재인 정부는 재건축을 규제할 생각이었다면 신도시 등 택지 건설 정책이라도 서둘렀어야 했다. 그러나 초대 국토부 수장인 김현미 전 장관은 "문제는 공급 부족이 아니다"라고 취임사에서 밝히면서, 주택 가격이 오르는 것은 '투기꾼'과 '전 정부의 대출정책'이라고 수차례 의견을 드러냈다. 문제의 핵심을 전혀 짚지 못했던 것이다. 2017년 5월에 문재인 정부가 시작하면서 규제만으로 충분히 시장을 컨트롤할 수 있을 것이라 자만한 것이다. 그렇게 1년 6개월을 흘려보낸 뒤 주택 시장이 계속 뜨거워지니 2018년 9월과 12월, 2019년 5월이 되어서야 수도권 주택 공급 확대 방안과 수도권 주택 공급 계획을 발표한다. (3기 신도시도 이때 발표된 것이다.) [표 03-08]에서 보듯이 2018년 이후부터 부랴부랴 택지를 지정하는 것을 볼 수 있다.

문제는 2022년부터다. 2018년 연말에나 되어서 처음 발표한 3기 신도시의 첫 입주는 빨라야 2026년이다. 한동안 서울 도심의 시장 불안이 제기되는 이유다.

“전세난 극심한데 서울 아파트·오피스텔 입주 물량 ‘쌍끌이 감소세’”
(이투데이, 2021. 11. 10).

○○○ 부동산114 과장은 “지금 상황이면 2025년은 되어야 입주 물량이 많아질 것 같다. 3기 신도시 첫 입주는 2026년이고, 정부가 추진하는 재개발·재건축도 2026년 이후 첫 입주가 시작될 확률이 크기 때문에 올해를 기점으로 인허가 물량이 착공에 들어가고 완공 후 입주까지 4년가량 걸린다고 보면 2024년까지는 입주량 감소세가 이어질 것으로 보인다”라고 말했다.

연목구어 후필재앙(緣木求魚 後必災殃)이란 말이 있다. 나무에 올라가서 물고기를 구하듯, 그릇된 수단은 반드시 재앙을 일으킨다는 의미다. 중과세를 통한 다주택자 규제나 정비사업 규제는 사실 노무현 정부 때도 이미 실패한 사례가 있다. 그럼에도 문재인 정부는 더 강력하게 세율을 높이고 규제에 압박을 가하면 주택 가격을 안정시킬 수 있으리라고 믿었던 듯하다. 정부가 이렇게 다주택자 규제를 하고 새 집을 못 짓게 하니, 결국 최종 피해자는 매수를 보류한 무주택자들이다. 그리고 더 큰 피해자는 정부를 믿고 집값이 떨어질 거라고 판단하여 있는 집마저 판 이들이다.

이에 대해 많은 전문가가 비판의 목소리를 냈다. 이 중에서 한양대학교 이창무 교수가 발표한 기획 논문을 인용해 보고자 한다.(이창무, “문재인 정부 부동산 정책의 비판적 평가”, 「한국행정연구」, 2020, 71쪽, 75쪽).

> 국내 주택 시장에서 매매시장과 전·월세 시장의 유기적 관계에 대한 몰이해, 본질적으로 모호할 수밖에 없는 투기적인 행태에 대하여 지나치게 확대된 전선, 1가구 1주택 소유주의란 달성 불가능한 목표와 다주택자에 대한 부정적인 단면에 몰입되어 선택되어진 선을 넘어선 조세정책이 핵심 문제다. (중략) 시장 내 개인들의 행태를 계몽적인 방향으로 조정하고 통제하고자 했으나 그 결과는 기존 국내 주택 시장의 내재된 질서를 파괴하는 생태계 교란을 야기하여 심각한 부조화의 상황을 만들었다. 현재 유지되고 있는 국내 주택 시장의 규제 수준은 해외 어느 곳에서도 찾아보기 힘들다.

이제 알겠는가? 이런 내용들은 자식들에게도 반드시 알려 줘야 한다. 어느 누가 대통령이 되든, 어느 정부가 되든 정부에서 다주택자를 추가로 규제하거나 새 집을 짓는 것을 어렵게 하겠다고 발표하는 순간 다주택자들 또는 재건축 아파트 소유자들을 불로소득자나 멸시의 눈으로 볼 것이 아니다. 시장이 왜곡되기 시작하는 순간이다. 그때는 무조건 내 집을 마련할 타이밍이다. 그것도 가급적이면 똘똘한 한 채로. 시장에 있는 매물마저 없어지고 가격이 더 오르기 전에 말이다.

부동산 전문가(라고 불리는 사람들)와 소음 증폭 장치

과연 전문가들은 실제로 얼마나 잘 맞힐까?

집을 사 본 경험이 없는 대부분의 무주택자는 부동산에 대한 지식이 적을 수밖에 없다. 설령 집이 있더라도 집을 사는 것에 대한 경험이 보통 그리 많지 않다. 그러니 자신만의 기준도 없고 걱정이 태산이다. 혹시나 안 사고 조금 보류하고 있었는데 오르면 어떡하지? 괜히 무리하게 대출해서 샀는데 떨어지는 거 아닌가? 그러다 보니 연초만 되면 무주택자를 비롯한 주택 실수요자들은 전문가들의 부동산 전망에 대해 관심을 기울이게 된다. 대부분의 무주택자들은 전문가들이 부동산과 경제 문제에 대해 우리보다 잘 안다고 믿기 때문이다. 특히 전문가들의 의견이 언론을 통해서 나오는 순간 일반인들은 큰 영향을 받을 수밖에 없다. 바로 르네상스 시대 경험주의 철학가 베이컨이 얘기한 '극장의 우상'으로, 권위에 대한 맹목적인 추종으로 판단력이 흐려지는 오류가 발생하기 때문이다.

그렇다면 전문가들의 부동산 시장 전망은 얼마나 정확할까? 실제로 이들의 전망이 얼마나 맞고 틀렸는지 그 결과를 검증한 것을 본 적이 있는가? 유명 종편 방송 기자에게 "왜 이런 걸 취재해 보지 않나?"고 물어보았더니, 그런 기사를 쓰는 순간 다음부터 인터뷰할 전문가를 구하기가 힘들어진다는 답변이 돌아왔다. 그래서 이번에는 그동안 (내가 아는 한) 언론에서 다룬 적 없던 혹은 다루기 힘들었던 전문가들의 전망이 정말 신뢰할 만한 수준인지를 직접 검증해 보려고 한다.

우리나라에는 부동산 시장을 전문적으로 연구하는 석·박사급이 모인 연구 기관이 여러 군데 있다. 이 기관들은 매년 초만 되면 부동산 전망을 보도자료나 세미나 형식의 간담회를 통해 언론에 공개한다. 기관의 위상이나 공신력 등을 감안하여 전망 내용은 언론에서도 상당히 무게감 있게 다뤄진다. 당연히 주택시장에 문외한인 대부분의 무주택자는 그 내용에 영향을 받는다.

주택 가격이 많이 올랐던 2년간 각 연구 기관들의 부동산 전망과 실제 그해 부동산의 시장이 어떻게 움직였는지를 살펴보자. 그러면 얼마나 그 전망이 우리에게 도움이 되는지를 판단할 수 있을 것이다. (다만 각 연구 기관의 위상 등을 고려하여 기관명은 거론하지 않겠다.)

실제로는 2019년 중반 이후부터 서울 등 전국이 엄청난 상승을 기록했다. 그러나 [표 03-10] 자료를 보면 연구원들은 전반적으로 가격 상

■ 표 03-10. 부동산 시장 관련 2019년도 전망 및 KB아파트 매매가격 변동률

구분	주요 내용			주요 내용 및 전망 사유
	전국	서울(수도권)	지방	
A연구원	-1.0%,	수도권 -0.5%	-1.8%	국가 경제 저성장 기조, 규제 지역 추가, 정부 시장 안정화 정책, 누적되는 아파트 입주 물량 등
B연구원	-0.4%,	서울 +1.6%,	-0.9%	전국 가격·거래·공급 트리플 하락 속 서울 강보합세, 대출 규제·금리·공급량 감소 등 영향
C연구원	-1.1%	수도권 -0.2%	2.0%	글로벌 통화정책, 거시경제 어려움, 수요 위축, 공급 물량 누적 등으로 가격 하락 불가피
KB아파트 매매지수	-0.27%	서울 2.92% 수도권 0.93%	5개 광역시 0.20%	-

출처 : A연구원 시장 동향 및 전망('20. 1. 21), B연구원 주택 시장 전망(2019. 12. 25), C연구원 건설 부동산 경기 전망 세미나(2019. 11. 5), KB부동산

■ 표 03-11. 부동산 시장 관련 2020년도 전망 및 KB아파트 매매가격 변동률

구분	주요 내용			주요 내용 및 전망 사유
	전국	서울(수도권)	지방	
A연구원	-0.9%	수도권 -0.8%	-1.0%	대출 규제, 보유세 강화 등으로 서울은 안정화, 비수도권은 하향세 유지
B연구원	0.0%	서울 1.2%,	5개 광역시 가격 상승폭 축소 전망	서울 아파트 가격이 수도권 상승세 견인 예상, 지방 광역시 신규 공급 예정 등으로 가격 상승폭은 축소될 것으로 전망
C연구원	-0.8%	수도권 -0.3%	-1.2%	글로벌 경제 부진, 규제 많지만 저금리 기조가 수요 부양해 0.8% 주택 가격 하락 예상
KB아파트 매매지수	9.23%	서울 12.3% 수도권 11.93%	5개 광역시 8.37%	-

출처 : A연구원 시장 동향 및 전망(2020. 1. 21), B연구원 주택 시장 전망(2019. 12. 25), C연구원 건설 부동산 경기 전망 세미나(2019. 11. 5), KB부동산

승에 대해 굉장히 신중하다. 이뿐만이 아니다. 국토교통부와 D연구원이 2019년 5월 서울 중구 한국프레스센터에서 개최한 '문재인 정부 주택 정책 2년의 성과와 과제' 정책 세미나에 참석한 전문가들은 9.13 부동산 대책(2018년) 등 안정책으로 부동산 추가 급등을 막은 사실을 가장 중요한 성과로 꼽았다. (이미 앞장에서 전국의 주택 가격 상승으로 대책이 실패했음을 밝힌 바 있다.) 이 자리에서 첫 번째 발표 자료로 D연구원의 부동산 시장 관련 책임자가 '주택 시장 안정화 대책 이후 주택 시장 변화 및 향후 정책 방향'이라는 발표를 하면서 자료에서 2019년 하반기 주택 시장은 금리 인상 시나리오에 따라 -1.1%에서 -1.9%까지 하락할 것이라고 말했다. 그러나 서울의 주택 가격은 그해 1월부터 7월까지 하락세를 기록하다가 정작 하반기(2019년 6월~12월)에 서울은 3.1%, 수도권은 1.49%나 상승했다. 그리고 2021년까지 엄청난 상승세를 보였다. (혹시나 1%의 상승과 하락이 의미 없다고 생각하는 독자들은 '이 책을 제대로 활용하는 법' 부분을 반드시 다시 한 번 읽어 보기 바란다.)

막상 결과를 보니 어떤가? 전문 연구 기관들은 전반적으로 연초에 대출 규제, 글로벌 경제 등 다양한 이유로 보합 또는 강보합 수준의 전망을 내놓았다. 그러나 결과는 전문가들의 예상과는 한참 거리가 있어 보인다. 서울을 포함한 수도권과 지방의 주택 가격은 2019년 하반기부터 엄청난 상승세를 보였다. 특히 A연구원은 기관의 신뢰도에 상처를 입어서인지 아니면 정부의 눈치가 보여서인지 2020년 중반부터 부동산 전망을 하지 않는다. (A연구원은 집값 모형의 통계 고도화 작업이 진행 중이라 발표가 미뤄지고 있다고 설명했다.)

이러한 연구 기관 이외에도 개별 전문가—라고 불리는 사람들—의 언론을 통한 전망 인터뷰 몇 개만 소개해 보자. 2019년 이후 개별 전문가들 중에서 서울 등을 중심으로 한 수도권과 지방의 광역시들이 계속 엄청난 상승을 한다고 정확하게 맞힌 전문가는 얼마나 될까?

"2019년, 전국적으로 집값 떨어진다? 장기 침체 우려도"(SBS, 2011.12)
○○○대학 ○○○ 교수, "올해는 넘겨 보는 게 어떤가, 하는 생각이 들고요. 가격도 하락하고 있고 대출도 규제가 완화되어야 레버리지 효과로 주택을 구입할 수 있으니까. (중략) 재고 주택 시장은 조금 기다려 보는 게 좋고요."

"부동산, 2019년은 투자 타이밍 아니다"(더스쿠프, 2019. 1. 30)
최근 미국의 기준금리 인상이 국내 기준금리 인상으로 이어지면서 대출금리가 꿈틀거리고 있다는 점이다. (중략) 또다른 근거는 정부의 강도 높은 규제 정책이다. (중략) 이를 2019년 부동산 시장에 적용해 보면 아직은 부동산을 매입할 시기는 아니다. 2017년과 2018년 급등한 부동산 가격이 이제 막 하락세가 나타나고 있다. 언급했듯이 2019년 시작된 부동산 시장의 하락세는 2020년까지 이어질 가능성이 높다.

"집값 내년까지 떨어질 것… 무주택자 급매·경매 노려볼 만"(파이낸셜뉴스, 2019. 2. 24)

파이낸셜뉴스가 24일 부동산 전문가 10명에게 시장 진단·전망 및 투자전략에 대해 설문조사한 결과 지난해 말부터 이어지고 있는 집값 하락세는 당분간 계속될 것으로 전망됐다. 최소한 올해 상반기까지, 시장 상황에 따라 내년까지도 하락이 지속될 것으로 예상됐다.

"주택 가격 전망 역대 최저라는데… 지금 집 사도 되나"(이데일리, 2019. 2. 27)

"집값 더 떨어진다" 불안 심리 커져

○○○ 원장은 "지금 부동산 시장은 상승에서 하락으로의 국면전환 초입에 있다"며 "2013년부터 5년간 상승세를 탄 만큼 최소 1~2년은 하향세가 지속될 것"이라고 봤다. 아울러 "작년 일부 지역 주택 가격에 낀 거품이 당분간 빠지게 될 것"이라며 "실수요가 아니라면 지금 집을 사는 것은 다소 무리가 있어 보인다"고 조언했다.

"서울 집값 하락 멈췄지만 큰 폭 상승 힘들어… 지방은 침체 지속"(파이낸셜뉴스, 2019. 7. 1)

○○은행 부동산 수석전문위원은 "추석까지 회복세를 보일 수 있지만 일시적 현상인지 추세 전환인지는 아직 불확실하다"며 "다만 그동안 너무 많이 올라 본격 대세 상승으로 갈 가능성은 희박하다"고 내다보았다.

지칠줄 모르는 서울집값 상승 행진… 아파트 평당 1억원 시대 (브릿지경제, 2019. 9. 30)

○○대 금융부동산학과 ○○○교수는 "단지별로 아직 거래량이 1~2건에 불과하고 잔금을 치르기까지의 기간 동안 계약이 취소될 수도 있어 '평당 1억 원 시대'가 됐다고 말하기엔 과한 측면이 있다"며 "국내외 경제 상황이 좋지 않은 상황이고 갑자기 주택거품이 붕괴될 경우 경제 전반에 큰 충격이 올 수 있는 만큼 시장에 대한 왜곡된 시각을 갖지 않도록 신중하고 합리적인 판단이 필요하다"고 말했다.

"코로나 19, 실업 문제로 확산되면 부동산 하락 불가피"(〈한국경제〉, 2020. 3. 23)

○○○연구원의 ○○○연구위원은 "이번 코로나19는 이전과는 달리 금융시장이나 실물경제에 큰 영향을 주고 있다"고 분석했다. (중략) "실물경제의 부진이 장기간 지속된다면 실업 문제를 유발할 가능성이 크다"며, (중략) "30~40대 근로소득의 일정 부분이 주택 구입 대출의 원리금 상환에 투입되고 있다"며 "만약 실업 문제가 발생한다면 담보 대출 시장을 경유해 주택 시장에 하방압력을 가할 가능성이 있다"고 강조했다.

"거래량 줄고 실거래가 하락… 곳곳 부동산 침체 신호"(뉴시스, 2020. 3. 31)

○○증권 ○○○연구원은 "거래량은 줄어드나 가격은 상승세를 보이

던 2019년을 지나 2020년은 거래량이 더욱 급격하게 줄어들고 실거래가도 하락하고 있어 침체기 시그널을 보내고 있다"며 "2020년 부동산 시장은 침체기에 진입한 것으로 보인다"고 말했다.

"규제로 냉랭한 부동산 시장… '집값 하락설' 현실화?"(미디어펜, 2020. 9. 21)

한 부동산 전문가는 "향후 시장 비수기인 추석 연휴까지 다가오면서 시장 분위기는 더 움츠러들 것으로 보인다"며 "정부의 대책으로 심리적으로 많이 꺾인 상황이고, 임대차 3법 등 전세 시장이 불안한 상황이지만 매매는 강제적인 규제로 인해 관망하고 있다"고 말했다.

이외에도 계속해서 틀리거나 별로 도움이 되지 않는 전망으로 실수요자들을 헷갈리게 한 사례는 너무나 많다. 2019년 중·하반기 이후부터 주택 가격이 완전한 상승세를 보인 2020년 하반기 또는 2021년 초가 되어서야 조금씩 많은 연구 기관과 전문가들도 '상승' 전망에 무게를 두기 시작했다. 결국, 부동산을 전문으로 하는 연구 기관과 전문가들의 전망이라고 하더라도 참고는 할 수 있지만 신뢰 수준이 높은 편은 아닌 듯하다. 이런 전망을 본 독자 여러분은 과연 2019년 또는 2020년에 집을 살 수 있었겠는가?

사실 전문가들의 실패는 어제오늘의 얘기가 아니다. 부동산 전문가들이 쓴 책들 중에는 서울의 부동산 경기가 꺾이기 시작한 2007년에 강남과 서울은 더 상승할 거라고 전망한 내용을 쉽지 않게 찾아볼 수 있다. 그리고 그중 상당수는 여전히 전문가로 활동하며 여기저기 강의를 다니고 있다. 끝으로 재미있는 기사 하나를 발견해서 소개한다.

> "새해, 강남 부동산 불패 여전·서민 경기 최악·총선은 여당 신승"(뉴시스, 2020. 1. 1)
>
> 전국 유명 무당 200명, 2020년 국운 예측
>
> 문제의 강남 부동산에 관련해서는 서초·강남·송파구 부동산을 갖고 있을 경우 '팔지 말고 있어야 한다'가 178명(89%)으로 '팔아야 한다'(11%)에 비해 압도적이었다. "상반기에 주춤하겠지만 하반기에는 고삐 풀린 망아지처럼 오를 것"이라는 유명 만신도 있었다. 정부 대책이 실효를 거두지 못할 것이라는 점괘가 지배적이었다.

무주택자들 중 만일 그때 전문가가 아닌 무당 말을 믿었더라면 어땠을까 하는 웃픈 생각마저 든다. 전문가들 또는 경제 이론을 공부한 사람일수록 독자 여러분보다 더 많이 알고 있을 거라고 절대 생각하지 마라. 특히 거시경제 변수를 들이대는 것은 그저 전문가라는 호칭에 맞게 있어 보이려고 애쓰는 것일 뿐이다. 존 메이너드 케인스John Maynard Keynes는 명저 《고용, 이자, 화폐의 일반이론》에서 "세속적 지혜에 의하면, 관례를 거슬러 성공하는 것보다 관례를 따르다 실패하는 쪽이 평판에 유리하다"라고 말했다. 우리의 사례에 비춰 보면 전문가들은 굳이 무리하지 않고 거시경제, 금리, 글로벌 등의 표현을 쓰며 주변의 전문가들과 함께 '약보합, 강보합'으로 전망하는 게 평판에 오히려 도움이 될 수도 있다는 의미다. 괜히 강한 상승이나 하락을 주장했다가 정반대의 결과가 나오는 것보다 훨씬 낫지 않겠는가?

이 파트를 쓴 취지는 전문가들을 망신 주려는 데 있지 않다. 물론 그 전에도 서울을 중심으로 주택 가격이 상승할 거라고 말한 전문가도 분명히 있다. 그런데 주택 시장에 초보인 독자 여러분이 과연 소수 의견에 해당하는 그 전문가의 말을 신뢰할 수 있었을까? 이쯤 되면 과연 누가 그렇게 정확한 전망을 했나 궁금해하는 독자도 있을 것이다. 그러나 그 전문가가 누구인지 알아볼 에너지와 시간으로 이 책을 끝까지 마스터하길 바란다. 특히 실전편에 나와 있는 노하우를 바탕으로 관심 있어 하는 지역에 대해 연구하는 편이 훨씬 나을 것이다. 결국 자신의 실력을 키워야 한다. 우리 가족의 소중한 자산을 지킬 수 있는 것은 오직 자기 자신이기 때문이다.

소음 증폭 장치들

우리는 매주 서울을 포함한 전국의 주택 가격이 어떻게 흘러가는지 소식을 자연스레 접하고 있다. KB부동산과 한국부동산원이 각자 조사한 주택 시장 조사 결과를 매주 그리고 매월 발표하기 때문이다. 여러분은 이런 식의 기사를 많이 보았을 것이다. "이번 주, 정부 발표 이후 주택 가격 주춤", "이번 주 세종 주택 가격 5주간 연속으로 상승", "서울 주택 가격 7주 만에 하락 전환". 이런 신문 기사들에 대해 많은 분이 다음과 같이 생각할 것이다. '정부의 발표 때문에 '이제 가격이 하락하는 건가 아니면 계속 오르는 건가?', '드디어 서울의 주택 가격이 떨어지기 시작하는구나'. 여기에 자극적인 제목과 전문가들의 해석이 더해진다면 우리의 무주택자들은 더욱 기사들을 무의식적으로, 무비판적으로 받아들이게 될 것이다. 상승이나 하락의 원인 그리고 정도에 대한 분석은 저 멀리한 채로.

사실 갑자기 정부의 규제가 강화된다거나 별도의 투자수요 때문에 일시적으로 시장의 움직임이 영향을 받을 수 있다. 전학 또는 인사이동의 영향으로 수요가 몰리는 시기가 있을 수도 있다. 그러나 주택 시장의 움직임은 사실 지역별로 좀 더 큰 흐름에서 봐야 한다. 관심 지역의 대규모 분양과 입주 등 공급은 어떠한지, 큰 일자리가 생겨 수요가 몰리는지, 인근의 도시를 연결하는 대중교통 계획은 어떠한지 등. 마치 브라질에 서리가 내려 아라비카 커피나무 농장 지대의 작황이 좋지 않으면 다음 해부터 커피 가격이 오르는 것처럼 시장은 자연스럽게 수요와 공급의 적정선을 찾아간다는 의미다.

그런데 매일 또는 매주 지면과 방송 분량을 채워야 하는 언론사 입장에서는 소비자에게 이렇게 큰 흐름을 이해시킬 수 있는 유인가가 부족하다. 그들은 당장의 시장 반응을 전달하는 게 중요하며, 가급적이면 자극적인 헤드라인을 달아야 소비자들이 눈길이라도 한 번 더 보낸다고 생각한다.

소비자들의 판단을 혼란스럽게 하는 걸로 치면 사람들이 쉽게 접하는 유튜브도 뒤지지 않는다. 대표적으로 ○○○하우스, ○○부동산, ○

○○○○아이, ○○○의 경제부동산 등이 있다. 이들이 주장해 온 내용을 살펴보면 대략 다음과 같다. '집값이 폭락할 완벽한 조건을 갖추었다', '역대 최대의 부동산 폭락이 온다', '서울 부동산 끝장났다', '부동산 급추락 공포가 현실화되고 있다' 등이다. 이렇게 주장하는 논리는 '투기꾼들 때문에 집값이 올랐으니 정부가 규제를 강화하면 가격이 안정된다'는 것이다. '소득 증가보다 지나치게 집값이 높아 버블이 형성되어 있다'는 버블론은 기본 옵션이다. "주택 가격이 떨어지지 않으면 한국 경제가 무너진다"는 극단적인 표현도 서슴지 않는다. 아니, 넘쳐난다. 이러한 콘텐츠를 제공하는 유튜브는 무주택자에게 인기가 많을 수밖에 없다. 이들은 '지금의 집값이 정상이 아니다. 떨어져야 한다'라는 실수요자들의 생각을 교묘하게 대변해 주기 때문이다. 거기에다 짜깁기한 데이터까지 들이대면 구독자들의 확증 편향은 더욱 강해진다. 무주택자들이 점점 더 이러한 유튜브에 빠지는 이유다.

지상파 방송사의 부동산 관련 기획 보도는 어떠한가? 매체 전파력이 높은 만큼, 많은 시청자에게 영향을 줄 수밖에 없다. 2019년과 2020년에 보도된 이들의 방송 내용 중에 '서둘러 집 사야 합니다. 주택 가격이 폭등할 겁니다'라는 내용은 본 적이 없다. 대부분 '지금 집 사면 위험하다', '가격이 오른 건 투기꾼들의 영향이 크다' 등의 내용이 주를 이룬다. 이러한 기획 보도는 사실을 단순히 전달하는 역할에 멈추지 않는다. 가급적 긍정적인 방향으로 사회적인 여론을 형성하길 바라기 때문이다. 언론사가 생각하는 올바른 방향이라는 것은 (많은 무주택자의 생각처럼) '누구나 집 걱정 없는 세상, 주택 가격이 안정적인 상황'일 것이다. 무주택자에게 너무나 호소력 있는 내용이다. 자, 생각해 보자! 만약 방송사가 시장에 밝은 전문가들만 골라서 '주택 가격은 수요와 공급, 유동성 등으로 인해 오를 수밖에 없습니다'라는 내용으로 방송을 만들었다면 어떨까? 상식적으로 (그게 진실이라고 할지라도) 이런 내용을 방송할 수 있겠는가? 무주택자는 물론 갈아타기를 바라는 1주택자도 주택 가격의 상승을 바라지 않는다. 그런데 그런 내용으로 방송을 했다가는 아마 시청자들의 엄청난 항의를 감수해야 할 것이다. 즉 방송사들의 기획 보도는 구조적으로 한쪽 방향으로 편향되기가 쉽다. 문제는 시장은 유토피아가 아니다라는 점이다. 옳고 그름을 판단하지 않고 움직인다는 것이다.

다양한 정보가 넘쳐나는 시대다. 이러한 정보들 중에는 우리에게 도움이 되는 것도 있지만 판단을 혼란스럽게 하는 경우도 많다. 소음을 증폭시키는 것이다. 잘못된 정보의 과다 유입으로 인해 아직까지 '내 집 마련'에 실패한 독자들도 있을 것이다. 반드시 명심해야 한다. 왜곡된 정보를 계속 제공하는 '소음 증폭 장치'에 흔들리지 말아야 한다. 오히려 정보에 무감각한 무주택자보다 더 위험할 수 있다.

신박한 이론들

이와 비슷한 맥락에서 경제학의 아버지이자 슈퍼스타인 애덤 스미스는 《국부론》에서 시장가격은 장기적으로 수요와 공급의 조절을 통하여 자연 가격에 수렴한다고 했다. 이 이론이 수요와 공급이 비교적 비탄력적인 주택 시장처럼 잘 들어맞는 경우도 드물다. 그러나 이 단순한 논리를 얘기하면 사람들은 지루해한다. 무엇보다 주택 시장에 새로운 어떤 이론이 나오길 바란다. 그래서 주택 시장 가격을 잘 맞히는 신통함도 생기고, 게다가 그렇게 바라던 주택 가격이 떨어지기까지 한다니 얼마나 행복한 일인가? 그러니 항상 뭔가 새롭고 신박한 (때로는 과격한) 이론은 눈길을 끌 수밖에 없다.

사실 집은 너무 큰돈이 들어가는 필수재인지라, 떨어지길 바라는데 쉽게 떨어지지 않는다. 정부가 매번 주택 문제를 해결하겠다고 들고 나오면 많은 무주택자들은 기대한다. 그러나 실망하고 이 과정을 반복한다. 그래서 우리나라의 대표적인 포털사이트에는 부동산 얘기만 나오면 '지금 주택 가격은 비정상이다. 절반 또는 1/3로 떨어져야 정상이다', '금리만 인상하면 이제 폭락할 것이다' 따위의 댓글들이 줄을 잇는다. 엄청난 추천 수는 덤이다. 이러한 많은 무주택자의 바람은 결국 몇 년마다 한 번씩 나오는 신박한 이론 전문가들을 낳는 기폭제가 된다. 무주택자들은 그들에게 중요 고객이 된다. 마치 수능이 다가오면 전국의 사찰과 교회가 수험생 부모들로 들썩이는 것과 비슷하다.

이 중에 몇 가지 이론들을 살펴보고자 한다. 우선 가장 대표적인 것이 2000년대 중반부터 나온 인구감소론이다. 이 주장의 대표자는 "우리나라 부동산 가격은 모두 거품이다", "앞으로 부동산 가격이 폭락할 것이다"라는 주장으로 상당한 지지를 받았다. 실제로 2007년 금융 위기와 함께 서울의 주택 시장은 한동안 침체기에 들어가며 이 이론은 상당 기간 힘을 받았다. 다만 2010년 중반부터 주택 시장은 치솟았으나 계속 이 이론을 신뢰했던 사람들은 엄청난 재산상의 손실을 입을 수밖에 없었다. 이론의 핵심은 생산 가능 인구는 감소 추세인데, 주택은 공급 과다 상태이니 가격이 폭락할 수밖에 없다는 것이었다. 그러나 이는 총인구와 세대수의 경우 2035년까지 지속적으로 증가한다는 점과 주거 문화와 소득 향상, 해외 자본과 인구의 증가, 유동성 완화 등 다양한 요인들을 간과한 발언이다. 혹시나 모를 관심 있으신 분들을 위해 기사 하나를 소개해 드리니 참고해 보시라. 제목은 "집을 사면 안 되는 9가지 이유"(〈조선일보〉, 2013. 10. 25)다.

다음으로 한참 인기를 얻었던 것이 10년 주기설이다. 이 이론의 핵심은 주택 경기는 통상 7~12년을 주기로 상승과 하락을 반복하며 거래량과 가격 변수를 중심으로 시장 변동의 미래 흐름을 관측한다는 것인데, 핵심은 우리나라는 10년을 기점으로 아파트 가격이 활황과 침체를 반복한다는 주장이다. 실제로 1997년 IMF 해외 금융구제 충격 이후 서울을 비롯한 전국의 주택 가격은 곤두박질쳤다. 그 뒤로 2000년대 뜨거웠던 서울의 부동산 시장은 2008년 글로벌 금융 위기를 겪으며 다시 침체기에 들어갔다. 그러다가 2013년부터 조금씩 상승하더니 2015년 즈음부터 본격적인 활황세를 나타냈다.

다시 이 이론이 모습을 드러낸 건 2018년 즈음이다. 그리고 우리는 이미 그 결과를 알고 있다. 이론 안에는 규제 완화 등으로 부동산 활황을 띠면 다시 물량이 증가하고 규제가 강화되며 다시 시장이 침체되는 사이클이 반복된다는 내용이 포함되어 있다. 관심 있는 분들을 위해 당시 한참 거론되던 이 이론이 담긴 기사 하나를 소개한다. 제목은 "다시 고개 드는 '부동산 10년 주기설' 2008년 재현되나?"(뉴데일리, 2018. 11. 2)이다.

이러한 사이클을 이용한 이론 중에는 네덜란드의 주택 시장을 주택의 가격과 거래량에 따라 실증 분석한 얀센의 벌집순환모형**Honey Comb Cycle Model**도 있다. 이 모형은 부동산 경기가 벌집 모양의 6각형 패턴(1~6국면)을 보이면서 반시계 방향으로 순환한다는 이론이다.

우리나라에도 이 모형을 이용해 몇 년 전부터 우리나라의 부동산 시장이 조정 및 침체 국면에 빠질 것이라고 주장하는 분이 있었다. 그리고 몇 년째 예측이 빗나가는 중이다. 여러 기사 중에 하나를 소개해 본다. 제목은 "부동산 시장 더 안 좋아진다. 집 없어도 기다려라"(땅집고, 2019. 1. 9)이다.

끝으로 주식시장에 적용되는 사이클 이론을 부동산에 적용한, 가장 최근에 나온 주장이다. 미국의 회계사 출신이인 엘리어트**Elliott**가 자신의 저서 《엘리어트 파동이론》에 발표한 이론으로 주가 변동을 예측하는 기법이다. 엘리어트는 주가의 변동에서 상승 5파와 하락 3파, 총 8개의 파동이 사이클을 이뤄 끝없이 반복된다고 주장했다. 이 주장을 부동산 시장에 적용한 것이다. 이러한 주장을 담아 2020년 말에 출간된 《2021년 서울 아파트 大폭락이 시작된다!》는 서울 아파트 시장 분석에 적용한 결과 34년간 상승해 온 시장이 2021년부터 큰 폭의 조정—책 제목에는 '대폭락'으로 표현했다—이 올 수 있다는 내용을 담고 있다. 그러나 안타깝게도 서울은 2021년에만 20%의 역대급 상승률을 보였다. 주로 증권사에서 기술적 분석 기법에 깊이 빠진 나머지 부동산에 대한 흐름도 통계 분석으로 파악할 수 있다고 생각했던 듯하다. 저자가 했던 여러 인터뷰 기사 중 하나를 소개해 본다. 제목은 "폭등론자였던 차트쟁이도 팔았다… 서울 집값, 최고 52% 하락"(머니투데이 부릿지, 2021.

■ 그림 03-02. 벌집순환모형의 6단계

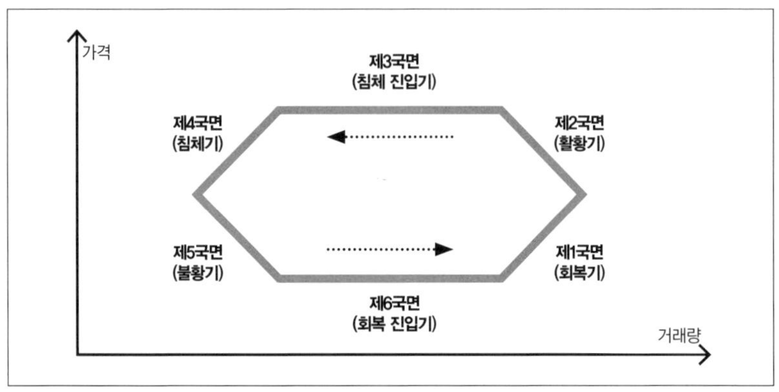

■ 표 03-12. 문재인 정부 임기 동안 서울 아파트값 상승률 비교

구 분	가격 및 거래량	주요 특징
1국면: 회복기	가격 상승, 거래량 증가	거시경제가 피크를 이루면서 주택 수요는 증가하지만 공급은 부족한 시기
2국면: 활황기	가격 상승, 거래량 감소	거시경제는 피크를 지나 점차 침체 국면으로 전환되고 있으나 공급 부족과 가수로 주택 가격은 계속 상승
3국면: 침체 진입기	가격 보합, 거래량 감소	거시경제 침체가 심화되면서 주택 실수요 및 가수요 모두 줄어드는 시기
4국면: 침체기	가격 하락, 거래량 증가	거시경제 여건이 최악인 상황으로 주택 수요가 급감하면서 주택의 신규 공급(분양) 역시 급감하는 시기
5국면: 불황기	가격 하락, 거래량 증가	거시경제 여건이 불황에서 점차 벗어나 회복 기미를 보이며 거래량은 소폭 증가하나 공급 과잉으로 가격 하락세 유지
6국면: 회복 진입기	가격 보합, 거래량 증가	거시경제가 본격 회복세를 보이며 수요와 더불어 거래는 증가하나 가격 하락기에 대기했던 매물로 가격은 보합세 유지

출처 : 주택금융월보

2. 13)이다.

결국 수많은 변수가 존재하는 부동산 시장에서 가장 중요한 수요와 공급을 간과한 채 인구, 사이클 등 단순한 한두 가지의 변수 또는 과거의 통계자료만으로 시장을 예측하려 했다는 자체가 난센스라 아니할 수 없다. 이러한 이론들은 그 근거도 희박할 뿐만 아니라 전망에서 수많은 실패를 보여 주었다.

결국, 우리가 주택 시장에서 할 일은 우리의 역량과 인식 범위 내에서 할 수 있는 것들은 실전편에서 얘기할 지역의 수요와 공급을 파악하는 것이다. 그리고 그 이외에 내가 제시하는 (실제로 시장의 흐름을 참고하는 데 유용하게 쓰일) 보조지표들을 참고하는 것이다. 그 이외는 너무 시간이 남아돌더라도 굳이 검증되지 않은 매일 새롭게 태어나는 이론들에 절대 눈길조차 주지 말아야 한다. 이러한 신박한 이론들에 관심을 가질수록 '내 집 마련'에서 점점 더 멀어진다는 것을 명심해야 한다.

실전편

PART 4.

'투기꾼'들에게 지지 않는 지역 및 아파트 선정 성공 노하우

무주택자는 지인들이 주택 가격이 올랐다고 좋아하는 것이 마냥 부럽다. 그렇다고 막상 큰돈을 들여 집을 사자니 '지금 사기엔 늦은 거 아닌가?' 또는 '혹시나 집값 떨어지면 어떡하나?' 하는 걱정이 먼저 든다. 그런 걱정이 드는 가장 큰 이유는 부동산 시장을 어떻게 분석하는지 모르기 때문이다.

윤석열 정부의 대통령직 인수위원회 부동산TF팀장을 맡았던 건국대학교 부동산학과 심교언 교수는 《부동산 왜? 버는 사람만 벌까》에서 부동산은 제각각의 사이클을 가지고 있기 때문에 '사는 시점'을 잘 골라야 하는데, 만일 이게 어렵다면 '지역'이라도 잘 택해야 한다고 했다. 여기에서 말하는 지역은 '누구나 좋아할 만한 입지'를 말한다. 그리고 "기본적으로 그 지역에 대한 이해를 충분히 하고 나서 집을 사거나 팔아야 한다"고 조언한다.

재미있는 것은 사람들은 몇 백만 원짜리 컴퓨터를 사거나 몇 천만 원짜리 차를 살 때에는 엄청나게 따져본다는 점이다. 저장 용량을 얼마로 할지, 차의 옵션을 얼마로 할지 등. 심지어 올해 여름휴가는 어디에서 어떻게 보낼지 치열하게 연구한다. 마일리지를 사용하는 것부터, 맛

집 리스트 작성까지 몇 주 동안 미리 정보를 검색한다. 하지만 몇 억에서 십 몇 억씩이나 하는 집을 사려고 할 때에는 의외로 제대로 된 분석 없이 고민만 하는 사람이 많다. (나름대로는 했을지 모르겠지만.) 그러니 집을 사지 않기로 결정했는데 주택 가격이 올랐거나 집을 막상 샀는데 다른 지역에 비해 가격 상승이 신통치 않아 속앓이하는 사람들이 발생할 수밖에 없다. 아마 여러분의 얘기일 수도 있겠다.

그래서 이번에는 실수요자들을 위해 부동산 시장을 분석하는 법부터 실제 아파트 고르는 법까지 상세하게 설명할 예정이다. 참고로 여기에서 소개하는 방법들은 이른바 '투기꾼'들이 실제 지역과 아파트를 선정할 때 사용하는 것들이다. 독자들 중 만일 이 분석법을 모른 채 (여러분이 욕하는) '투기꾼'들을 만났다면 당하는 수밖에 없다. 《손자병법》에도 '상대를 알고 나를 알아야 백 번 싸워도 위태롭지 않다'고 적혀 있지 않는가? 즉 시장을 알고 이해하면 아파트를 사더라도 더 저렴한 가격에 살 수 있다. 그리고 현재의 가격 형성이 어떻게 흘러갈지 예측할 수 있다. 언론에서 주식시장 시황을 설명하듯이 나오는 얼토당토않은 논리와 단기적인 가격 흐름에 흔들리지도 않을 것이다.

지금부터 소개할 내용이 실전에서 바로 사용할 수 있는 분석법인 만큼 국내에 많이 활용되고 있는 세 가지 프롭테크인 부동산지인, 아실, 호갱노노를 적극 활용할 예정이다. 참고로 프롭테크란 부동산Property에 기술Technology을 접목한 온라인 서비스를 말하며, 컴퓨터와 모바일 둘 다 무료로 가능하다. 모두 훌륭한 프롭테크지만 각자의 특장점이 있다. '내 집 마련'을 위해 어떤 과정을 거쳐야 하는지 이제 구체적으로 살펴보자.

숲에서 시작하는 지역 선정 노하우

큰 지역을 중심으로 입주 물량과 매매·전세 사이클 함께 분석하기

일반적으로 집을 처음 사려는 무주택자들이 가장 많이 하는 실수가 앞장에서 언급한 것처럼 거시적인 문제를 고민하거나 또는 너무 지엽적으로 지역 내에서 이 아파트 또는 저 아파트를 살까 고민한다는 것이다. 물론 본인의 실거주 집을 마련하기 위해서 꼼꼼하게 따져 보는 것은 당연하다. 그러나 중요한 숲은 보지 못하고, 나무만 보는 실수를 해서는 안 된다. 지역의 주택 시장이 침체기인데 나 홀로 주택 가격이 상승하는 아파트는 있을 수 없기 때문이다.

우선 전국적으로 각 지역들이 어떤 흐름으로 움직이고 있는지 크게 살펴보아야 한다. 그래야 내가 관심 가지고 있는 지역이 다른 지역과 비교해서 저평가되어 있는지 또는 어떤 지역과 비슷한 흐름을 보이고 있는지를 이해할 수 있다. 여기에서는 우리나라의 100만 인구 이상인 도시의 아파트 입주 물량과 매매, 전세 가격 흐름을 함께 살펴보려 한다. 이러한 자료는 최소 10년 정도의 흐름을 봐야 한다. 그렇게 보다 보면 그래프의 특성이 눈에 들어오기 시작할 것이다.

예를 들면, ① 매매지수와 전세지수가 비슷하게 횡보하는 구간, ② 매매지수와 전세지수가 비슷하게 동반 상승을 하는 구간, ③ 매매지수와 전세지수 모두 하락하는 구간, ④ 매매지수가 전세지수보다 높은 상승을 보이는 구간, ⑤ 전세지수가 매매지수보다 높은 상승을 보이는 구간, ⑥ 매매지수는 상승하는데 전세지수는 하락하는 구간, ⑦ 전세지수는 상승하는데 매매지수는 하락하는 구간 등 다양한 형태를 띤다. 각각의 도시를 살펴보면 같은 도시 내에서도 시기별로, 같은 시기라도 지역별로 ①~⑦이 다른 모습을 보일 것이다.

형태는 다양하지만 해석에 대한 기본은 같다. 전세지수는 순수 실수요인 반면 매매지수는 실수요와 투자수요가 합쳐진 결과다. 그렇다면 무주택자는 전세지수가 매매지수보다 높은 상승을 보이는 경우 적극 매수를 고려해야 한다. 또한 지역에 입주 물량 부족이 확인된다면 매매지수와 전세지수가 횡보하거나 동반 상승하기 시작하는 구간에서 매수를 고려하는 것도 나쁘지 않다. 반대로 매매지수가 전세지수 대비 너무 높게 상승하거나 매매지수는 상승하는데, 전세지수는 하락한다면 실수요자들은 매수에 유의해야 한다. 다만 '매매가격'은 일시적인 투자

수요 유입, 교통 호재, 정부 정책 등 다양한 변수에 영향을 받아 단기적으로 상승 또는 하락할 수 있으므로 범위 및 시기가 탄력적일 수 있음을 감안해야 한다. 또한 수도권을 포함한 전국의 도시가 '다주택자 양도세 강화'와 '임대차 3법' 이후 매매와 전세가 폭등한 모습을 보인 것도 눈여겨볼 만하다.

이러한 해석을 바탕으로 전국 주요 도시들의 사례와 주요 특징들을 살펴보자. ①~⑦에 이르기까지 각각의 특징들을 보인 도시들의 가격이 어떻게 움직였는지 독자 여러분이 직접 확인해 보시라. 나는 확신한다. 여기에 나오는 방법들을 활용해 '내 집 마련'을 위한 시기와 지역만 잘 선택하더라도 시장에서 '투기꾼'들에 지지 않는 게임을 시작하는 것

■ **표 04-01. 서울 아파트 매매·전세 가격 지수 및 입주 물량**

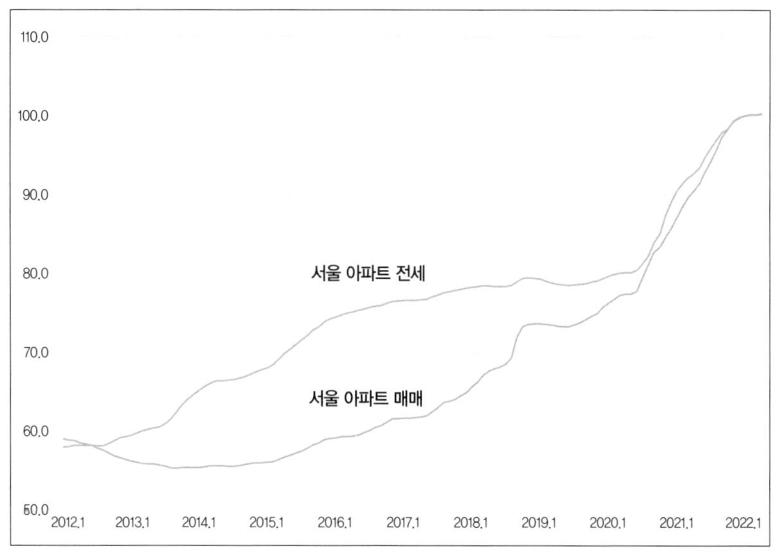

출처 : KB부동산

■ 그림 04-01. 서울 아파트 매매·전세 가격 지수 및 입주 물량

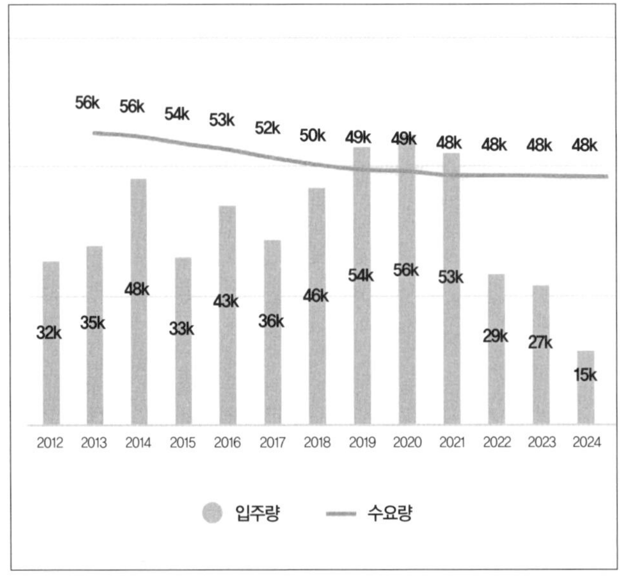

출처 : 부동산지인(2022. 6. 15)

이다. (참고로 가운데 빨간 선은 부동산지인에서 각 지역별 인구수를 감안한 적정 입주 물량이다. 적정 입주 물량은 다른 자료도 참고하지만 기본적으로는 대략 해당 지역 인구수의 0.005를 곱하여 나온 숫자다. 사람의 마음은 고정 변수가 아니기에 지역별로 수요가 다를 수밖에 없다. 때문에 단순히 획일화된 숫자를 적정하다고 표현하면 오차가 발생할 수밖에 없다. 그러나 주어진 데이터상에서 산출할 수 있는 최선의 방법이며 흐름을 파악하는 데 유용하다. 부동산지인이나 아실 또는 민간 부동산 시장에서 가장 많이 활용되고 있는 이유이기도 하다.)

우선 서울을 살펴보자. 2022년 2월 기준으로 서울의 인구는 약 955만 명이며, 연간 적정 물량은 4만 8,000호 수준이다. 2012년부터 2016년까지는 전세지수가 매매지수보다 높은 상승세를 보여 왔다. 즉 실수

요인 전세지수가 매매지수를 이끌어 나가고 있다고 볼 수 있다. 2019년부터는 매매지수와 전세지수가 동반 상승하기는 하나 매매지수의 힘이 좀 더 크다. 특히 서울은 2018~2020년에 입주 물량이 적정 수요보다 부족하지는 않았으나 매매지수는 관계없이 계속 상승하고 있다. 서울은 항상 수요가 넘치는 곳이기 때문이다. 또한 앞에서 계속 언급했듯이 기존 주택들이 시장에 매물로 나오지 못하게 한 규제 정책의 영향이 크다고도 해석할 수 있다. 수요는 넘치는데 매물이 줄어드니 가격이 오르는 것은 당연한 일이다. 예상보다 강한 세금, 대출 규제 정책을 쏟아 낸 2018년도에만 일시적으로 매수세가 주춤했던 것을 확인할 수 있다. 문제는 2022년부터 입주 물량이 크게 줄어든다는 사실이다. 이로 인해 2022년 하반기부터 전세 시장이 움직일 가능성이 크고, 지역 내 그 에너지의 강도에 따라 매매 시장까지 자극할 가능성이 높다.

■ 표 04-02. 수원 아파트 매매·전세 가격 지수 및 입주 물량

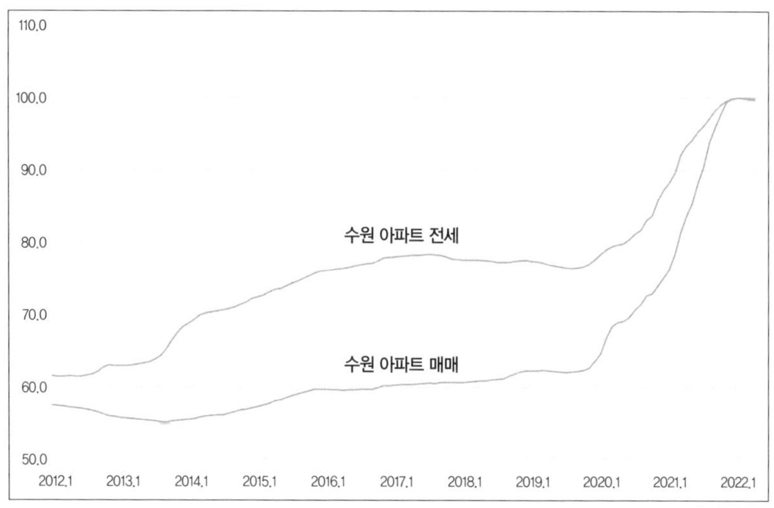

출처 : KB부동산

■ 그림 04-02. 수원 아파트 매매·전세 가격 지수 및 입주 물량

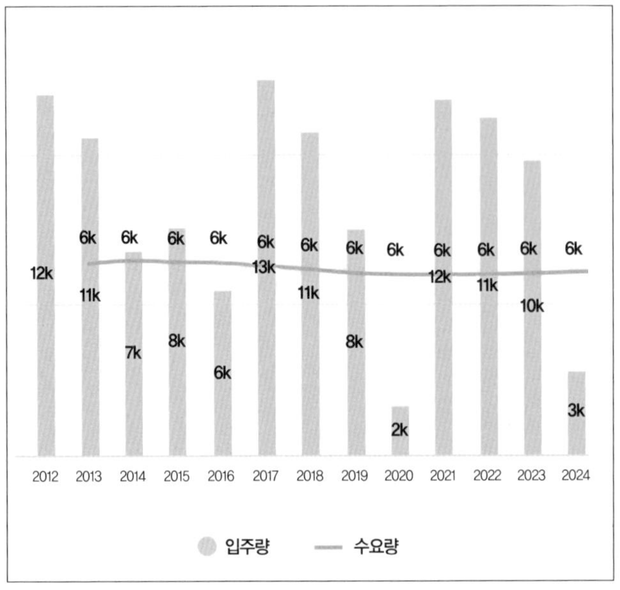

출처 : 부동산지인(2022. 6. 15)

경기도에서 가장 많은 인구가 살고 있는 수원이다. 2022년 2월 현재 수원의 인구는 약 118만 명이며, 연간 적정 물량은 6,000호 수준이다. 수원은 2019년까지 꾸준한 입주 물량으로 인해 매매지수와 전세지수가 횡보하는 모습을 보여 왔다. 그러나 2020년 입주가 대폭 감소함과 동시에 서울의 매매 및 전세 상승 등의 영향을 받아 큰 상승세가 이어진다. 다만, 대출 규제 등과 함께 꾸준한 입주 물량의 영향으로 2022년 들어 매매와 전세의 상승세가 꺾이고 있다. 향후에도 많은 입주 물량이 예정되어 있는 만큼 가격 상승이 제한적일 것으로 보인다. 이 지역에 '내 집 마련'을 계획 중이라면 서울 가격과의 연계성, 전세지수의 방향성 등을 지켜볼 필요가 있다.

■ 표 04-03. 인천 아파트 매매·전세 가격 지수 및 입주 물량

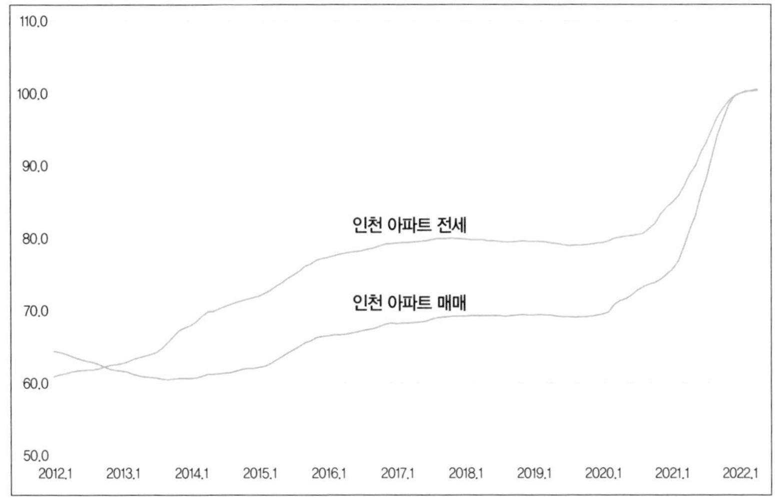

출처 : KB부동산

■ 그림 04-03. 인천 아파트 매매·전세 가격 지수 및 입주 물량

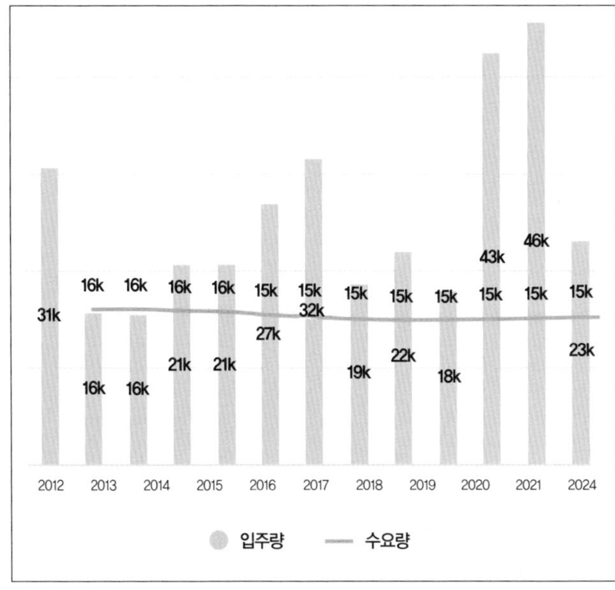

출처 : 부동산지인(2022. 6. 15)

수도권에 속해 있는 광역시 인천이다. 2022년 2월 현재 인천의 인구는 약 294만 명이며, 연간 적정 물량은 1만 5,000호 수준이다. 인천은 과다한 입주 물량으로 2015년부터 매매지수와 전세지수가 비슷하게 횡보하는 모습을 보여 왔다. 그러다가 2019년 가을부터 서울, 수원 등과 함께 매매지수가 상승하는 모습을 보였다. 그러나 인천은 수원과 마찬가지로 정부의 규제 정책과 꾸준한 입주 물량 등의 영향으로 2022년 들어 매매와 전세의 상승세가 꺾이고 있다. 향후에도 많은 입주 물량이 예정되어 있는 만큼 가격 상승이 제한적일 것으로 보인다.

우리나라 제2의 도시 부산이다. 2022년 2월 현재 부산의 인구는 약 336만 명이며, 연간 적정 물량은 1만 7,000호 수준이다. 2012년부터 2022년까지 입주 물량이 적정 수요를 초과하는 모습이다. 그래서 매매

■ 표 04-04. 부산 아파트 매매·전세 가격 지수 및 입주 물량

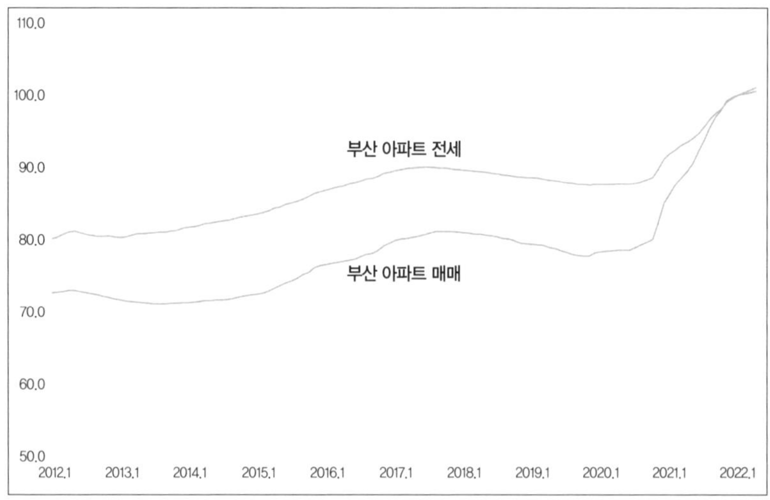

출처 : KB부동산

■ 그림 04-04. 부산 아파트 매매·전세 가격 지수 및 입주 물량

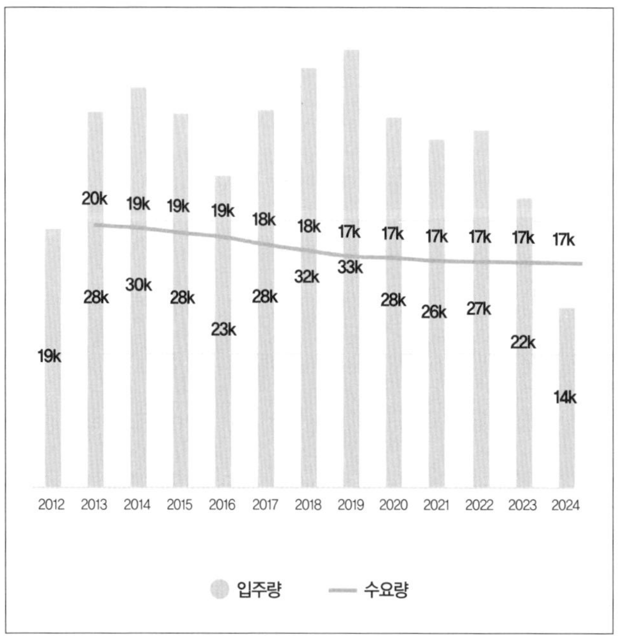

출처 : 부동산지인(2022. 6. 15)

지수와 전세지수가 함께 2020년 하반기까지 완만하게 상승과 하락을 반복하고 있다. 매매지수가 하락하지 않는 것은 기본적으로 부산 자체가 서울 다음으로 수요가 많은 지역이기 때문이다. 2021년부터 매매지수와 전세지수가 동반 상승하기는 하나 매매지수의 힘이 좀 더 크다. 2022년 이후에도 여전히 입주 물량이 적지 않다. 그 결과 부산의 매매와 전세 가격이 지속적으로 상승하기는 쉽지 않을 듯하다. 다만 부산 내에서 최고 인기 지역인 해운대구의 입주 물량이 계속 부족한 것은 눈여겨볼 만하다. 직접 확인해 보기 바란다.

TK의 대표 도시 대구다. 2022년 2월 현재 대구의 인구는 약 239만

■ 표 04-05. 대구 아파트 매매·전세 가격 지수 및 입주 물량

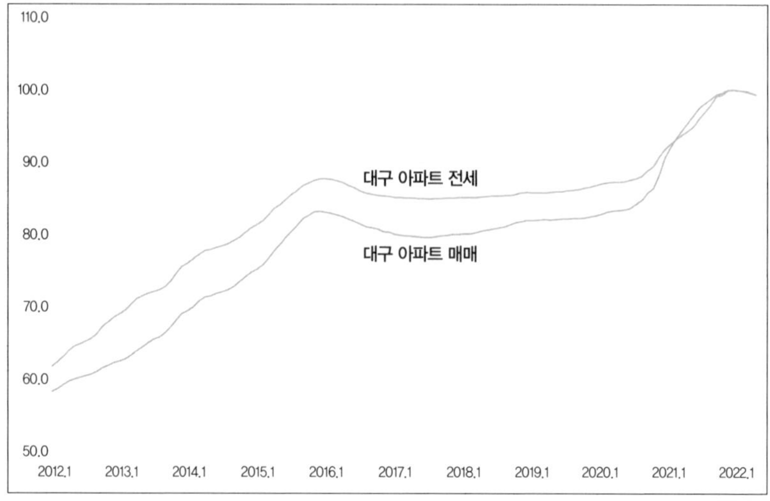

출처 : KB부동산

■ 그림 04-05. 대구 아파트 매매·전세 가격 지수 및 입주 물량

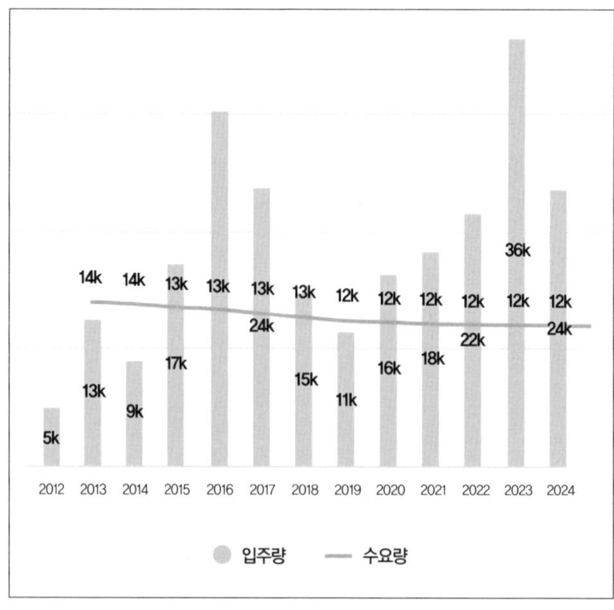

출처 : 부동산지인(2022. 6. 15)

명이며, 연간 적정 물량은 1만 2,000호 수준이다. 대구는 2014년까지 적정 수요 대비 입주 물량이 상당히 부족했다. 때문에 매매와 전세지수가 2015년까지 엄청난 수준으로 동반 상승을 하고 있다. 그러나 이후 입주 물량 과다로 인해 장기간 횡보를 지속한다. 철저하게 수요와 공급에 의해 움직이는 모습이었다. 그러다 다른 지역과 마찬가지로 2021년에 매매지수의 힘이 좀 더 큰 상태로 전세지수와 동반 상승하고 있다. 그러나 입지 우수 지역인 수성구와 달서구에 입주 물량이 과다하게 계획되어 있어 당분간 매매와 전세 모두 가격 약세를 보일 가능성이 높다.

호남의 대표 도시 광주다. 2022년 2월 현재 광주의 인구는 약 144만 명이며, 연간 적정 물량은 7,000호 수준이다. 광주는 아파트 매매와 전세가격이 2012년부터 2018년까지 아주 완만한 수준의 상승을 보여 왔

■ 표 04-06. 광주 아파트 매매·전세 가격 지수 및 입주 물량

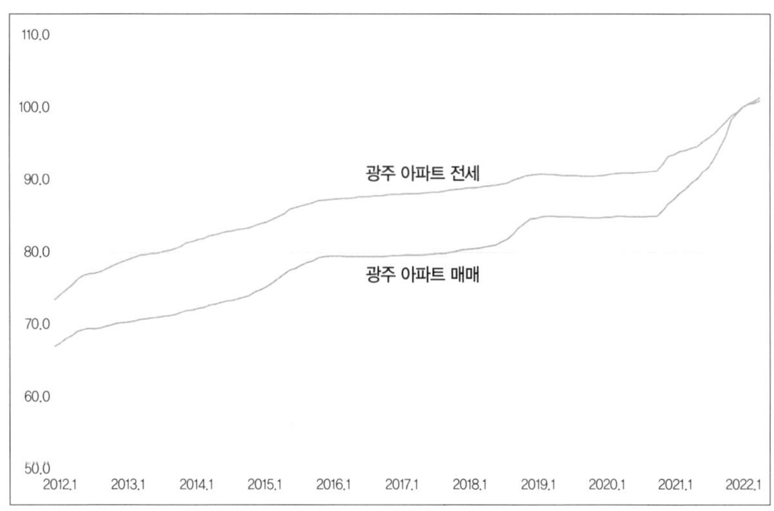

출처 : KB부동산

■ 그림 04-06. 광주 아파트 매매·전세 가격 지수 및 입주 물량

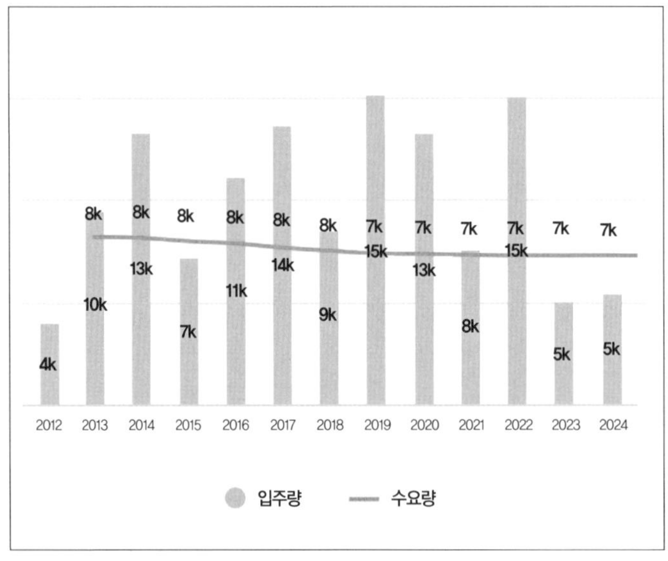

출처 : 부동산지인(2022. 6. 15)

다. 그리고 약 2년간 횡보하다가 2021년부터 매매지수의 힘이 약간 더 큰 상태로 전세지수와 동반 상승을 하고 있다. 광주는 2023년부터 봉선동이 위치한 남구 등의 입주 물량이 상당히 줄어들어 전세 가격에도 영향을 줄 가능성이 높다. 전세 가격의 상승이 꺾이지 않는 한 매매가격을 지속적으로 견인할 가능성이 높다.

중부권 대표 도시 대전이다. 2022년 2월 현재 대전의 인구는 약 145만 명이며, 연간 적정 물량은 7,000호 수준이다. 대전은 2014년을 제외하고 2021년까지 전반적으로 입주 물량이 충분하지 않았으며 전세지수가 매매지수 대비 약간 높은 모습을 보여 왔다. 그러다가 2019년부터 매매가격과 전세 가격이 큰 폭으로 상승을 했다. 대전의 상승세는

■ 표 04-07. 대전 아파트 매매·전세 가격 지수 및 입주 물량

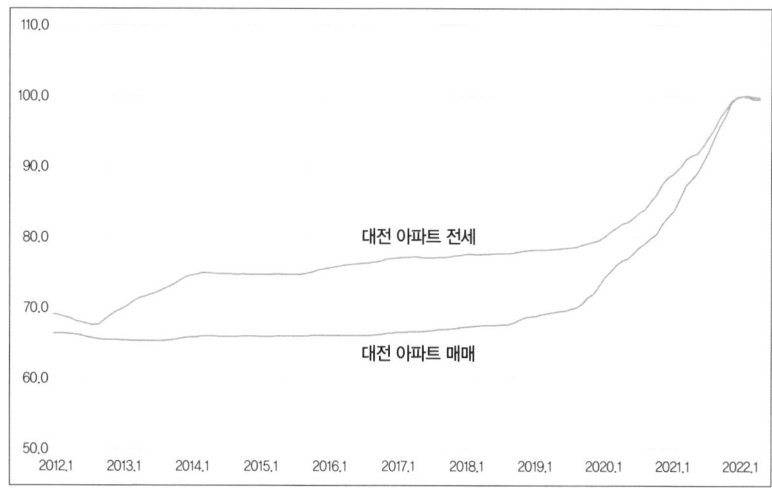

출처 : KB부동산

■ 그림 04-07. 대전 아파트 매매·전세 가격 지수 및 입주 물량

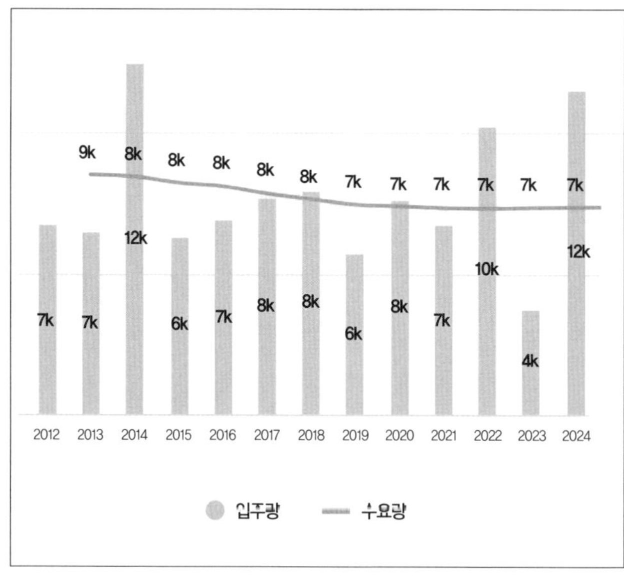

출처 : 부동산지인(2022. 6. 15)

오랫동안 입주 물량이 충분하지 않았음에도 매매가가 상승하지 못하고 쌓이던 에너지가 2019년 이후에 폭발한 것으로 보인다. (이때 외부 투자자들도 많이 유입되었다.) 2020년 이후에도 상승세를 지속하였으나, 2022년 들어 매매와 전세가 모두 꺾이는 모습이다. 향후 대전의 우수 입지 지역인 서구는 입주가 부족한 반면 유성구는 둔곡지구 등에 입주가 시작된다. 그러니 같은 지역 내에서도 수요와 공급을 잘 따져 봐야 한다.

부울경(부산, 울산, 경남)의 2번째 도시 울산이다. 2022년 2월 현재 울산의 인구는 약 112만 명이며, 연간 적정 물량은 6,000호 수준이다. 2013년부터 2019년까지 (2016년 제외) 입주 물량이 적정 수준을 초과하는 모습을 보여 왔다. 그래서 2016년까지 매매와 전세가 일부 상승하다가 그 이후로 2020년 초반까지 급격하게 하락한다. 그러나 2020년

■ **표 04-08. 울산 아파트 매매·전세 가격 지수 및 입주 물량**

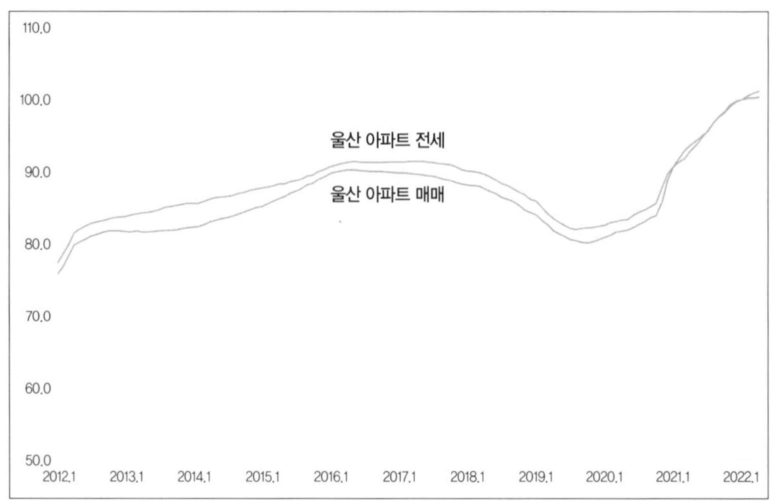

출처 : KB부동산

■ 그림 04-08. 울산 아파트 매매·전세 가격 지수 및 입주 물량

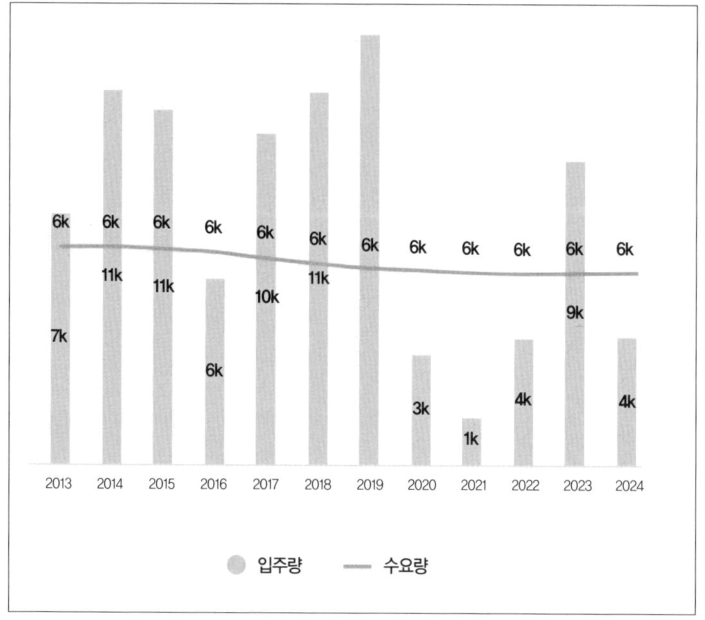

출처 : 부동산지인(2022. 6. 15)

부터 시작된 입주 물량 부족 등의 영향으로 매매와 전세가 다시 강하게 상승하고 있다. (2019년 하반기부터 외지인들의 투자도 많이 유입되었다.) 울산 역시 지역 내 연도별 입주 물량에 따라 매매와 전세의 움직임이 차별화될 것으로 보인다.

이렇게 큰 틀에서 우리나라의 주요 도시인 수도권과 5대 광역시의 매매 및 전세 사이클과 입주 물량을 함께 분석해 보았다. (경기는 지역 내 가장 인구가 많은 수원을 사례로 분석했다.) 이런 식으로 분석하다 보면 '어, 이 지역은 왜 이 시기에 이런 반응을 보였을까?', '이 지역은 저 지역과 항상 비슷한 움직임을 가져가나?', '그렇다면 다른 광역 지자체는 어떤 상

황이었지?' 등으로 발전시켜 나갈 수 있다. 그리고 도시에 따라 입주 물량에 즉각적으로 매매와 전세 가격이 반응하는 곳도 있고, 일부 시차를 두는 곳도 있다는 것도 알게 된다. 특히 매매가격은 공급 외에도 다양한 정책적 여건 및 수요 변화 등에 의해 움직일 수 있다. 그러나 장기적으로는 입주 물량의 영향을 받지 않을 수 없다. 특히 입주하는 곳이 우수한 위치의 대규모 단지라면 시장은 좀 더 빨리 반응할 것이다. 이런 방법으로 계속 보다 보면 전국의 도시들이 큰 흐름에서 어떤 식으로 움직이고 있는지 대충 감을 잡을 수 있다.

실제로 일부 도시를 중심으로 주택의 총량 부족, 주택 인허가 감소로 인한 향후 주택 부족 예상 등을 주택 시장 불안 원인으로 보는 연구 결과도 있다.(김성연, "불균형 이론을 통한 주택 시장 불안 원인 분석: 2017년 이후 주택 시장을 중심으로",「지역정책연구》 32(2), 2021, 1~21쪽)

또 우리나라 주택 공급 시장은 주기적인 공급 물량 급증·급락 현상과 높은 공급 변동성을 보인다고 주장하는 자료도 있었다.(송인호, "우리나라 주택 공급의 문제점과 개선 방향", KDI정책포럼 제275호, 2019, 1~8쪽) 결국 매수 희망 지역의 주택 부족이 예상된다면 무주택자들은 조금 더 시장에 적극적일 필요가 있다.

다음으로 여러분이 해야 할 일은 '같은 서울 또는 같은 대전이라도 세부적인 움직임은 별도로 분석해야 하지 않을까?' 하는 질문을 품는 것이다. 즉 큰 도시의 흐름을 이해했다면 이제 구체적으로 희망하는 지역을 완벽하게 분석해야 한다. 이 부분은 '매수 희망 지역 분석하기' 편에서 다룰 것이다. 그 전에 전국의 흐름을 참고할 수 있는 지표 몇 가지만 더 살펴보기로 하자.

전국의 미분양 및 매매·전세 비율 분석하기

세부 지역을 분석하기 전에 전국의 흐름을 분석하는 도구를 조금 더 설명하겠다. 바로 미분양과 매매·전세 비율이다.

우선 공동주택 미분양은 두 가지 의미가 있다. 준공 전 미분양과 준공 후 미분양이다. 후자는 그야말로 악성이다. 즉 지역의 시장 분위기가 침체되어 있음을 알 수 있는 좋은 지표다. 거꾸로 얘기하면 미분양 수치가 줄어들고 있다는 것은 지역의 시장이 다시 활기를 띤다고 해석할 수도 있다. 즉 주택 가격이 상승할 가능성이 높다. (사실 지역의 흐름만 잘 파악할 수 있다면 미분양 상태의 분양권은 큰돈 없는 무주택자들에게는 내 집을 마련할 수 있는 좋은 기회다. 다만 그동안 투기과열지구, 조정지역 등 규제가 전국적으로 지정되면서 이러한 분양권조차 상당히 귀해져 버린 상태다. 만일 관심 지역이 규제

■ 그림 04-09. 서울 미분양 현황

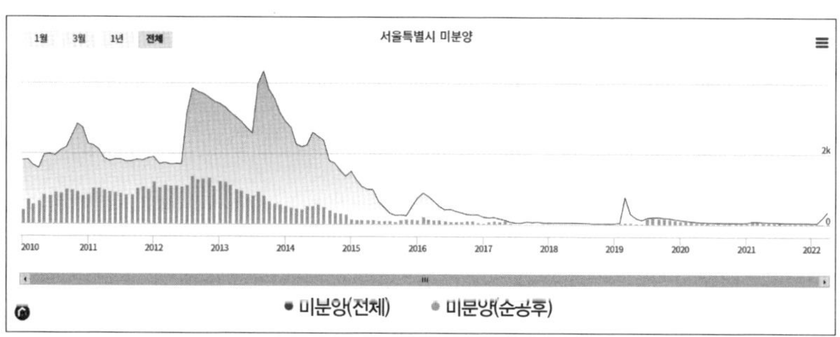

출처 : 부동산지인(2022. 5. 9)

■ 그림 04-10. 인천 미분양 현황

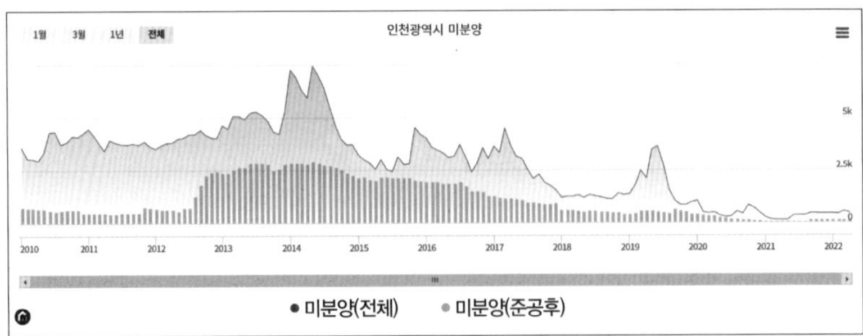

출처 : 부동산지인(2022. 5. 9)

■ 그림 04-11. 광주 미분양 현황

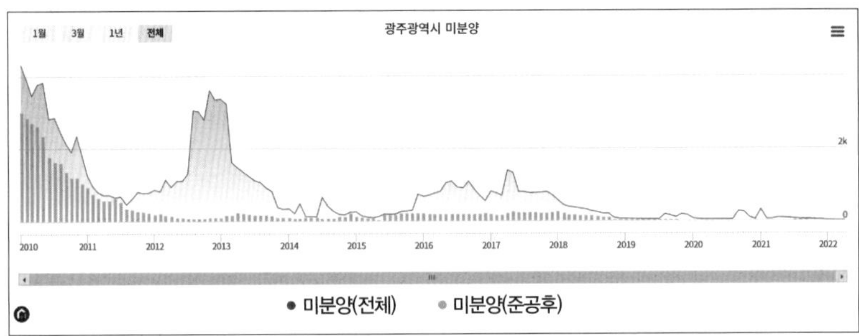

출처 : 부동산지인(2022. 5. 9)

■ 그림 04-12. 대전 미분양 현황

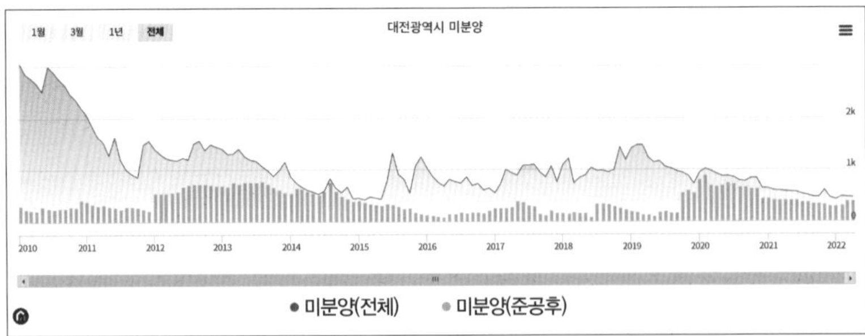

출처 : 부동산지인(2022. 5. 9)

에서 해제된다면 미분양 분양권도 반드시 눈여겨보기 바란다. 이 부분은 파트 5에서 설명할 예정이다.) 이번에는 서울, 인천, 광주, 대전순으로 알아보자.

미분양 현황을 보면 전체 미분양과 준공 후 미분양이 네 도시 모두 2010년 이후 가장 낮은 수치를 기록하고 있다. 미분양인 물량들도 자세히 들여다보면 나 홀로 아파트 또는 지나치게 적은 전용면적 등 특수한 사례가 대부분이다. 즉 사례 도시 모두 매수 수요가 어느 때보다 높다는 것을 확인할 수 있다. 여기에서 확인하지 않은 수원, 부산, 대구, 울산은 독자 여러분이 직접 확인해 보기 바란다.

다음으로 매매가격 대비 전세 가격 비율을 살펴보자. 이 비율이 높아진다는 것은 투자수요보다 실수요가 높다는 의미다. 이는 매매가격

■ **표 04-09. 수원, 부산, 대구, 울산 매매 대비 전세 가격 비율**

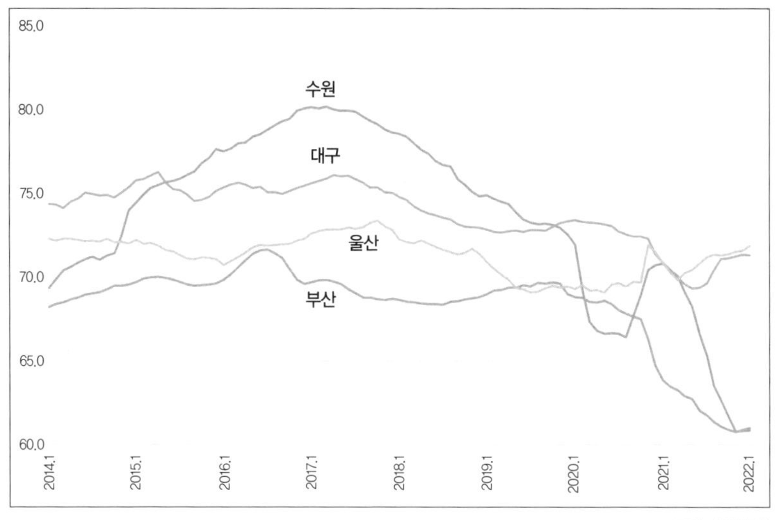

출처 : KB부동산

하락을 방어할 수 있는 지지선이 될 뿐만 아니라 매매가격 상승의 모멘텀이 되기도 한다. 반대로 이 비율이 낮아진다는 것은 주택 매매가격에 투자수요가 유입되었고 버블 가능성도 있다는 의미로 해석할 수도 있다. 이번에는 수원, 부산, 대구, 울산을 함께 알아보자.

자료를 보면 수원과 부산은 매매가격 대비 전세 가격 비율이 역대급으로 낮다. 도시 내에서 수요가 부족하거나 입주 물량이 쏟아지는 지역은 매매가격도 영향을 받을 가능성이 상당히 높다는 의미다. 대구는 현재 전세 가격 비율이 나쁘지는 않으나 2022년 이후에 대규모 입주가 예정되어 있어 이 비율도 떨어질 가능성이 높다. 이런 식으로 서울, 인천, 광주, 대전은 독자 여러분이 직접 확인해 보기 바란다. 각 지역들의 매수 수요와 매매가격 대비 투자 유입 현황 등을 확인할 수 있을 것이다.

참고로 부동산 시장에 '전세 레버리지 투자'를 소개한 '골드앤모어'의 김원철 대표는 《부동산 투자의 정석》에서 주택 매수의 때를 알려 주는 신호들로 1) 부동산 불황기가 3년 이상 지났다, 2) 분양 물량이 역대 최저가 된다, 3) 전세가율이 사상 최고치에 근접한다 등을 언급하기도 했다. 이렇게 다양한 지표를 눈에 익힐수록 본인만의 판단 기준이 명확해질 수 있고, 전문가들의 소음에 흔들리지 않을 수 있다. 다음은 현재 주택 가격이 적정한가 과열인가를 판단할 때 개인의 소득과 연관하여 알아보는 지표들을 소개하고자 한다. 소득 대비 주택이 얼마나 비싼지를 알아보는 소득 대비 주택 가격 지수와 대출 상환액을 기준으로 주택 시장을 판단하는 주택 구입 부담 지수를 알아보도록 하자.

PIR, HAI 분석하기

이번에 소개할 지표는 개인의 소득 또는 대출상환 능력 측면에서 주택 가격이 적정한지를 알아볼 수 있는 보조 지표다. 먼저 PIR은 앞에서 설명했듯이 소득 대비 주택 가격 비율이다. 가구의 연평균 소득으로 주택을 사는 데 시간이 얼마나 걸리는지 측정하는 지수이다. PIR은 일반적으로 '주택의 중위 가격/소비자의 중위 소득'으로 구한다. 만일 PIR이 10이라고 하면, 소비자가 10년 동안 소득을 그대로 모아야 주택을 살 수 있다는 의미다. (참고로 PIR은 나라마다 측정하는 방식이 다르다.)

예전에는 PIR을 구하기 위해서 별도로 계산해야 했으나 지금은 부동산지인에서 클릭 몇 번만으로 각 지역의 PIR을 구할 수 있다. (부동산지인 홈페이지 내 지역 분석에서 보조 지표를 클릭하면 된다.)

이번에는 경기, 부산, 대구, 울산으로 알아보자. (참고로 PIR, HAI는 시, 군, 구 단위에서는 조회가 되지 않는다. 그래서 수원 대신 경기로 대체했다.)

네 지역 모두 2019년과 2020년 사이에 폭등한 주택 가격 상승으로

■ 그림 04-13. 경기 연간 가구당 소득 및 PIR 흐름

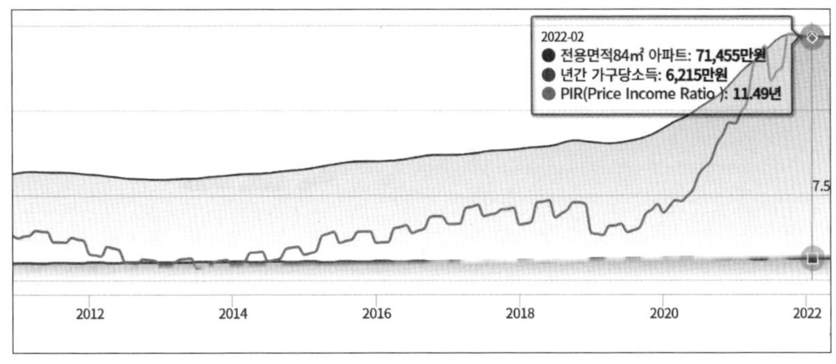

출처 : 부동산지인(2022. 5. 9)

■ 그림 04-14. 부산 연간 가구당 소득 및 PIR 흐름

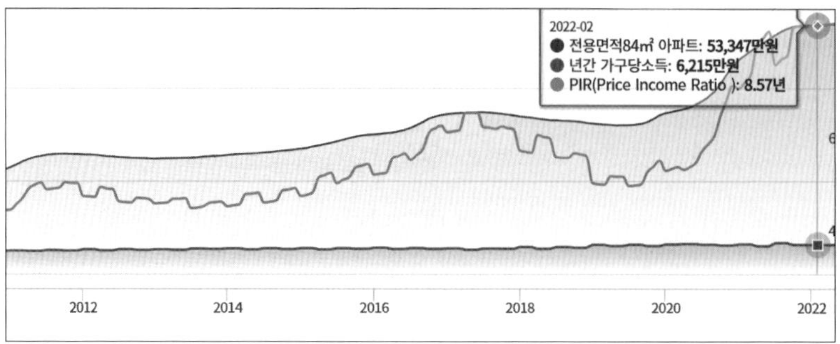

출처 : 부동산지인(2022. 5. 9)

■ 그림 04-15. 대구 연간 가구당 소득 및 PIR 흐름

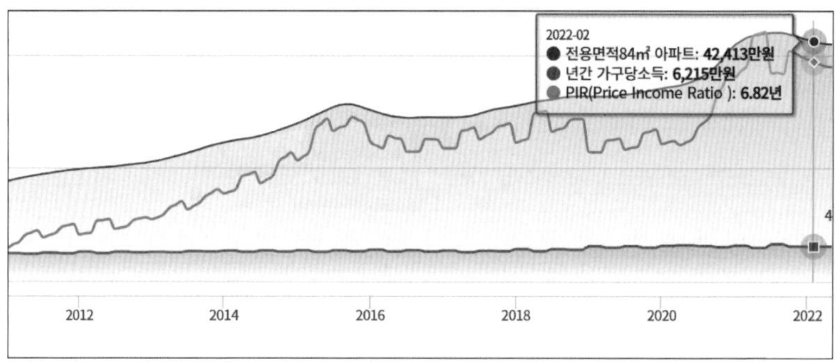

출처 : 부동산지인(2022. 5. 9)

■ 그림 04-16. 울산 연간 가구당 소득 및 PIR 흐름

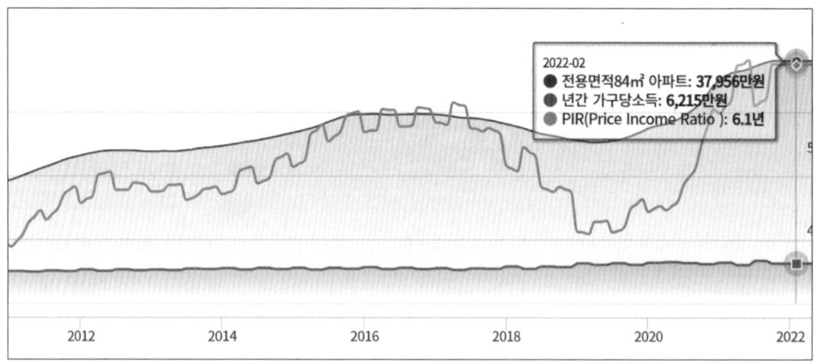

출처 : 부동산지인(2022. 5. 9)

인해 PIR도 역대 최고치를 기록하고 있다. 다만 대구가 2022년에 들어서 약간의 하락세에 있다는 것을 알 수 있다. 특히 눈여겨볼 부분은 수도권인 경기의 엄청난 상승세다. 같은 수도권인 서울과 인천도 비슷한 흐름을 보이고 있다. PIR 기준으로는 네 지역 모두 주택을 매수하기에 부담스러운 시기다. 여기에서 확인하지 않은 서울, 인천, 광주, 대전은 독자 여러분이 직접 확인해 보기 바란다.

다음은 HAI**Housing Affordability Index**, 주택 구입 부담 지수다. 중간 소득의 가구가 대출을 받아 중간 가격 주택을 구입했을 때 상환 부담을 나타내는 지수로서 지수 100은 소득 중 약 25%를 담보대출 원리금으로 갚는데 쓴다는 것을 의미한다. 여기에서 100이 넘어가면 주택을 구매해도 큰 무리가 없고, 100 이하로 낮아질수록 주택 구입 부담 지수가 높아진다는 의미다. 이 수치는 주택 가격이 비싸지거나 금리가 높아질수록 올라가고, 가구 소득이 높을수록 낮아진다.

구체적인 공식은 K-HAI=대출 상환 가능 소득/중간 가구 소득(월)×100=(원리금 상환액/DTI)/중간 가구 소득(월)×100이며, 주택 담보대출 상환으로 가구 소득의 약 25%를 부담하면 주택 구입 부담 지수는 100으로 산출된다. HAI는 주택금융공사에서 운영하는 주택금융통계시스템에서 수치를 확인할 수 있다. 이번에는 서울, 인천, 광주, 대전의 HAI를 함께 알아보자.

HAI 기준으로 보더라도 서울은 거의 다른 나라 수준이다. 인천과 대전도 지역 자체의 흐름으로 보면 상당히 높아진 것을 볼 수 있다. 오히려 광주가 상당히 저평가되어 있다고 볼 여지도 있으나 과거 10년 넘게

■ 표 04-10. 서울, 인천, 광주, 대전 HAI 흐름

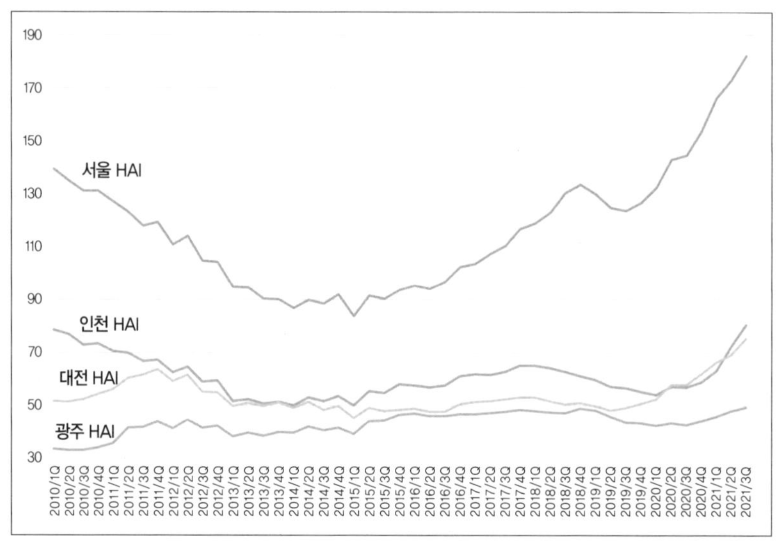

출처 : 주택금융공사

HAI 자체가 높지 않았음을 유의해야 한다. HAI 기준으로 특히 서울은 현재 주택을 매수하기에는 부담스러운 시기다. 여기에서 확인하지 않은 경기, 부산, 대구, 울산은 독자 여러분이 직접 확인해 보기 바란다.

아파트 가격은 수요와 공급의 원칙에 의해 움직인다. 수요는 넘치는데 공급이 부족하다면 가격은 비싸지는 게 당연하다. 그러나 PIR과 HAI 지수는 핵심 지역일수록 상대적으로 높다. 즉 수요와 공급에 의한 결과를 해석하는 것이 아니다. 그래서 해당 지역의 주택 매수 여부를 결정할 때 PIR과 HAI를 전면적으로 적용하기에는 일률적으로 판단하기 어려운 측면이 있다. 또한 HAI의 경우 주택을 구입하려면 다소 많은 자기자본이 있어야 하고, 국내 주택 시장에 독특한 전세 제도를 감

안할 때 광범위하게 활용하기에는 근본적인 한계가 있다는 지적의 연구도 있다.(한국 주택 구입 부담 지수K-HAI 활용의 한계와 개선 방향, 이석희, 임재만, 한국주택학회 주택연구 제25권 2호, 2017. 05, 95-121쪽). 때문에 이 지표들은 앞서 설명한 매매 및 전세 사이클, 입주 물량, 미분양 물량, 매매·전세 비율 등을 우선하고 그다음의 보조 자료로 활용하길 추천한다. 지역별로 과거 10년 동안 PIR, HAI과 매매가격이 어떤 식으로 흘러왔나를 함께 보는 것도 도움이 될 것이다.

프롭테크 활용법 ① '내 집 마련'을 위한 지역 고르기 노하우 완벽 공개

데이터로 지역 뽀개기

세부 지역을 어떤 식으로 분석해야 하는지를 본격적으로 알아볼 차례다. 여기에서는 서울의 노원구를 한 번 분석해 보겠다. 노원구를 고른 특별한 이유가 있지 않을까 생각하는 독자가 있을까 싶어 밝힌다. 이곳을 고른 이유는 단지 서울이기 때문이다. 또 하나 덧붙이자면 [그림 04-17]에 나오는 것처럼 부동산지인 사이트의 지역별 수요/입주 현황에 2021~2014년까지 입주량이 부족하다고 나오는 곳 중 가장 인구가 많았다. 이 말은 지금 당장 이 지역을 매수하라는 의미가 절대 아니다. 나 역시 이곳에 아파트를 가지고 있지 않으며, 단지 여러분의 이해를 돕기 위한 예시일 뿐이다. 혹시 매수 관심 지역이 생기면 이렇게 분석해 보라. 이러한 방식으로 이 지역, 저 지역 둘러보는 게 익숙해진다면 내 집 마련으로 가는 길이 멀지 않게 느껴질 것이다.

■ 그림 04-17. 서울 수요량 및 입주량 흐름

구분(지역)	인구수	2021 아파트			2022 아파트			2023 아파트			2024 아파트		
		수요량	입주량	범례	수요량	입주량	범례	수요량	입주량	범례	수요량	입주량	범례
서울	9,505,926	48,124	52,380	적정	48,106	25,759	부족	48,019	26,254	부족	47,933	13,568	부족
종로구	144,543	732	404	부족	731	729	적정	730	265	부족	729	0	부족
중구	122,315	620	367	부족	619	0	부족	618	1,101	과잉	617	282	부족
용산구	222,573	1,128	2,363	과잉	1,126	571	부족	1,124	100	부족	1,122	0	부족
성동구	285,516	1,447	0	부족	1,445	29	부족	1,442	0	부족	1,440	825	부족
광진구	340,002	1,721	830	부족	1,721	903	부족	1,718	1,120	부족	1,714	0	부족
동대문구	337,419	1,707	1,702	적정	1,708	1,048	부족	1,704	2,965	과잉	1,701	0	부족
중랑구	387,598	1,960	2,853	과잉	1,961	1,327	부족	1,958	1,780	적정	1,954	0	부족
성북구	430,074	2,179	980	부족	2,176	2,667	초과	2,173	0	부족	2,169	594	부족
강북구	298,727	1,514	225	부족	1,512	1,237	적정	1,509	0	부족	1,506	1,045	부족
도봉구	317,150	1,606	293	부족	1,605	0	부족	1,602	0	부족	1,599	0	부족
노원구	510,805	2,586	1,640	부족	2,585	0	부족	2,580	1,163	부족	2,576	0	부족
은평구	473,122	2,395	5,627	과잉	2,394	1,388	부족	2,390	3,359	과잉	2,386	0	부족
서대문구	305,113	1,543	1,440	적정	1,544	2,416	과잉	1,541	0	부족	1,539	0	부족
마포구	368,617	1,867	2,572	초과	1,865	0	부족	1,862	1,658	적정	1,859	0	부족
양천구	446,895	2,264	1,549	부족	2,262	407	부족	2,257	368	부족	2,253	0	부족
강서구	574,001	2,906	2,736	적정	2,905	793	부족	2,900	666	부족	2,894	0	부족
구로구	396,515	2,008	1,242	부족	2,007	2,647	초과	2,003	0	부족	1,999	122	부족
금천구	230,881	1,168	1,327	적정	1,168	0	부족	1,166	0	부족	1,164	0	부족
영등포구	376,949	1,907	1,775	적정	1,908	1,431	부족	1,904	112	부족	1,901	548	부족
동작구	385,478	1,951	2,568	초과	1,951	640	부족	1,947	1,772	적정	1,944	0	부족
관악구	485,610	2,458	282	부족	2,457	1,348	부족	2,453	0	부족	2,449	0	부족
서초구	411,539	2,086	4,051	과잉	2,083	1,563	부족	2,079	3,410	과잉	2,075	0	부족
강남구	533,173	2,698	4,659	과잉	2,698	756	부족	2,693	5,606	과잉	2,688	7,014	과잉
송파구	658,859	3,332	2,594	부족	3,334	3,526	적정	3,328	0	부족	3,322	328	부족

출처 : 부동산지인(2022. 5. 2)

인구수 및 세대수를 살펴보겠다. 부동산지인의 '지인 빅데이터' 메뉴에서 인구 및 세대수를 살펴보면 상계동이 가장 많은 인구와 세대수를 차지하고 있음을 알 수 있다. 다음이 중계동이고, 월계동과 공릉동은 규모가 비슷하다. 같은 페이지에 나와 있는 인구수와 세대수의 변화 추이를 보면 인구수는 2008년부터 계속적으로 감소 추세에 있으나 실제 주택 가격에 영향을 미치는 세대수는 그나마 유지되고 있다. 즉 앞으로도 세대수가 갑자기 줄어들 가능성은 없어 보인다.

■ 그림 04-18. 노원구 인구수, 세대수 변화 추이

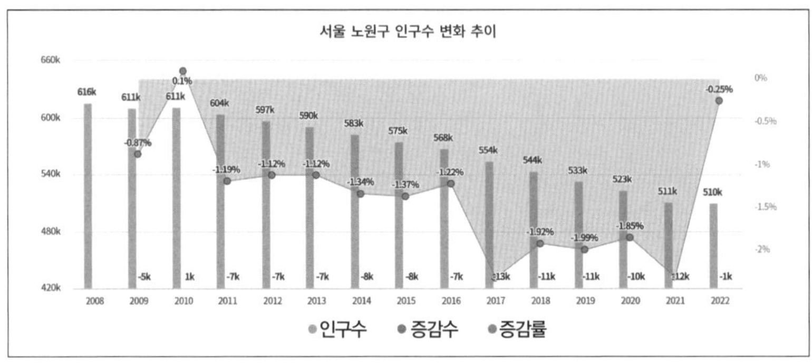

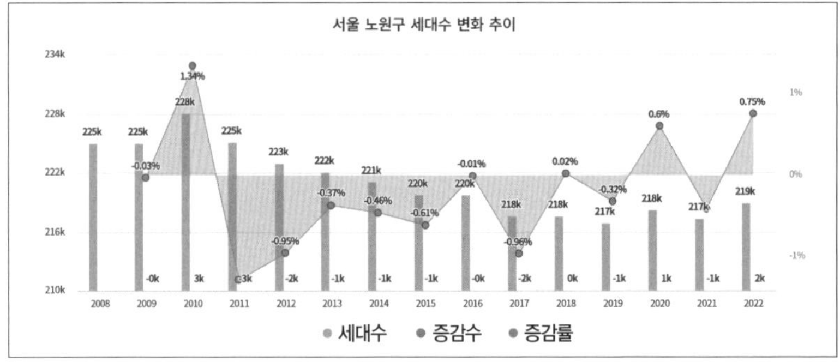

출처 : 부동산지인(2022. 5. 9)

다음으로 노원구에서 2020년 12월부터 2021년 12월까지 가장 많은 인구가 전출한 지역과 전입한 지역을 알아봐야 한다. 지난 1년간의 움직임을 보니 노원구 주민들이 가장 많이 전출한 곳은 남양주, 의정부,

■ 그림 04-19. 노원구 전출입 인구 TOP 10

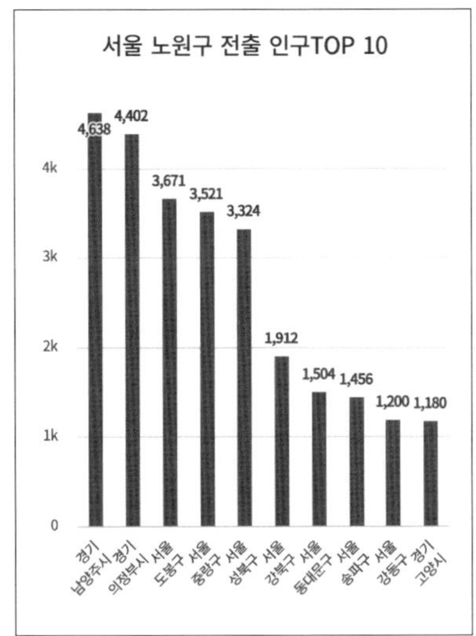

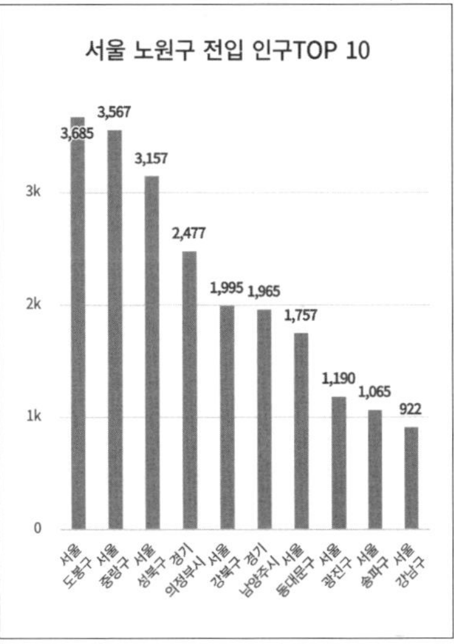

출처 : 부동산지인(2022. 5. 9)

도봉구순이며, 가장 많이 전입해 온 곳은 도봉구, 중랑구, 성북구순이다. 결국 매매가격과 전세 가격의 변화가 발생할 때 서로 가장 많이 영향을 주는 곳이라고 해석할 수 있다.

노원구와 함께 남양주, 의정부, 도봉구의 매매 및 전세 가격 흐름을 살펴보자. 전세의 경우 2015년부터 2020년 말까지 도봉구, 의정부, 남양주와 거의 동일한 수준의 움직임을 보인다. 2021년에도 약간의 차이는 있지만 급격하게 올라가고 있는 흐름의 방향성은 동일하다. 노원구의 매매가격은 2015년부터 2019년 초까지 도봉구와 거의 비슷한 흐름으로 올라가다가 2020년 하반기부터 남양주, 의정부와 함께 급격히 상승한다. 물론 도봉구도 약간의 차이는 있지만 같은 방향성을 보인다. 결국 이 지역들은 위치 및 교통 여건 등으로 노원구와 동일한 영향권

■ 표 04-11. 노원구, 도봉구, 남양주, 의정부, 도봉구 매매 및 전세 가격 흐름 (2015. 1~2022. 4)

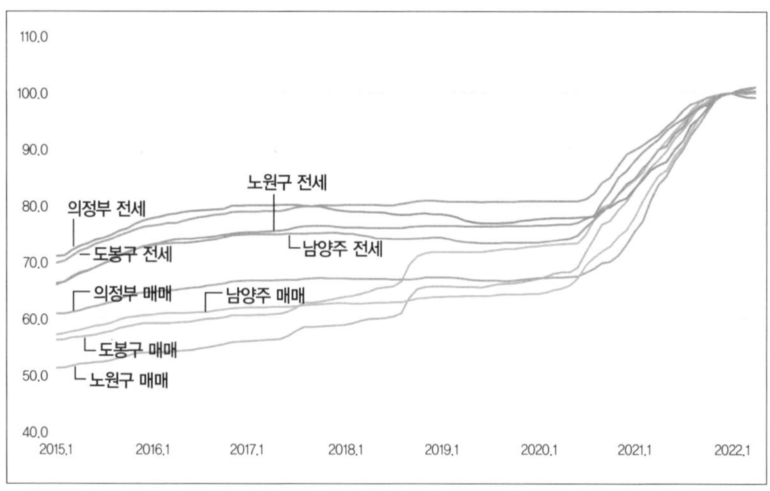

출처 : KB부동산

내에 있는 주택 시장이라고 해석할 수 있다. 만일 이 중 한두 개의 지역에서 침체 분위기가 느껴진다면 노원구에도 바로 영향을 줄 것이다. 반대의 경우도 가능하다. (여기에서 모두 다루진 못했지만 혼자서 연습할 때는 성북구, 중랑구 등의 움직임도 살펴보기 바란다.) 다음은 이 책에서 계속 강조하는 입주 물량이다.

노원구만 표시한 것으로 입주 물량이 계속 부족하다는 것을 알 수 있다. 입주 물량을 분석할 때는 함께 영향권역에 있는 지역들도 분석해야 한다. 직접 확인해 보면 알겠지만 의정부를 제외한 노원구에 영향을 주는 남양주, 도봉구의 입주 물량도 적정 규모 대비 2024년까지 감소하고 있다. (조금 이따 설명하겠지만 호갱노노는 지도상에서 데이터를 표시하기 때문에 한꺼번에 자료들을 볼 수 있어 조금 더 직관적이다.) 또 '지인 빅데이터' 메

■ 그림 04-20. 노원구 입주 물량

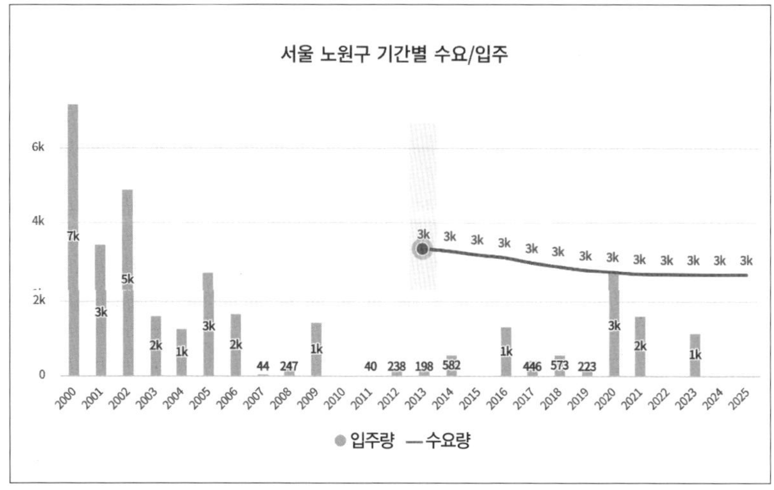

출처 : 부동산지인(2022. 5. 9)

■ 표 04-12. 노원구 매매·전세 비율

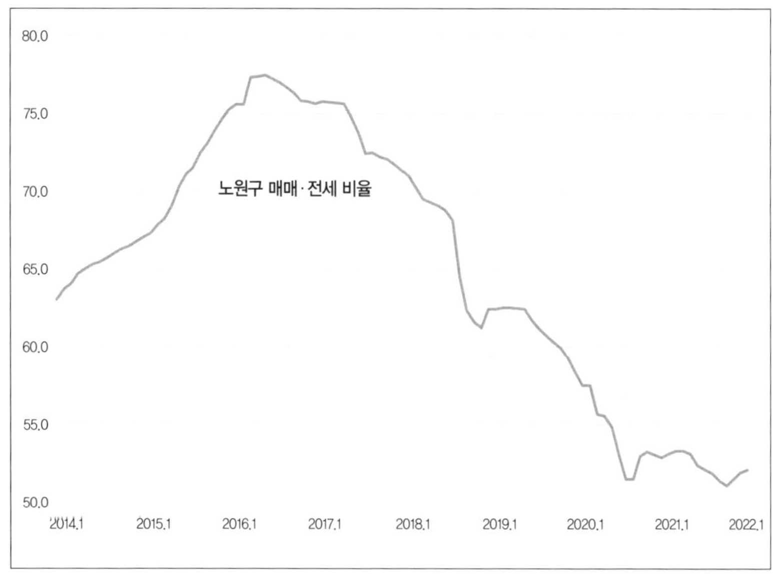

출처 : KB부동산

뉴에 있는 미분양 현황 확인 결과 노원구는 2016년 중반부터 미분양이 0이다. 투자수요 대비 실수요 비율을 알 수 있는 노원구의 매매·전세 비율은 아래와 같다. 최근 10년 이래 가장 낮은 것을 볼 수 있다. 매매·전세 비율이 낮아진다는 것은 실수요보다 외부의 투자수요가 증가했다는 뜻이다. 전세 비율이 회복되지 않는다면 상승세가 꺾일 수도 있다는 의미다.

이번에는 노원구의 전체적인 아파트 매매 거래량 현황과 그중 실제로 투자수요가 얼마나 진입했는지도 살펴보자.

■ 그림 04-21. 노원구 월별 거래 현황

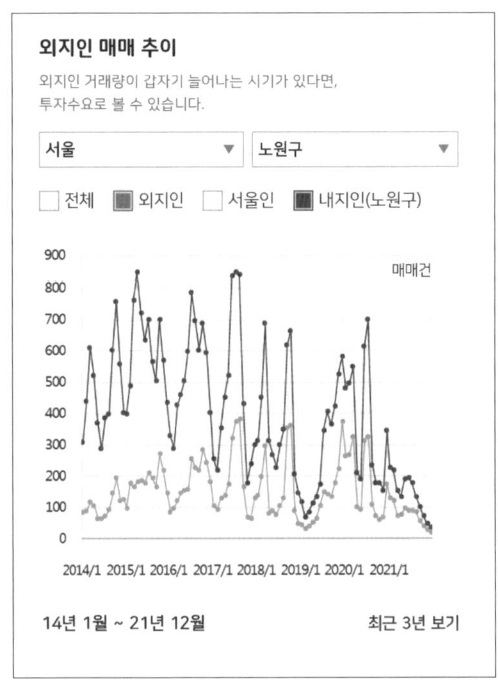

출처 : 아실(2022. 5. 9)

거래 현황을 보니 2017년부터 2020년까지 과거에 비해 외지인의 투자성 매수가 많아진 것이 확인된다. 노원구의 매매·전세 비율이 2016년과 2017년을 정점으로 해서 계속해서 낮아진 이유이기도 하다. 외부 투자수요가 많으면 처음 가격 상승 시에 도움이 될 수 있지만 시장 침체기에는 가격 하락을 부추기는 요소가 될 수 있다.

끝으로 지역의 청약 경쟁률을 확인해 보자. 청약 경쟁률은 그 지역 사람들의 (신축) 아파트에 대한 수요가 어느 정도인지 쉽게 짐작할 수 있게 해 준다. 참고로 청약 경쟁률은 '청약홈' 홈페이지에서 확인할 수 있다. 직접 들어가서 확인해 보기 바란다.

전체적으로 지표들이 좋아 보이지만 '매매·전세 비율'이 조사를 시작

■ 그림 04-22. 청약홈 홈페이지 화면

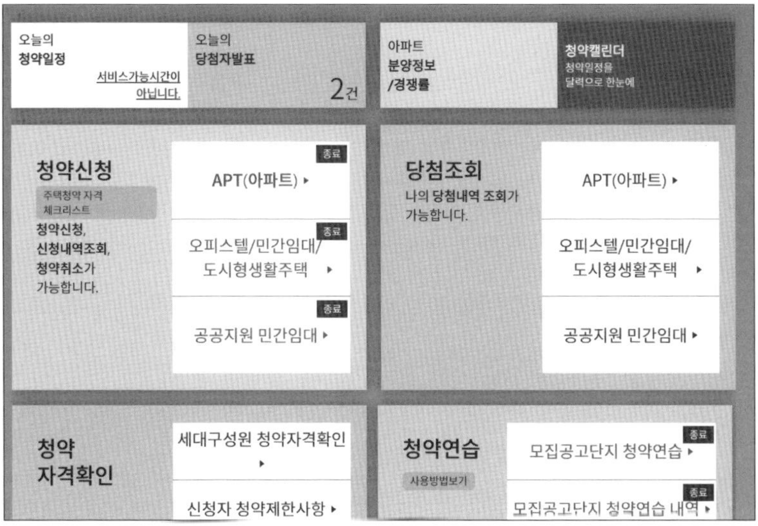

출처 : 청약홈

한 2013년 4월 이래 가장 낮은 수치를 기록 중이다. 투자수요의 진입 때문이 아닐까 싶은데 유의할 필요가 있다. 향후 전세 비율이 더 상승한다면 실수요가 아직 살아 있는 것이지만 반대 방향으로 움직인다면 상승 에너지가 많이 소진된 것이다. 즉 매수 관심 지역에서 역대급으로 낮은 '매매·전세 비율'을 보인다면 매수에 신중을 기해야 한다.

지역 자체는 어떻게 분석하지?

앞에서 설명한 데이터를 이용한 분석으로 지역의 모든 것을 알기에는 한계가 있다. 때문에 반드시 지역 자체에 대한 공부를 함께해야 한다. 혹시나 '내가 사는 동네에 집을 사는 것이라서 잘 알아'라고 착각하는 독자들도 있을 것이다. 그러나 여기에서 설명하는 내용들을 읽다 보면 생각보다 본인이 지역에 대해서 모른다는 사실을 알게 될 것이다. 지역에 거주하지 않는다면 직접 현장에 가기 전에 이 부분을 반드시 확인하라!

지역 자체를 알기 위해 가장 먼저 해야 할 것은 구청 홈페이지에 들어가는 것이다. 부동산 자체뿐만 아니라 대중교통, 공원 시설 등 생각보다 꽤 많은 행정 정보를 얻을 수 있다. 꼭 부동산 공부라고 생각할 필요는 없다. 이것저것 클릭하다 보면 노원구의 현황을 자연스럽게 파악할 수 있을 것이다.

노원구는 24개의 행정구역으로 이루어져 있으며 면적상으로는 공

■ 그림 04-23. 노원구청 홈페이지

출처 : 노원구청

■ 그림 04-24. 노원구 행정구역도

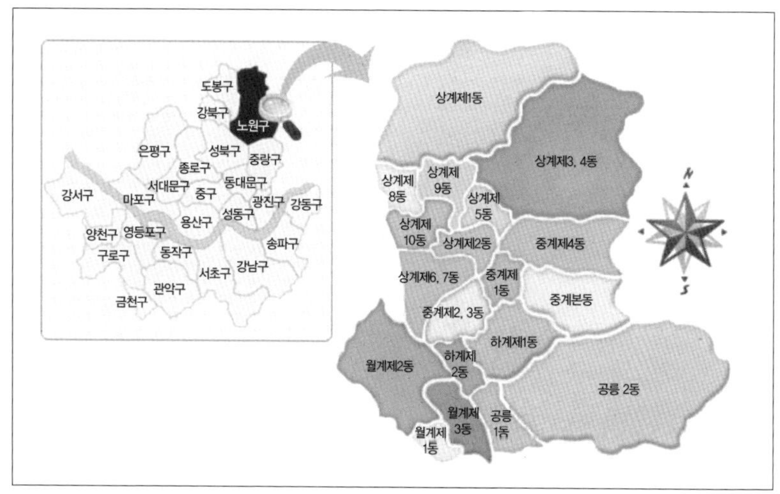

출처 : 노원구청

릉2동, 상계1동, 상계3, 4동이 큰 규모를 차지한다. 구청에서는 다음과 같이 노원구의 특성을 소개하고 있다.

> '우리 구는 서울의 동북단에 있으며 동쪽으로는 경기도 구리시 남양주군 별내면, 서쪽으로는 도봉구·강북구, 북쪽으로는 경기도 의정부시와 접하며, 남쪽으로는 성북구와 중랑구에 접해 있어 서울 동북지역 관문 역할을 하고 있다. 동부 산지에는 불암산과 수락산이 위치하여 경기도 지역과 경계를 이루고 있으며 그 서쪽 방면에 상계, 중계, 하계, 공릉, 월계동이 위치한다. 서부 저지는 월계동의 구릉지를 제외하고는 모두 낮은 지대로 형성되어 있으며 중랑천이 도봉구와 경계를 이루면서 한강으로 흘러 들어가고 있다.'

'미래 도시' 섹션에서는 노원구의 '창동 차량기지와 도봉면허시험장 이전 사업과 연계한 창동·상계 도시재생 활성화 계획', '광운대역세권 미래복합도시 개발', 'GTX-C 신설 등 차세대 고속 교통망 확충' 등 노원구의 중요한 프로젝트들을 소개하고 있다.

아마 집을 사면서 지자체 홈페이지를 들어가는 사람은 별로 없을 것이다. 그러나 해당 지역의 홈페이지보다 개발 및 현황, 지역 소식 등을 잘 정리해 놓은 곳이 또 있을까 싶다. 정독하지 않아도 된다. 동네의 분위기만 느껴도 충분하다. 다음은 '아실'에서 노원구를 살펴보자.

2022년 4월 현재 노원구는 투기지구이며, 주변에 있는 지역들의 현황과 대중교통 계획을 한눈에 볼 수 있다.

■ 그림 04-25. 노원구 미래 도시계획 화면

출처 : 노원구청

■ 그림 04-26. 노원구 주변 현황 지도

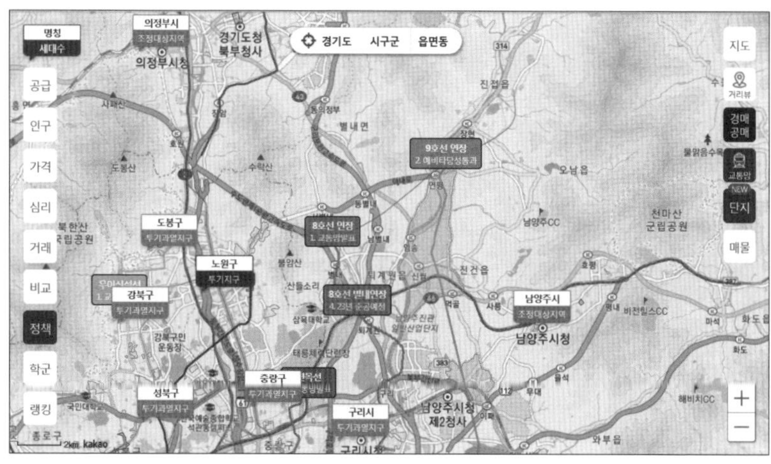

출처 : 아실(2022. 5. 9)

■ 그림 04-27. 노원구 및 인근 지역의 향후 2년간 아파트 입주 예정 물량

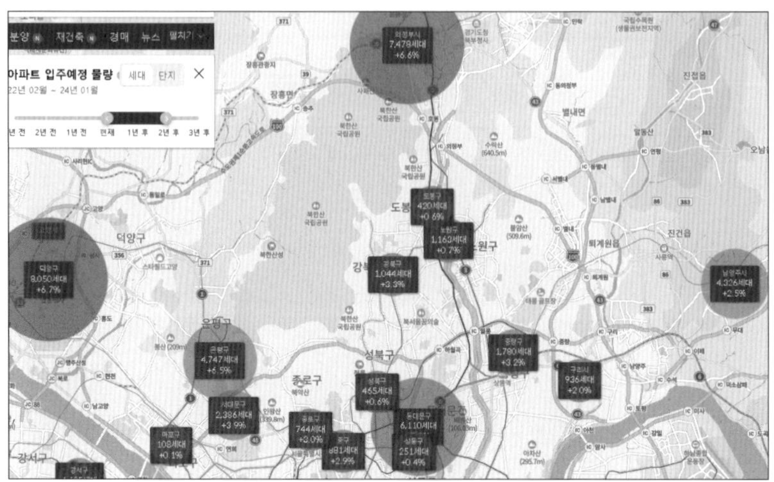

출처 : 호갱노노(2022. 5. 2, 기준)

이제 좀 더 구체적으로 들어가 보자. 다음은 '호갱노노'를 이용해 지도상에 나타난 노원구의 특징들을 살펴보겠다. [그림 04-27]을 보면 향후 2년간 아파트 입주 예정 물량이 나온다. 지도로 보니 '부동산지인'으로 볼 때보다 훨씬 직관적인 측면이 있다.

앞서 언급했듯이 다른 지역에 비해 의정부의 입주 물량이 노원구의 매매와 전세 가격에도 영향을 줄 수 있기 때문에 유의해야 한다. [그림 04-28]을 통해 노원구의 상권을 살펴보자.

노원구는 크게 공릉역, 노원역, 상계역을 중심으로 커다란 상권이 형성되어 있다. 그리고 중계동 은행사거리를 중심으로 별도의 상권이 형성되어 있다. 이외에도 호갱노노에서는 각 지역의 자가용 출근 시간 분석을 통한 교통 환경, 직장인 연봉, 지역 뉴스 등을 지도상에서 시각

■ 그림 04-28. 노원구 상권 현황

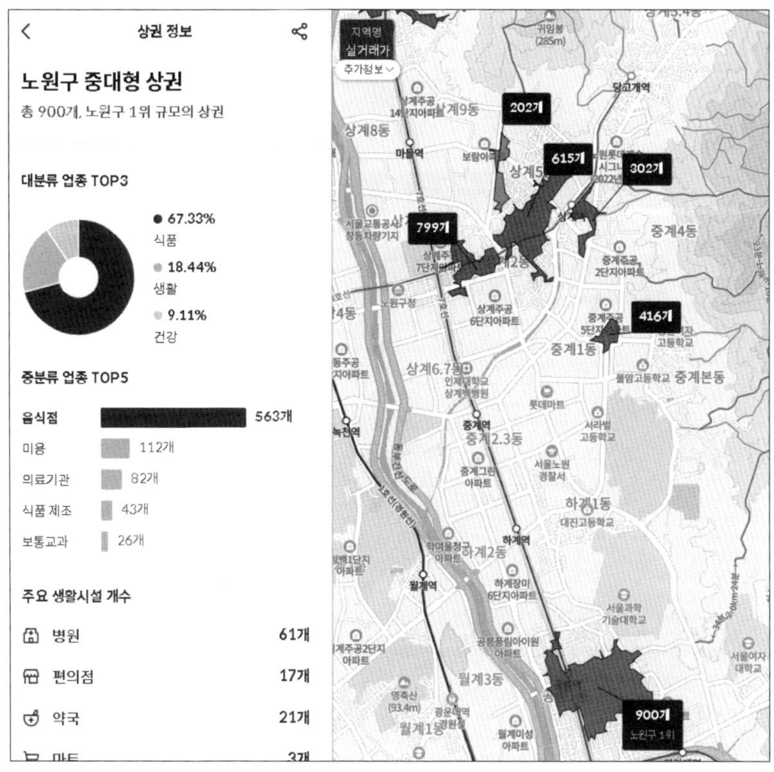

출처 : 호갱노노(2022. 5. 2. 기준)

적으로 확인할 수 있다. 어떤가? 둘러보니 노원구에 대한 감이 조금 오는가? 이제 지역 분석을 마치고 구체적으로 어떤 아파트를 골라야 하는지를 알아볼 차례다.

프롭테크 활용법 ② 어떤 아파트를 사야 할까?

브역대신평초? 학군? 상권? 공원? 뭐가 우선일까?

공인중개사를 공부할 때 부동산학개론 초반에 부동산의 특징이 나온다. 그중 한 가지가 바로 부동성이다. 물리적인 위치가 고정되어 있다 보니 가격, 규제, 기후, 수급 상황이 모두 세분화되어 시장마다 그 특징이 다르다는 것이다. 입지의 중요성을 제공하는 근거이기도 하다. 그런데 아파트를 고를 때 획일화된 기준은 없다. 좋은 아파트라는 개념이 사실 개인마다 다르기 때문이다. 누군가에겐 상권이 중요한 반면 누군가에겐 공원이 중요하듯이 말이다. 자녀의 연령에 따라서 초품아(초등학교를 품은 아파트)냐, 중학교 학군이 우선이냐로 갈릴 수도 있다. 또한 서울이나 수도권에서는 대중교통이 굉장히 중요하지만 지방에서는 자동

차로 이동하는 경우가 많기 때문에 대중교통이 중요 요소가 아니다. 다만 일반적으로 좋은 아파트를 말하는 기준은 분명히 있다. 누구나 생각하는 좋은 입지에 위치해 있다 보니 아파트 가격도 높게 형성된다. 이런 아파트들은 조정 기간이나 하락장이 와도 버틸 수 있는 힘이 있다.

그렇다면 널리 받아들여지고 있는 좋은 아파트의 입지 기준이란 무엇인지 한 번 살펴보자. 우선 부동산 카페에서 흔히 아파트 고를 때 최소한 손해 보지 않는 기준이라면서 나오는 '브역대신평초'부터 한 번 살펴보자.

- **브**랜드 : 도급 순위 상위의 건설사가 지은 브랜드 아파트로, 신뢰 이미지가 구축되어 있다.
- **역**세권 : 도보로 지하철을 이용할 수 있는 거리에 있는 아파트다. 특히 교통이 복잡한 서울 등에서 직장까지의 접근성은 빼놓을 수 없는 고려 요소다.
- **대**단지 : 일반적으로 1,000세대가 넘는 아파트 단지를 말하며, 그 이상일수록 조경이나 커뮤니티 시설 등 더욱 많은 주민 공용 시설을 확보할 수 있다. 공용 관리비도 저렴해지는 장점이 있다.
- **신**축 : 보통 5년 이내에 입주한 아파트다. 최근에 지어진 아파트일수록 단지 내에 첨단 시설, 주차, 커뮤니티 시설 등이 잘 갖춰져 있어 인기가 높다.
- **평**지 : 언덕이나 구릉지 등 지대가 높지 않은 곳이다. 이런 곳에 직접 살아 보지 않으면 그 불편함을 못 느낀다. 특히 눈이 많이 내

렸을 때 차를 가지고 내려오는 아찔함이란!

- 초품아 : 초등학교를 품은 또는 도보로 가까운 아파트다. 어린 자녀들의 교통사고도 사전에 예방할 수 있고, 아동 범죄 문제가 발생할 가능성을 낮춰 주기 때문이다.
- 학군 : 부동산에서 학군은 보통 좋은 중학교다. 좋은 중학교는 학업성취도 또는 특목고 진학률 등으로 판단한다. (고등학교 학군은 이미 부모가 아이의 수준(?)을 파악한 뒤라 더 욕심을 부리지 않는다. 서울 강남, 대구 수성구 등 고등학교 학군 우수 지역처럼 특수한 경우는 제외다.) 이렇게 학군이 우수한 지역은 일반적으로 근처에 학원가도 잘 형성되어 있다.
- 상권 : 근처에 카페, 음식점, 영화관, 백화점 등 유통·편의·여가 시설 등이 잘 갖춰져 있는 아파트를 말한다. 이런 상권이 근처에 있으면 굳이 외식이나 쇼핑 등을 위해 아까운 시간을 버릴 필요가 없다.
- 공원 : 굳이 멀리 나가지 않아도 가족과 주말에 편안하게 산책하고 휴식할 수 있는 공원이 아파트 근처에 있는 것도 큰 장점이 될 수 있다.

좋은 입지를 바라보는 기준은 이외에도 더 있다. 대형마트가 근처에 있는지, 병원이 있는지, 아파트에 편의시설(수영장, 골프연습장 등)은 잘 갖춰져 있는지 등이다. 그러나 사실 내가 생각하는 가장 중요한 것은 바로 희소성이다. 만일 대중교통이 두루두루 잘되어 있는 지역인데 학원가는 특정 섹터에만 형성되어 있다면? 상권은 어느 아파트에나 가깝게 형성되어 있는데 초품아 아파트는 하나라면? 모두 비슷한 환경인데 한 아파트만 가지고 있는 무언가가 있다면? 이런 식으로 좋은 아파트의 기준은 너무나 많지만 그 지역에서 그 아파트만이 유일하게 가능한 그 무언가, 그게 바로 좋은 입지가 아닐까 싶다.

입지 좋은 아파트 고르기 어렵다? 한 방에 해결하기

이론적으로야 입지 좋은 아파트를 고르는 기준은 앞 챕터에서 언급한 대로 명확하다. 마치 그대로 따라 하면 금방 입지 좋은 아파트가 내 앞에 짜잔 하고 나타나 있을 것 같다. 그러나 막상 아파트를 골라야 하는 상황이 오면 우리는 선택 장애에 빠지게 된다. 지도를 펼쳐 놓고 아파트를 보다 보면 판단이 잘 서지 않는 게 현실이다.

특히 매수해야 하는 지역이 익숙하지 않다면 더욱 선택이 어려울 것이다. 지역마다 학군이나 학원가, 대중교통, 특수 조망(강, 공원) 등 중요시 하는 게 다를 수 있기 때문이다. 이렇게도 저렇게도 하기 어려운 상황에 빠졌을 때 그 지역의 가장 중요한 요소와 좋은 아파트를 한 방에 파악하는 방법이 있다. 바로 그 지역의 최고가 아파트를 확인하는 것이다. 그 지역의 중요한 요소들을 가장 잘 나타내는 모든 것은 아파트 가격에 들어 있다. 면적이 유난히 커서 최고가 아파트가 되는 경우도 있기 때문에 반드시 30평대에서 가장 비싼 아파트도 함께 확인해야 한다. 그

■ 그림 04-29. 노원구 최고가 아파트 순위 분석(전체)

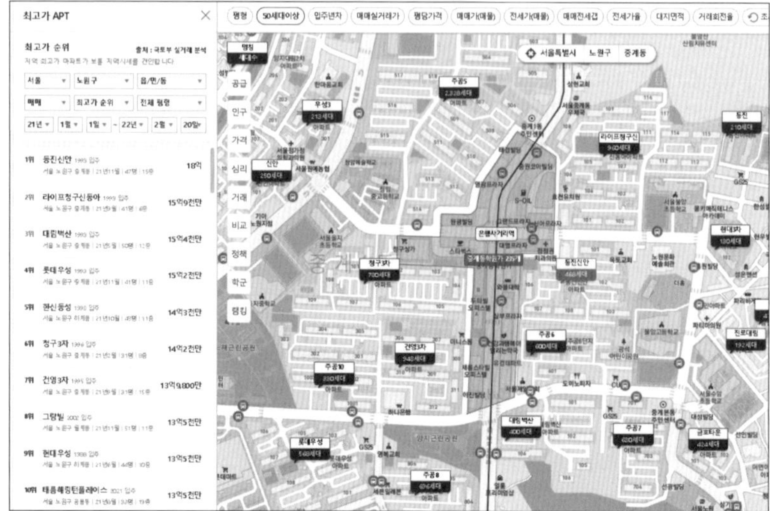

출처 : 아실(2022. 5. 2)

■ 그림 04-30. 노원구 최고가 아파트 순위 분석(31~35평)

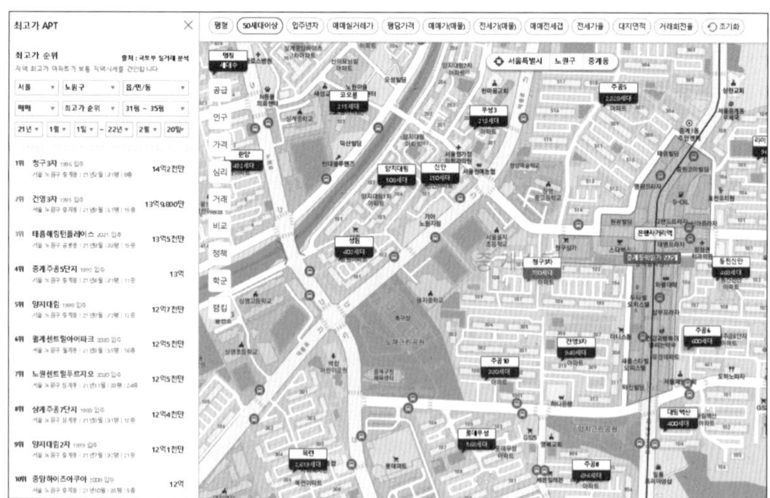

출처 : 아실(2022. 5. 2)

리고 그 아파트가 비싼 이유를 부동산에 직접 물어 확인하면 된다.

우리는 그 아파트가 왜 비싼지, 이 동네에서는 어떤 부분을 중요하게 생각하는지를 확인했다. 이제 우리가 할 일은 그 최고가 아파트 근처에서 최대한 내 조건과 상황에 맞는 아파트를 찾는 것이다.

실전에 돌입해 보자. 우선 아실의 순위 분석 메뉴에서 서울 노원구의 최고가 아파트를 검색해 보자.

검색 결과, 노원구 전체 최고가 순위에서도 중계동에 위치한 아파트가 10개 아파트 중에 6개, 31~35평(전용면적 85㎡)에서도 10개 중 6개가 들어가 있다. 즉 노원구에서는 중계동이 가장 선호되는 지역이라는 걸 쉽게 확인할 수 있다. 순위권에 이름을 올린 중계동 아파트들의 특징을 보면 다른 지역의 아파트들과 달리 모두 1990년대에 지어졌다. 반면 10위권 내에 든 다른 지역의 아파트들은 대부분 2000년대 이후에 입주한 아파트들이다. 그렇다면 노후화된 아파트가 즐비한 이곳에 어떤 내세울 만한 장점이 있는 것일까?

우선 교통을 살펴보자. (2025년 개통으로 동북선이 공사 중이긴 하지만) 개통 시기 및 노선 등을 감안해도 특별히 교통 우수 지역이라고 할 수도 없다. 다음은 지도를 보니 롯데마트도 있고, 휴식할 수 있는 초록색 공간, 즉 공원이 많다. 주거 여건이 상당히 우수하다. 이번에는 중학교 학군을 살펴보자. [그림 04-31]을 보면 을지중과 불암중이 서울 평균은 물론 노원구 평균에서 학업성취도가 우수하며 특목고 진학률이 높은 것을 알 수 있다.

끝으로 앞서 노원구의 상권 현황을 파악하면서 중계동 은행사거리

■ 그림 04-31. 노원구 중학교 학군

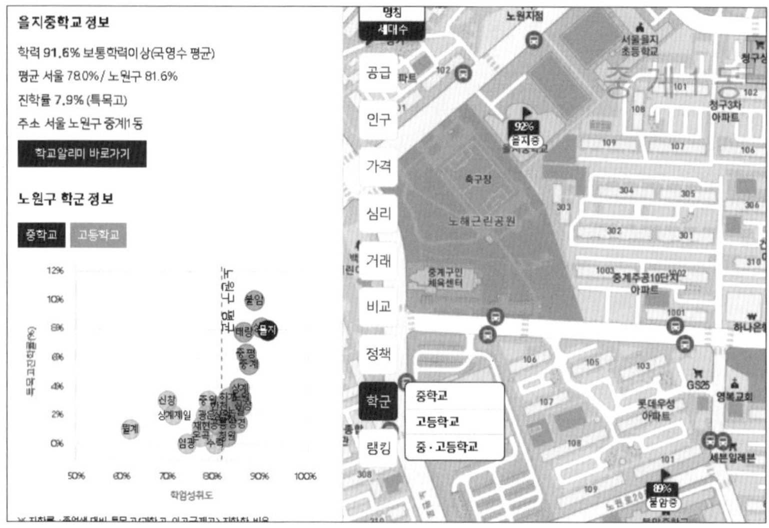

출처 : 아실(2022. 5. 2)

■ 그림 04-32. 노원구 학원가 현황

출처 : 호갱노노(2022. 5. 2, 기준)

를 중심으로 별도의 상권이 형성되어 있다고 했던 것을 기억하는가? 호갱노노에는 상권 현황 이외에 학원가를 분석해 주는 기능이 있다.

노원구는 학원 개수 규모로는 서울에서 2위를 차지할 만큼 학원 밀집도가 높은 곳이다. 호갱노노상으로는 225개가 오밀조밀하게 은행사거리를 중심으로 모여 있다. 이미 잘 아는 독자들도 있겠지만 중계동의 주택 가격을 유지하는 가장 강력한 희소성이라고 할 수 있다. (참고로 예전에는 지역의 학원가를 찾아보기 위해 네이버 지도에서 '청담어학원', 'CMS수학', '와이즈만', '시매쓰', '소마' 등을 검색해 봐야 했다.) 즉 중계동은 학원가라는 무기에 학군, 공원, 대형마트 등이 어우러져 타 지역 대비 경쟁력이 있다고 해석할 수 있다.

그렇다면 이제 우리가 원하는 아파트를 고를 차례다. 아실과 호갱노노에는 각각 아파트 필터 기능이 있다. 여기에서 평형, 가격, 입주 연차, 건폐율, 주차 공간, 세대수 등을 직접 지정하면 된다. 최고가 순위에 들어가 있는 검증된 아파트 또는 근처 아파트를 중심으로 검색하다 보면 원하는 아파트의 범위가 점점 좁혀질 것이다.

그런데 중계동의 특성상 입주 연차가 오래된 아파트가 많다. 만일 여러분이 새 아파트를 굳이 찾아야겠다면 최고가 아파트 순위에 있던 다른 동네의 아파트 또는 그 근처에 있는 아파트를 찾으면 된다. 그래도 마음에 들지 않는다면? 처음부터 숲에서 나무를 찾는 식으로 지금까지 사용한 방법들을 이용해 다른 지역과 아파트를 찾을 수 있을 것이다.

아파트 사기 전에 반드시 알아야 할 꿀팁들

이제 진짜 내가 살 집을 찾으러 나서야 한다. 그런데 아직도 불안하다. 아파트를 매수하려고 할 때 가장 큰 고민 중의 하나는 여전히 '괜히 가장 비쌀 때 사는 것이 아닌가?', '내가 적정 가격에 사는 것인가?'다. 그러나 단언컨대 절대적인 적정 가격은 없다. 사실 원자재도 오늘과 3개월 뒤의 가격이 다르듯이 주택 가격도 수학 공식처럼 이루어지는 것이 아니다.

이럴 때 좋은 게 바로 상대적인 비교다. '아실'에는 여러 아파트의 가격을 비교하는 메뉴가 있다. 이를테면 송파구 잠실동의 '리센츠'와 '트리지움', 대전 둔산동의 '크로바'와 '목련' 등 비슷한 수준에 있는 아파트의 가격 흐름을 비교해 보는 것이다. 그런데 만일 그 수준보다 싸게 나온 매물이 있다면 그게 바로 진짜 '급매'다. 이렇게 제대로 된 '급매'를 판단할 수 있으려면 항상 관심 지역의 시세를 추적하는 습관을 가져야 한다. 그리고 평소에 그 지역의 공인중개사에게 "진짜 '실수요자'이니 '급매'가 나오면 연락을 달라"고 요청하는 것이다.

아파트를 고를 때 아무리 예산에 제한이 있더라도 지역에서 가격 하위 수준의 주택은 가급적 사지 말아야 한다. 이런 아파트들은 지역 내 1군 내지는 2군 아파트들의 가격이 상승할 때도 소외되기 쉽다. 장기간 지역의 가격 상승이 이어져야 일부 영향을 받을까 말까 하다. 아무리 실거주할 아파트라 하더라도 다른 아파트들의 가격이 오를 때 내 아파트만 가격이 오르지 않는다면 실제로는 자산소득의 감소가 일어나고 있는 것이다. 또한 급하게 이사를 갈 일이 생겨 집을 팔아야 할 때도 어려움을 겪을 수 있다. 정 안 되면, 전세라도 놓아야 하는데 그게 또 쉽지 않다. 가격 상승의 제한은 논외로 하더라도 이런 아파트들의 가장 큰 문제는 거래가 잘 안 된다는 점이다. 가격이 하위 수준인 건 학군, 연식 등 다 나름의 이유가 있기 때문이다. 특히, 마침 시장이 침체기에 들어가 낮은 가격에도 매매나 전세 거래가 오랫동안 안 되면 정말 난감하다. 직접 경험해 보면 얼마나 고통스러운지 알게 된다. 부디 이 책을 읽는 사람은 그런 경험을 하지 않기를 바란다. 그러니 절대로 지역 내에서 가격 하위 수준의 아파트는 매입을 자제하라고 말하고 싶다.

모든 분석이 끝났다면 마지막으로 할 것은 현장의 부동산 사무실을 최소 4~5군데 방문하는 것이다. 공인중개사마다 알고 있는 지식과 정보의 깊이가 다르기 때문에 다양한 정보원으로부터 소식을 접해야 한다. 이들로부터 현재의 시장 상황부터 전망, 동네의 개발 계획, 투자자 유입 현황 등을 직접 듣고 체험하다 보면 감이 오기 시작할 것이다. 그리고 사전에 공부한 것들의 깊이가 더해지거나 모르는 내용을 알게 된다. (오히려 나보다 모르는 공인중개사도 만날 수 있다. 이런 분들은 그냥 패스하면 된다. 참고로 공인중개사들은 '수수료'가 주목적이기 때문에 항상 이를 염두에 두고 정보를 들어야 한다.)

이러한 과정들을 계속해서 거치다 보면 정말 내 마음에 드는 아파트가 어느 순간 짠 하고 나타날 것이다. 그러면 다시 한 번 숲에서부터 나무에 이르기까지 분석하라! 그리고 확신이 드는 순간 '내 집 마련'이 머지않았음을 느끼게 될 것이다.

아파트 팔기 전에 반드시 알아야 할 꿀팁들

이 책은 기본적으로 '왜 내 집을 마련해야 하는지', '내 집을 마련하기 위해선 어떻게 해야 하는지' 등에 대해 초점을 맞추고 있다. 즉 무주택자들을 위한 지침서다. 그러다 보니 실전편에서 주로 집을 '사는 법'에 대해 중점을 두고 있다. 그러나 갈아타기를 계획 중인 1주택자 또는 '주거 사다리'를 위해 마련했던 집을 팔아야 하는 매도자 입장에서는 집을 '파는 법' 또한 중요하다. 그렇다면 어떻게 해야 가급적 손해를 보지 않고 집을 잘 팔 수 있을까?

다른 무엇보다 '매도 타이밍'이 가장 중요하다고 강조하고 싶다. (여기에서의 타이밍이란 '주택 가격이 최고점인 순간'을 의미하는 것이 절대 아니다. 세상에 그 타이밍을 맞히는 사람은 아무도 없다. 그저 '시장이 침체기에 빠지기 전에 주택을 매도할 수 있는 가능성을 높이는 시기' 정도로 해석하면 좋을 듯하다.) 일반적으로 본인 소유 주택의 가격이 오르면 누구나 기분이 좋기 마련이다. 그렇게 자연스레 매도 계획을 미루거나 취소해 버린다. 그리고 더 가격이 올라가길 바란다. 활황기 때 들뜨는 건 주식시장이나 부동산 시장이나 비슷한 듯하다. 그래서 미국 투자은행 2위인 모건 스탠리의 글로벌 주식 전략가로 유명한 투자가 바튼 빅스Barton Biggs가 한 말은 주택 시장의 매도자라면 반드시 기억해야 할 교훈이다. "강세장은 섹스와 같다. 끝나기 직전이 가장 좋다."

주택을 매도할 계획이 있는 경우 '향후 주택 가격이 약보합 또는 약세를 보이면서 거래가 쉽지 않아질 징후'를 파악하는 것이 중요하다.

그 징후는 다음과 같다.

첫째, 입주 물량의 증가다. 만일 해당 아파트 지역과 인근 지역의 입주 물량이 최근 평균치 또는 인구수 감안 적정 물량보다 많이 계획되어 있을 때다.

둘째, 매매가격 대비 전세 가격 비율의 하락이다. 특히 매매가격은 계속 상승 중인데 전세 가격은 비슷한 수준을 유지하거나 오히려 하락할 때가 있다. 이는 실수요보다는 투자수요가 더 많다는 의미이기 때문에 하방이 그만큼 튼튼하지 않을 수도 있다는 의미다.

셋째, 매매가격 자체의 장기간 상승으로 절대 가격 자체가 부담스러울 때다. 이때 PIR과 HAI도 함께 확인해 볼 필요가 있다.

넷째, 미분양 물량이 증가하고 청약 경쟁률이 낮아질 때다. 이때 지역 내에서도 입지가 좋은 곳인지, 분양가는 주변 시세 대비 적정한지 등을 함께 따져 봐야 한다.

다섯째, 시장에 매매와 전세 매물이 증가할 때다. 시장에 매물이 증가하고 있다는 것은 매도자보다 매수자가 우위에 있다는 의미이기 때문이다. 마침 '아실'에서는 '네이버에서 제공하는 매물' 숫자를 확인할 수 있다. '아실'에서 제공하는 강력한 기능 중의 하나로 언제든 '매물 증감' 메뉴에서 기간별, 지역별로 검색해 볼 수 있다. 특히 2022년 4월부터 국토교통부에서는 허위 매물 광고를 게재한 공인중개사에게 과태료 처분을 내리기 시작했다. 즉 거래를 성사시킨 공인중개사가 해당 물건 광고를 즉시 삭제하지 않을 경우 500만 원 이하의 과태료를 물어야 한다. 이 때문에 이 메뉴가 앞으로 더욱 유용해질 전망이다.

'아파트 파는 법'이라고 해서 특별할 건 없다. 여태까지 설명했던 '내 집 마련'을 위한 위한 노하우와 지표들을 반대로 적용하여 순서대로 보면 된다. 즉 위의 기준과 조건들에 많이 부합할수록 매도 타이밍이 다가오고 있는 것이다. 참고로 홍춘욱 이코노미스트는 《돈의 역사는 되풀이된다》에서 "2022~2023년까지는 강세 행진을 이어 갈 것으로 보이지만 서서히 상승 에너지가 고갈되는 국면이 나타날 것"이라고 했다. (구체적으로 지역을 밝히진 않았지만 서울 등 수도권을 의미하는 듯하다.) 또한 직방TV에서 '빅데이터의 신'이라는 코너를 운영했던 강승우(필명 삼토시)도 《앞으로 5년, 집을 사고팔 타이밍은 정해져 있다》에서 '서울 아파트 자체 입주 물량 확대 등으로 인해 서울 아파트 시장의 정점을 2023년~2024년으로 전망'했으니 참고하면 좋을 듯하다.

여러분도 아파트 매도 계획이 있다면 위의 기준을 적용해 보시라. 다만 시장이라는 것이 워낙 변화무쌍하기 때문에 어느 누구도 몇 가지 기준을 가지고 100% 정확한 움직임을 예상할 수는 없다. 그러나 아무 전략이나 계획 없이 시장에 참여하는 것보다 앞서 제시한 집을 매도할 때 반드시 알아야 할 꿀팁들을 참고하면 좋은 가격에 '집을 팔 가능성'

을 높일 수 있을 것이다. 아니, 앞서 언급했듯이 시장이 침체기에 진입해서 '집 팔기' 어려운 상황은 최소한 피할 수 있도록 도와줄 것이다.

실전편

PART 5.

돈이 턱없이 부족해도 집 살 수 있을까?

무주택자들의 가장 큰 고민은 보유 재산보다 내가 원하는 집이 훨씬 비싸기 때문이다. 현재 서울의 평균 매매가격과 전세 가격은 (뒤에서 살펴보겠지만) 6억 원 정도 차이가 난다. (이는 내가 전세로 살 집은 차치하고서라도 서울에 주택을 구하기 위해서는 평균 6억 원 정도의 돈이 필요하다는 의미다.) 일반 급여소득과 사업소득으로는 도저히 감당할 수 없는 금액이다.

그래서 우리나라 무주택자들이 내 집 마련을 위해 사용하는 가장 강력한 방법은 누가 뭐래도 아파트 청약이다. 대규모 신도시나 인기 좀 있다 하는 지역은 대부분 '분양가 상한제 적용 지역'이다. 이 얘기는 건설사가 시장가격대로 원하는 만큼 분양가를 책정할 수 없다는 얘기다. 특히 LH에서 위치 좋은 곳에 짓는 아파트는 반값 아파트나 로또 청약이라고 불릴 정도로 저렴하다. 위치에 따라서 당첨되는 순간 몇 억의 프리미엄을 안고서 '내 집 마련'을 할 수 있다. 어디 그뿐인가? 계약금 10%만 있으면 중도금은 대출로 받으면 된다. 잔금 때가 되면 주변의 전세 가격도 올라 분양가만큼 전세를 놓을 수도 있다. 그러다 보니 강남이나 수도권의 인기 지역에서는 청약 경쟁률이 수백 대 일을 넘는 등 경쟁이 치열하다. 특히 정부와 LH가 주도적으로 추진하고 있는 3기 신도시가 사전청약 등을 개시하며 많은 무주택자에게 아파트 청약의 기회가 더 많이 열리고 있다. 따라서 청약의 기본부터 실전에 이르기까지 전반적인 내용을 살펴볼 계획이다.

그런데 '아파트 청약'의 치열한 경쟁률에 비해 '당첨 가능성'이 낮은 무주택자들은 어떻게 해야 할까? 막연하게 '청약'만 바라보면서 오랜 기간을 기다려야 할까? 이런 사람들을 위해 파트 4에서 나온 노하우와 레버리지를 활용해 '주거 사다리'를 만들어야 하는 이유와 금융기관의 대출을 적극 활용해야 하는 필요성 등에 대해서도 살펴볼 예정이다.

부동산 칼럼니스트로 유명한 '아기곰(필명)'은 그의 저서 《아기곰의 재테크 불변의 법칙》에서 '돈은 준비된 자의 친구'라며 "부동산이 저평가되었을 때는 눈길 한 번 주지 않다가 언론에서 기사화될 때 관심을 가지기 시작한다. 그러나 그때는 이미 가격이 많이 오른 후다"라고 말한다. 즉 평소에 관심을 가지고 좋은 정보를 모으는 습관을 들여야 한다. 그래야 어떻게든 기회가 생긴다. '돈이 아직 덜 모여서', '흙수저라서', '주택 가격이 너무 비싸다 보니 엄두가 안 나서' 등의 핑계는 소용이 없다. 가만히 있으면 늘 그 상태다. 이번 파트에서는 이런 분들이 어떻게 정보를 모아야 할지, 어떻게 기회를 만들어야 할지 등에 대해 좀 더 구체적인 논의를 하고자 한다. 그래서 파트 4에서 나오는 내용들과 함께 '내 것'으로 익히면 앞으로도 아주 유용할 것이다. 그러니 핑곗거리를 찾으면서 '내 집 마련을 포기'할 생각을 포기하라!

프롭테크 활용법 ③ 아파트 청약, 무주택자의 베스트 초이스

아파트 청약의 기본, 이 책 한 권으로 끝내자!

우리나라 청약통장 가입자 수가 2022년 2월 현재 2,800만 명이 넘는다고 한다. 아파트 청약이 유리하다고 하니 많은 사람들이 막연히 가입은 일단 해 둔 것이다. 그런데 의외로 높은 인기와 별개로 무주택자들 중에 아파트 청약에 대한 기본적인 내용조차 모르고 있는 이가 많다. 이를테면 자신이 어떤 종류의 청약통장을 가지고 있는지, 특별공급에 어떠한 종류가 있는지, 예치금 납입은 어떻게 해야 하는지. 이렇게 기본적인 준비도 되지 않은 채 단순히 운만 가지고 청약에 당첨되기란 '하늘의 별따기'일 수밖에 없다.

지금부터는 아파트 청약에 대한 기본적인 내용부터 좋은 분양 아파트 고르는 법, 당첨 가능성 높이는 법 등에 대해 다룰 예정이다. 이 부분만 보면 청약에 대한 기본적인 것을 모두 알 수 있도록 최대한 자세히 설명했다.

1 | 청약할 수 있는 주택의 종류 및 방법

분양주택은 크게 두 종류로 나뉜다. LH나 지방공사가 분양하는 주거전용면적 85㎡ 이하의 국민주택과 그 외에 민간에서 분양하는 민영주택으로 나뉜다. (사실 추가 설명이 필요하긴 하나 초보자 입장에선 이 정도만 구분해도 충분하다.)

2 | 전용면적, 분양면적, 공급면적이란?

예치금액 시 언급하는 전용 85㎡는 우리가 흔히 얘기하는 24평일까, 34평일까? 청약 초보들이 아파트 청약 시 가장 헷갈려 하는 기본적인 내용 중 하나가 바로 면적에 대한 개념이다. 이번 기회에 확실히 정리해 보자.

우선 전용면적은 서비스 공간인 발코니를 제외한 각 세대마다 독립적으로 쓸 수 있는 바닥면적이다. 쉽게 얘기하면 우리 가족만 쓰는 면적이다. 공용면적은 복도, 계단 엘리베이터 등 여러 세대가 함께 쓰는 공간의 바닥면적이다. 그리고 바로 이 전용면적과 공용면적을 합한 것이 공급 면적이다. 이외에 관리사무소, 커뮤니티, 놀이터 등의 공간은 기타 공용면적이다. 그리고 공급 면적과 기타 공용면적을 합한 것이 계약면적이 된다. 이를 간단하게 정리하면 다음과 같다.

전용면적+주거 공용면적 = 공급 면적 / 공급면적+기타 공용면적=계약 면적

일반적으로 아파트 분양 시 말하는 면적은 전용면적을 일컫는다. 국민주택은 전용 85㎡ 이하라고 하며 이는 전용 25평 정도가 나온다(1㎡는 0.3025평, 1평은 3.3058㎡). 그런데 우리를 헷갈리게 하는 것이 네이버부동산 등에서 언급하는 25평, 34평 등은 주거 공용면적을 합한 공급 면적이다. 따라서 전용 84~85㎡는 공급 면적 33~34평으로 이해하면 된다.

3 | 청약통장의 종류

약 2,677만 명이 가입하고 있는 주택청약종합저축(이하 '종합저축')은 주택의 종류에 관계없이 청약할 수 있다. 기존에는 국민주택을 공급받기 위한 청약저축통장(약 41만 명 보유), 민영주택을 공급받기 위한 청약예금통장(약 102만 명 보유), 주거 전용면적 85㎡ 이하의 민영주택을 공급받기 위한 청약부금통장(약 17만 명 보유)이 있었다. 청약통장 보유자들은 자신이 어떤 통장을 가지고 있는지 파악해야 한다. 정말 중요한 내용인데, 기존에 청약저축통장을 가지고 있는 무주택자들 중 납입 인정 금액이 높다면 반드시 이 통장 활용을 추천한다. (여기서 높다는 기준은 일반공급이냐, 노부모 특별공급이냐에 따라 커트라인이 다르기 때문에 개인별로 차이가 있다.) 청약예금통장이나 청약부금에 비해 오랫동안 일정액을 불입한 것이 훨씬 유리하기 때문이다. (조금 이따 그 이유를 설명할 것이다.) 납입 인정 금

■ 표 05-01. 청약통장의 종류

구분	청약저축	청약부금	청약예금	주택청약종합저축
가입 대상	무주택 세대주	20세 이상 개인 (유주택자도 가능)	20세 이상 개인 (유주택자도 가능)	누구나 가입 가능 (유주택자도 가능)
저축 방식	매월 일정액 불입	매월 일정액 불입	일시불 예치	매월 일정액 불입 (일시불 예치 가능)
저축 금액	월 2~10만 원	월 5~50만 원	200~1500만 원 (규모·지역별 차등)	월 2~50만 원 (1500만 원 일시 납입)
대상 주택	85㎡ 이하 공공기관 건설주택 등	85㎡ 이하 민영주택	모든 민영주택 (85㎡ 초과 공공주택도 가능)	모든 주택

출처 : 국토교통부

액은 본인이 청약통장을 가입한 은행의 홈페이지에서 확인이 가능하다. 종합저축은 누구나 가입이 가능하며, 매월 2만 원 이상 50만 원 이내에서 자유롭게 납입할 수 있다. 이 내용을 표로 정리하면 [표 05-01]과 같다.

참고로 청약저축, 청약예금·부금은 2015년 9월 1일 이후로 신규 가입이 중단되었다. 따라서 이제부터할 설명은 종합저축에만 해당된다.

4 | 주택청약 1순위 자격 조건 및 가장 효율적인 주택청약종합저축 납입 방법은?

① 처음으로 아파트 입주자 모집 공고가 나는 날 현재 해당 지역이나 인근 지역에 거주하는 만 19세 이상이어야 한다. 참고로 인근 지역으로 함께 묶이는 곳은 수도권(서울, 인천, 경기), 충청권(대전, 세종, 충남), 전남권(광주, 전남), 경북권(대구, 경북), 부울경이다. 이

렇게 해당 지역과 인근 지역에 속하지 않는다면 청약할 수 없다. (다만 세종시는 전국 청약이 가능하다.)

또한 과거 5년 이내 당첨 이력이 있거나 2주택 이상 소유한 세대 구성원이 있으면 불가하다. 즉 직장 초년생이라면 우선 단독 세대주가 되는 것이 굉장히 중요하다. 이는 밑줄 치고, 별을 다섯 개 정도 그려야 할 정도의 얘기다. 천운으로 당첨되고서 다른 가족 구성원이 유주택 또는 기존에 당첨받은 사실로 인해 부적격 통지를 받은 사례를 여러 번 보았다.

② 청약통장 가입 기간

- 투기과열지구 및 청약과열 지역에서는 가입 후 2년 경과
- 투기과열지구 및 청약과열 지역, 위축 지역 외 수도권 지역 가입 후 1년 경과, 수도권 외 지역은 가입 후 6개월 경과(단 연장도 가능하기 때문에 반드시 해당 지자체 또는 입주자 모집 공고문에서 확인 필요.)
- 위축 지역 : 1개월

③ 납입금 기준

i) 국민주택의 경우

- 투기과열지구, 청약과열 지역은 24회 이상 납부
- 위축 지역은 1회 납부
- 투기과열지구 및 청약과열 지역, 위축 지역 외의 수도권 지역은 12회, 수도권 외 지역은 가입 후 6회(단 시·도지사에 따라

수도권은 24회, 수도권 외 지역은 12회로 연장 가능.)

ii) 민영주택의 경우 (단 청약부금 가입자는 85㎡ 이하 민영주택만 가능.)

■ 표 05-02. 지역/전용면적별 예치 금액

구분	서울/부산	기타 광역시	기타 시 · 군
85㎡ 이하	300	250	200
102㎡ 이하	600	400	300
135㎡ 이하	1,000	700	400
모든 면적	1,500	1,000	500

(단위 : 만 원)

여기에서 예치 기준 금액은 청약자의 입주자 모집 공고일 현재 주민등록표상 거주 지역 기준이다. 그렇다면 경기도에 사는 사람이 서울의 전용면적 99㎡ 아파트에 청약을 신청하려면 얼마가 예치되어 있어야 할까? 주택청약 초보들이 많이 헷갈리는 부분이다. 바로 300만 원이다. 경기도는 기타 시·군에 해당하기 때문이다. 또 중요한 것은 자신이 청약하고자 하는 주택의 지역과 전용면적에 대한 예치금액이 반드시 입주자 모집 공고일 전날까지 통장에 들어 있어야 한다. (주택청약종합저축통장은 입주자 모집 공고일 당일까지 예치금 입금이 인정된다.) 모집 공고일이 지나고 나서 예치금을 넣으면 아무 소용이 없기 때문에 입주자 모집 공고일을 미리 체크해야 한다.

④ 가장 효율적인 주택청약종합저축통장 납입 방법은 매달 10만 원씩 납입하는 것이다. 앞서 [표 05-01]에서 보았듯이 주택청약종

합저축통장은 매월 2~50만 원까지 납입할 수 있다. 그러나 입주자 선정 시 공공 분양의 1회 최대 납입 인정액이 10만 원까지이기 때문에 굳이 50만 원을 넣을 필요가 없다. 10만 원이면 충분하다. 또한 투기 및 청약과열지구에서 국민주택과 민영주택은 둘 다 청약 가입 2년 이상 경과해야 한다. 납입 횟수도 중요하기 때문에 꾸준히 넣어야 한다. 그러면서 민영도 노려야 하기 때문에 가입 후 1년 또는 2년이 지나면(본인의 거주지가 투기·청약과열지구에 따라서 다름) 부족한 예치금을 미리 넣어 둘 필요가 있다.

5 | 당첨 확률을 확 높이는 방법, 특별공급이란?

특별공급은 다자녀 가구, 신혼부부, 국가유공자, 노부모 부양자 등 정책적 배려가 필요한 사회계층이 분양(임대)받을 수 있도록 주택 마련을 지원해 주는 제도다. 일반 분양보다 당첨 가능성이 훨씬 높기 때문에 본인 또는 가족이 해당되는 경우인지 반드시 살펴봐야 한다.

특별공급을 받기 위해서는 다음의 요건을 갖추고 있어야 한다.

■ **표 05-03. 특별공급 입주자 선정 방법 등 요약**

구분		비율(최대)		신청 자격 및 입주자 선정 방법
		국민주택	민영주택	
계		85%	58%(공공) 50%(민간)	
기관추천	국가 유공자	5%	10%	국가보훈처장이 추천하는 유공자 또는 유족
	장애인, 중소기업 근로자 등	10%	10%	관련 기관의 장이 추천하는 장애인, 장기복무 군인, 중소기업 근로자 등

다자녀 특별공급	10%	10%	미성년 자녀 3명 이상(태아, 입양 포함.)	가구당 월평균 소득 120% 이하(공공 분양)
노부모 부양 특별공급	5%	3%	• 일반 공급 1순위, 65세 이상 직계존속을 3년 이상 부양한 자 • 가구당 월평균 소득 120% 이하(공공 분양)	국민주택 순차별, 민영주택 가점제순으로 입주자를 선정하되 동점일 경우 추첨
신혼부부 특별공급	30%	20%	• (공통) 혼인 기간 7년 이내 무주택 세대 구성원(혼인신고일부터 공고일까지 계속 무주택) • (국민주택) 월평균 소득 100%(맞벌이 120%) 이하 • (민영주택) 월평균 소득 120%(맞벌이 130%) 이하 • 공급 물량의 70%는 기존 소득 요건 적용, 나머지 30%는 소득 요건 완화[국민 130%(맞벌이 140%), 민영 140%(맞벌이 160%)]하여 공급	• 소득 기준에 따라 물량 배정(우선 70%, 일반 30%) 후 각각의 물량을 아래 순위에 따라 선정 – 1순위 : 자녀가 있는 자(임신, 입양 포함.) – 2순위 : 1순위가 아닌 자 • 동일 순위 경쟁 시 처리 ① 해당 지역 거주자 ② 자녀 수가 많은 자 ③ 추첨
생애 최초 특별공급	25%	공공 택지 15% 민간택지 7%	• (공통) 세대원 모두 주택 소유 이력이 없을 것, 일반 공급 1순위, 혼인 중이거나 미혼인 자녀가 있는 자, 근로자 또는 자영업자로 5년 이상 소득세 납부자 • (국민주택) 월평균 소득 100% 이하 • (민영주택) 월평균 소득 130% 이하 • 공급 물량의 70%는 기존 소득 요건 적용, 30%는 소득 요건을 완화(국민 130%, 민영 160%)하여 공급	소득 기준에 따라 물량 배정(우선 70%, 일반 30%) 후 각각의 물량을 추첨으로 선정
* 투기과열지구에서 공급되는 주택 중 분양 가격이 9억 원을 초과하는 주택은 특별공급 대상에서 제외.				

출처 : 국토교통부

- 국민주택 : 주택청약종합저축에 가입하여 6개월이 지나고, 매월 약정 납입일에 월 납입금을 6회 이상 납입했을 것
- 민영주택 : 주택청약종합저축에 가입하여 6개월이 지나고, [표 05-02]의 예치 기준 금액에 상당하는 금액을 납입했을 것(단 국가유공자 및 유가족, 장애인특별공급은 입주자 저축 요건을 갖추고 있지 않아도 신청 및 당첨이 가능하다.)

이외에도 행복도시, 혁신도시 등에 공급하는 이전기관종사자 등에 대한 특별공급, 외국인 투자 촉진을 위한 외국인 특별공급 등이 있다. 그리고 신혼부부 특별공급과 생애최초 특별공급은 월평균 소득 기준이 별도로 있으니 유의해야 한다. 2022년도 도시 근로자 월평균 소득금액은 2021년 소득금액을 가지고 사용한다.

참고로 본인의 월평균 소득은 국민건강보험공단 홈페이지의 직장보험료 개인별 조회에서 찾아볼 수 있다. 기타 자세한 내용은 입주자 모집 공고문에 기재되어 있으니 청약 시 꼼꼼히 확인해야 한다.

■ **표 05-04. 2021년 도시 근로자 월평균 소득 기준**

소득 비율	가족 구성원 수			
	3인 이하	4인 가구	5인 가구	6인 가구
100%	6,208,934	7,200,809	7,326,072	7,779,825
120%	7,450,721	8,640,971	8,791,286	9,335,790
130%	8,071,614	9,361,052	9,523,894	10,113,773

(단위 : 원)

6 | 당첨 확률을 높이는 또 하나의 방법, 당해

청약 신청을 위해서는 해당 주택 건설 지역에 거주하고 있어야 한다. 주택 건설 지역은 해당 지역(당해 지역)과 인근 지역(기타 지역)으로 나뉜다. 해당 주택 건설 지역(당해 지역)은 주택이 건설되는 시, 군 등 행정구역을 뜻하며 서울시, 인천시, 강원도 춘천시 등이다. 인근 지역(기타 지역)은 앞에서 설명한 것처럼 수도권(서울, 인천, 경기), 충청권(대전, 세종, 충남), 충북권(충북), 전남권(광주, 전남), 전북권(전북), 경북권(대구, 경북), 부울경(부산, 울산, 경남), 강원권(강원도) 지역들이 한 그룹으로 묶인다. 한 예로 서울에 아파트 청약을 한다면 서울, 인천, 경기도 거주자는 청약이 가능하나 '당해'는 서울 거주자이며 우선순위가 주어진다. 즉 기타 지역 거주자에게 돌아오는 물량이 거의 없기 때문에 당첨 가능성이 상당히 낮을 수밖에 없다.

다만 수도권 내 대규모 택지개발지구(66만㎡ 이상)와 세종시는 별도의 기준을 적용한다. 3기 신도시는 대부분 수도권 내 대규모 택지개발지구에 해당하기 때문에 이 부분을 이해하는 것이 상당히 중요하다. 만일 주택 건설 지역이 서울 또는 인천인 경우에는 해당 지역 거주자에게 일반 공급 물량의 50%를 우선 공급하고 나머지 50%를 기타 지역 거주자에게 공급한다. 그리고 주택 건설 지역이 경기도인 경우 해당 지역에 30%, 그 외 경기도에 20%를 우선 공급한 뒤, 나머지 50%를 기타 지역 거주자에게 공급하게 된다. 예를 들면, 시흥 은계지구 아파트 공급 시 30%(시흥 당해), 20%(시흥 당해 낙첨자와 경기도 거주자), 50%(이전 낙첨자+수도권 거주자)순으로 우선 공급이 진행된다.

"3기 신도시 사전청약 앞두고 현지 돌아보니 전세 매물 씨가 말랐다" (조선비즈, 2021. 7. 7)

"전세 매물이 거의 없어요. 가끔 나오긴 하는데 나오는 족족 다 나가죠." 지난 6일 부천 대장·고양 창릉·인천 계양 등 3기 신도시 인근 공인중개사무소를 돌며 전세물건이 좀 있냐고 물어보자 똑같은 대답이 나왔다. 정부가 부동산 시장 안정을 위해 총력을 다하고 있는 3기 신도시지만, 현장에서는 오히려 당장은 예정 부지 일대의 전세난을 가중하고 있다고 입을 모았다. 사전청약 자격을 얻기 위해 사람들이 몰린 여파다.

"예비 청약자 몰리는 3기 신도시, 전셋값이 뛴다."(헤럴드경제, 2021. 2. 27)

경기 하남과 남양주, 고양 등 3기 신도시가 들어서는 지역의 전셋값 오름세가 꺾이지 않고 있다. 3기 신도시 청약을 노리는 무주택자가 몰리고 있어서다. (중략) KB국민은행 리브온에 따르면 정부가 3기 신도시에 대한 사전청약 방침을 발표한 지난해 5·6대책 이후 이들 지역 아파트 전셋값 상승률은 인천을 제외한 4곳에서 전국 평균치를 상회했다. 특히 고양(13.75%)과 남양주(16.05%), 하남(15.44%)의 경우 10%대 중반으로 평균보다 5%포인트 이상 높았다.

이렇게 당해 지역에 높은 물량이 배정되다 보니 많은 무주택자가 대규모 청약이 예정된 관심 지역으로 전세를 얻기 위해 몰린다는 기사도 여러 차례 나온 바 있다. 혹시 아무런 준비 없이 막연하게 청약 넣으면 되겠지 하고 기다렸던 무주택자라면 본인의 현재 상황을 감안하여 이사를 고려해 볼 필요도 있다.

끝으로 입주자 모집 공고일 현재 해당 주택 건설 지역에 거주하고 있더라도 해당 지역 거주 기간을 확인해 봐야 한다. 수도권 투기과열지구의 경우는 2년의 거주 기간을 충족해야 한다. 만일 서울 아파트에 청약하려고 했으나 2년 미만의 거주자라면 우선공급 대상자가 아니니다. 이때는 인천·경기와 같은 기타 지역으로 신청해야 한다.

7 | 당첨자 선정 기준은?

혹시 앞에서 청약저축통장을 가지고 있으면서, 납입 인정 금액이 높다면 반드시 활용하라고 했던 것을 기억하는가? 바로 국민주택의 당첨자 선정 기준이 전용 40㎡를 초과하는 경우 3년 이상의 무주택 세대 구성원으로서 저축 총액이 많은 자이기 때문이다. 바로 이 점 때문에 10만 원씩 꾸준히 넣는 것이 중요하다. 청약저축통장 가입자라면 더 말할 필요가 없다.

반면 민영주택은 1순위 내에서 가점 및 추첨제로 입주자를 선정한다. 가점제는 무주택 기간, 부양가족, 청약통장 가입 기간 등을 감안하여 점수가 높은 신청자순으로 공급된다. 가점제와 추첨제의 선정 비율은 아래와 같다. 그러나 정부 정책의 변경, 지자체의 방침 등에 의해 바뀔 수 있기 때문에 청약 전에 입주자 모집 공고문을 통해 세부적인 내용을 반드시 확인해야 한다.

참고로 청약홈 홈페이지(모집 공고단지 청약 연습 → '청약가점계산기' 메뉴)에서 본인의 가점 점수도 알 수 있으니 참고하기 바란다.

■ **그림 05-01. 민영주택 가점제/추첨제 선정 비율**

주거 전용 면적	투기과열 지구	청약과열 지역	수도권 내 공공주택지구	85㎡ 초과 공공 건설 임대주택	그 외 주택
85㎡ 이하	가점제 : 100% 추첨제 : 0%	가점제 : 75% 추첨제 : 25%	가점제 : 100% 추첨제 : 0%	-	가점제 : 40%(~0%) (시장 등이 40% 이하로 조정 가능) 추첨제 : 60~100%
85㎡ 초과	가점제 : 50% 추첨제 : 50%	가점제 : 30% 추첨제 : 70%	가점제 : 50%(~0%) (시장 등이 50% 이하로 조정 가능) 추첨제 : 0%(~100%)	가점제 : 100% 추첨제 : 0%	가점제 : 0% 추첨제 : 100%

출처 : 청약홈

8 | 투기과열지구, 청약과열 지역은?

앞서 살펴보았듯이 투기과열지구와 청약과열 지역 등은 가점제와 추첨제의 물량 비율 기준이 다르다. 2022년 4월 현재 투기과열지구와 청약과열 지역은 어디인지 살펴보자.

이러한 규제 지역에서 1순위는 세대주만 신청이 가능하다. 그리고 무주택자를 우선 선발하기 때문에 1주택자도 신청은 가능하나 미달이 나오지 않는 한 추첨제가 아니면 거의 당첨이 불가능하다고 보면 된다. 청약통장 가입 기간도 24개월이 경과해야 한다. 다만 해당 지역에 대한 규제는 바뀔 수 있기 때문에 반드시 청약 전에 입주자 모집 공고문을 꼼꼼히 검토해야 한다.

■ 그림 05-02. 청약과열 지역 현황

지역	지정 지역
서울특별시	전역(25개구)
경기도	전역(일부 지역* 제외) *남양주시(화도읍·수동면·조안면), 용인시 처인구(포곡읍, 모현·백암·양지·원삼면 가재월·사암·미평·좌항·두창·맹리), 안성시(일죽·죽산·삼죽·미양·대덕·양성·고삼·보개·서운·금광면), 광주시(초월·곤지암읍, 도척·퇴촌·남종·남한산성면), 양주(백석읍, 남·광적·은현면), 김포시(통진읍, 대곶·월곶·하성면), 파주(문산·파주·법원·조리읍, 월롱·탄현·광탄·파평·적성·군내·장단·진동·진서면), 연천시, 동두천시(광암·걸산·안흥·상봉암·하봉암·탑동동), 포천시, 가평시, 양평시, 여주시, 이천시
인천광역시	중구(을왕·남북·덕교·무의동 제외), 동구, 미추홀구, 연수구, 남동구, 부평구, 계양구, 서구
부산광역시	해운대구, 수영구, 동래구, 연제구, 남구, 서구, 동구, 영도구, 부산진구, 금정구, 북구, 강서구, 사상구, 사하구
대구광역시	수성구, 중구, 동구, 서구, 남구, 북구, 달서구, 달성군(가창·구지·하빈면, 논공·옥포·유가·현풍읍 제외)
광주광역시	동구, 서구, 남구, 북구, 광산구
대전광역시	동구, 중구, 서구, 유성구, 대덕구
울산광역시	중구, 남구
세종특별 자치시	행정 중심 복합도시 건설 예정 지역
충청북도	청주시(낭성·미원·가덕·남일·문의·남이·현도·강내·옥산·북이면, 내수읍 제외)
충청남도	천안시 동남구(목천읍, 풍세·광덕·북·성남·수신·병천·동면 제외)·서북구(성환·성거·직산읍, 입장면 제외), 논사니(강경·연무·성동·광석·노성·상월·부적·연산·벌곡·양촌·가야곡·은진·채운면 제외), 공주시(유구·이인·탄천·계룡·반포·의당·정안·우성·사곡·신풍면 제외)
전라북도	전주시 완산구 · 덕진구
전라남도	여수시(돌산읍, 율촌·화양·남·화정·삼산면 제외), 순천시(승주읍, 황전·월등·주암·송광·외서·낙안·별량·상사면 제외), 광양시(봉강·옥룡·옥곡·진상·진월·다압면 제외)
경상북도	포항시 남구(구룡포·연일·오천읍, 대송·동해·장기·호미곶면 제외), 경산(하양·진량·압량읍, 와촌, 자인·용성·남산·남천면 제외)
경상남도	창원시 성산구

출처 : 청약홈

■ 그림 05-03. 투기과열지구 지정 현황

지역	지정 지역
서울특별시	전역(25개구)
경기도	광명시, 과천시, 성남시 분당구 · 수정구, 하남시, 수원시, 안양시, 안산시 단원구, 구리시, 군포시, 의왕시, 용인시 수지구 · 기흥구, 화성시(동탄2만 지정)
인천광역시	연수구, 남동구, 서구
대구광역시	수성구
대전광역시	동구, 중구, 서구, 유성구
세종특별자치시	행정 중심 복합도시 건설 예정 지역
경상남도	창원시 의창구(대신면 · 동읍 · 북면* 제외) * 북면감계 · 무동지구는 투기과열지구 유지

출처 : 청약홈

9 | 무순위/잔여 세대 청약

끝으로 일명 '줍줍'이라 불리는 무순위/잔여 세대 청약 관련이다. 입주자 선정 이후 부적격, 계약 해지 등으로 잔여 물량이 발생했으나 예비 입주자 소진, 지위 기간 경과로 예비 입주자가 없는 경우 공급 방법을 말한다. 주의할 것은 2021년부터 무주택자를 보호하는 취지로 무순위 물량 청약 자격이 개정되었다. 때문에 주택 소유 시 청약이 불가능하고, 해당 주택건설 지역 거주자만 신청이 가능하다. 그리고 규제 지역인 경우 재당첨 제한 등이 적용됨을 반드시 유의해야 한다.

3기 신도시와 사전청약 주요 내용 요약

수도권의 주택 가격이 계속해서 치솟자 정부는 2018년 9월과 12월에 「수도권 주택 공급 확대 방안」에서 수도권 주택 시장 및 서민 주거 안정을 위한 공공주택지구들을 발표한다. 발표된 사업지구들을 살펴보면 다음과 같다.

3기 신도시(330만㎡ 이상)

지구명	남양주		하남 교산	인천 계양	고양 창릉	부천 대장	광명 시흥	의왕 · 군포 · 안산	화성 진안
	왕숙	왕숙2							
면적(만 ㎡)	865	239	631	333	789	342	1,271	586	452
호수(천 호)	54	14	33	17	38	20	70	41	29

대규모 택지(100만㎡ 이상)

지구명	과천	안산 장상	인천 구월2	화성 봉담3
면적(만 ㎡)	169	221	220	229
호수(천호)	7	15	18	17

2022년 사전청약 위치 및 추진 일정은 사전청약 홈페이지에서 아래와 같이 확인할 수 있다.

이 중 일부는 공급 효과를 조기에 달성하기 위해 사전청약으로 이루어지고 있다. 사전청약은 본청약 1, 2년 전에 당첨자를 미리 선정하는

■ **그림 05-04. 사전청약 위치 및 추진 일정**

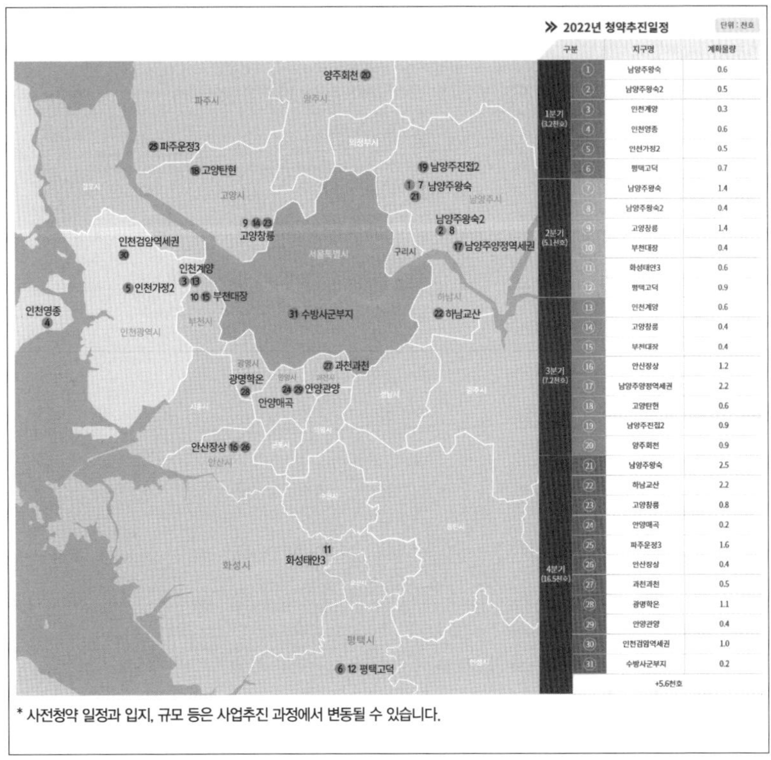

» 2022년 청약추진일정 (단위 : 천호)

구분		지구명	계획물량
1분기 (3.2천호)	①	남양주왕숙	0.6
	②	남양주왕숙2	0.5
	③	인천계양	0.3
	④	인천영종	0.6
	⑤	인천가정2	0.5
	⑥	평택고덕	0.7
2분기 (5.1천호)	⑦	남양주왕숙	1.4
	⑧	남양주왕숙2	0.4
	⑨	고양창릉	1.4
	⑩	부천대장	0.4
	⑪	화성태안3	0.6
	⑫	평택고덕	0.9
3분기 (7.2천호)	⑬	인천계양	0.6
	⑭	고양창릉	0.4
	⑮	부천대장	0.4
	⑯	안산장상	1.2
	⑰	남양주양정역세권	2.2
	⑱	고양탄현	0.6
	⑲	남양주진접2	0.9
	⑳	양주회천	0.9
4분기 (16.5천호)	㉑	남양주왕숙	2.5
	㉒	하남교산	2.2
	㉓	고양창릉	0.8
	㉔	안양매곡	0.2
	㉕	파주운정3	1.6
	㉖	안산장상	0.4
	㉗	과천과천	0.5
	㉘	광명학온	1.1
	㉙	안양관양	0.4
	㉚	인천검암역세권	1.0
	㉛	수방사군부지	0.2
		+5.6천호	

* 사전청약 일정과 입지, 규모 등은 사업추진 과정에서 변동될 수 있습니다.

출처 : 사전청약 홈페이지

제도다. 사전 입주자 모집(사전청약)의 조건은 일반 입주자 모집 조건과 동일하며, 공급 대상자별 일반 공공 분양 자격 사항 요건은 아래의 표와 같다.

사전청약 대상 주택은 공공이 건설하는 85㎡ 이하의 공공주택으로 청약저축 또는 주택청약종합저축 가입자만 신청이 가능하다. 즉 청약예·부금 가입자는 사전청약을 신청할 수 없다. 그리고 사전청약에 당

■ 표 05-04. 공급 대상자별 자격 사항 요건

신청 자격	특별공급					일반 공급	
	기관 추천	다자녀 가구	신혼 부부	노부모 부양	생애 최초	1순위	2순위
공통	무주택 세대 구성원, 수도권(서울특별시, 인천광역시, 경기도) 거주자						
입주자 저축	6개월, 6회 이상 *국가유공자, 장애인은 입주자 저축 불필요	6개월, 6회 이상	6개월, 6회 이상	투기 과열 및 청약 과열 지역 입주자 저축 1순위 적용 기준* 충족	투기과열 및 청약과열 지역 입주자 저축 1순위 적용 기준* 충족 ※ 선납금 포함, 600만 원 이상	투기 과열 및 청약 과열 지역 입주자 저축 1순위 적용 기준*	입주자 저축 2순위(입주자 저축 1순위에 해당되지 않는 입주자 저축 가입자)
자산 요건 (부동산 : 215,500,000원 자동차 : 35,570,000원)	미적용	적용	적용	적용	적용	신청 주택형 60㎡ 이하만 적용	신청 주택형 60㎡ 이하만 적용
소득 요건	미적용	적용	적용	적용	적용	적용 (신청 주택형 60㎡ 이하만 적용)	적용 (신청 주택형 60㎡ 이하만 적용)
세대주 요건	미적용	미적용	미적용	적용	적용	적용	미적용
* 투기과열 및 청약과열 지역 입주자 저축 1순위 적용 기준: ①~③ 모두 충족하여야 함. ① 2년 경과, 24회 이상 납부, ② 세대주, ③ 5년 이내 세대 구성원 전체 당첨 사실 없음.							

※ 2022년 4월 사전청약 모집 지구 모두 투기과열 및 청약과열 지역
출처 : 사전청약 홈페이지

첨될 경우 본청약(입주자 선정)까지 무주택 세대 구성원 자격을 유지해야 한다. 중간에 혼인으로 인한 주택 소유도 유주택으로 판단함을 유의해야 한다.

끝으로 사전청약 입주자 모집 공고 시 제시된 추정 분양가는 사전청약 공고 시점에 실제 산정이 불가하여 추정한 가격으로 추후 변동이 예상되며, 실제 분양가는 본청약 시 제공된다.

스마트하게 아파트 청약하기

청약에 대해 기초 공부를 했다면 이제부터 실전에 들어가 보자. 청약 당첨 확률을 높이기 위해서는 정보 획득이 기본이다. 지금부터 필자가 알려 주는 순서대로 공부하다 보면 훨씬 스마트한 방법으로 청약도 할 수 있고, 당첨 확률도 높일 수 있을 것이다.

가장 먼저 할 일은 올해 아파트 분양 계획을 확인하는 것이다. 닥터아파트의 '분양' 메뉴에서 조회할 수 있으며, 지역별로 세분화해서도 볼 수 있다.

1년간의 분양 계획을 보고 본인의 청약 일정을 미리 예상할 수 있다. 그런데 분양 계획은 건설사의 사정 등에 의하여 언제든 연기될 수 있고, 바쁘게 생활하다 보면 분양 일정을 놓치는 실수를 할 수도 있다. 이렇게 매일매일 확인하기 어려운 청약 대기자들을 위해 청약홈의 '청약알리미 서비스'를 추천한다. 개인정보 이용 동의, 관심 지역 정보 설정 등을 입력하면 된다. 여기에는 부적격, 계약 해지 등으로 인한 무순위/잔여 세대 청약(소위 '줍줍')의 알림 정보도 포함된다. 신청만 해 놓으면 모집 공고가 있을 때마다 문자로 알려 주기 때문에 분양을 놓치는 실수를 줄일 수 있다.

이번에는 아실의 분양과 관련한 기능들을 함께 살펴보자. 아실에서는 최근 조회가 급등한 단지를 확인할 수 있다. 아무래도 청약 접수 또는 발표 등의 이벤트가 있는 단지들이 우선순위에 있다. 그래도 비슷한 이벤트가 있는 단지들을 비교해 보면 높은 순위에 있는 단지들이 더 인기가 있다고 추정해 볼 수도 있다.

이 중에서 관심 있는 아파트 단지를 클릭하면, 그 아파트에 대한 거의 대부분의 정보가 제시되어 있다. 아실의 정말 강력한 기능이라고 할 수 있다.

■ **그림 05-05. 2022년 아파트 분양 계획**

위치	사업명	공급면적(㎡)	전용면적(㎡)	총가구수(일반분양)	분양시기	사업구분	시공사(문의)
서구 마륵동 산5-1 지도보기	광주 서구 마륵동 골드클래스 관심단지등록	미정	111~119	(191)	2021-02	아파트	보광종합건설 (062-233-3999)
		소계	-	191 (191)			
과천시 갈현동 과천지식정보타운 S8블록	과천지식정보타운 S8블록 신혼희망타운(공공분양) 관심단지등록	미정	60이하	(227)	2021-05	아파트	LH 신동아건설 우미건설 (1600-1004)
		소계	-	227 (227)			
동두천시 지행동	센트레빌	109A	84	(294)			동부건설

출처 : 닥터아파트(2022. 5. 2)

[그림 05-06]부터 [그림 05-09]까지 보면 주변 단지와의 가격 비교를 통한 경쟁력 분석, 기존 분양 단지의 당첨 커트라인 등을 알 수 있다. 그 뿐만 아니라 아실의 장점인 빅데이터 분석을 통해 주변 공급 물량 및 미분양 현황, 주변 아파트 가격 흐름 등을 확인할 수 있다. 이를 통해 분양 아파트의 장단점을 파악할 수 있고, 청약 신청 여부를 구체적으로 판단해 볼 수 있다. 이외에도 건설 예정 부지 현장, 모델하우스, 인근 공인중개사 사무실 등에도 직접 방문하여 정보를 얻을 수도 있다. 물론 앞장에서 설명한 지역과 아파트 고르는 방법들도 함께 참고하면 큰 도움이 될 것이다. 이런 과정을 거쳐 아파트 청약 신청에 대한 확신

■ 그림 05-06. 아실 분양 조회 급등 화면

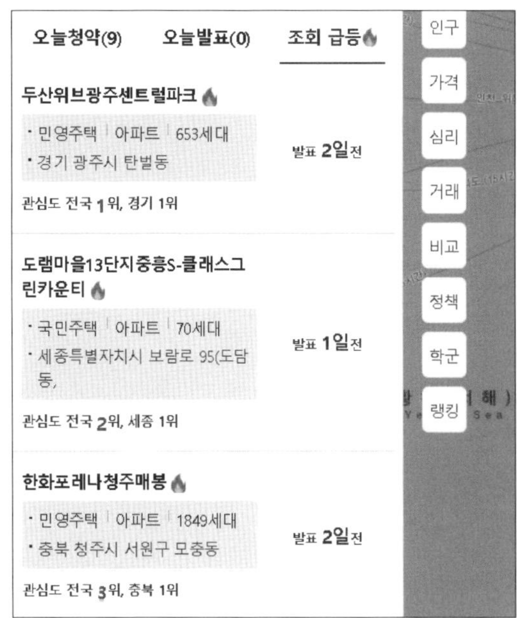

출처 : 아실(2022. 5. 2)

■ 그림 05-07. 아파트 분양 정보

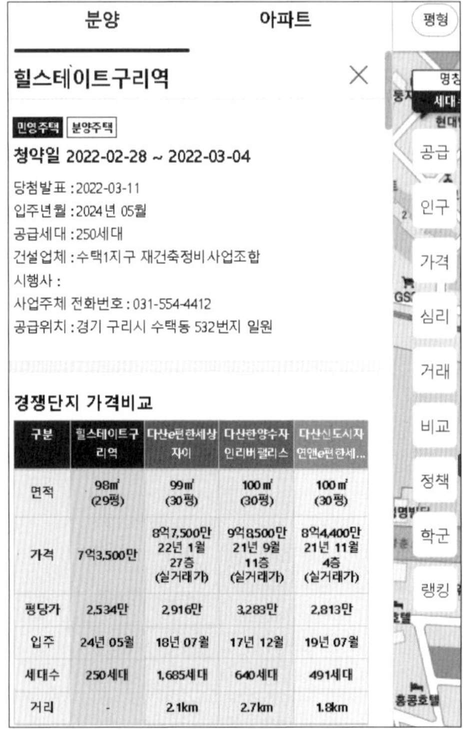
분양 아파트 평형

힐스테이트구리역

민영주택 분양주택

청약일 2022-02-28 ~ 2022-03-04

당첨발표 : 2022-03-11
입주년월 : 2024년 05월
공급세대 : 250세대
건설업체 : 수택1지구 재건축정비사업조합
시행사 :
사업주체 전화번호 : 031-554-4412
공급위치 : 경기 구리시 수택동 532번지 일원

경쟁단지 가격비교

구분	힐스테이트구리역	다산e편한세상자이	다산한양수자인리버팰리스	다산신도시자연앤e편한세...
면적	98㎡ (29평)	99㎡ (30평)	100㎡ (30평)	100㎡ (30평)
가격	7억3,500만	8억7,500만 22년 1월 27층 (실거래가)	9억8500만 21년 9월 11층 (실거래가)	8억4,400만 21년 11월 4층 (실거래가)
평당가	2,534만	2,916만	3,283만	2,813만
입주	24년 05월	18년 07월	17년 12월	19년 07월
세대수	250세대	1,685세대	640세대	491세대
거리	-	2.1km	2.7km	1.8km

출처 : 아실(2022. 5. 2)

■ 그림 05-08. 주변 단지 당첨 커트라인

주변 분양단지 당첨커트라인

59타입 74타입 84타입

구분	힐스테이트구리역	구리인창대원칸타빌
당첨가점	예측	19점
면적	108㎡ (32평)	111㎡ (33평)
분양가	8억만	6억510만
평당가	2,500만	1,833만

출처 : 아실(2022. 5. 2)

■ 그림 05-09. 빅데이터 분석

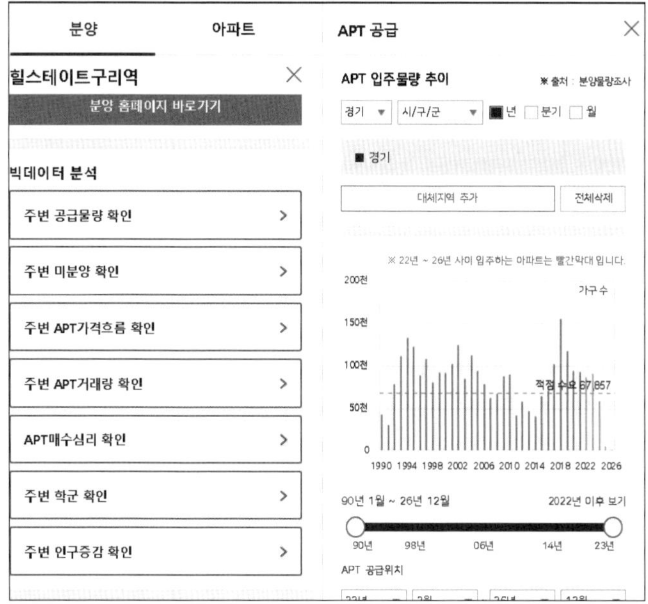

출처 : 아실(2022. 5. 2)

이 들면 '청약홈' 홈페이지를 방문해 볼 것을 추천한다. 홈페이지 내에서 모집 공고 단지의 청약도 미리 연습해 볼 수 있고, 청약 가점을 계산해서 자신의 당첨 가능성도 예측해 볼 수 있다.

만일 아파트 자체는 마음에 드는데 주변 아파트의 당첨 커트라인을 감안할 때 가능성이 애매한 수준이라면 어떻게 해야 할까? 비선호 타입을 신청하는 것도 나쁘지 않다. 청약할 때는 타입의 차이가 커 보일 수 있지만 막상 살다 보면 아파트 타입이 아주 이상하지 않고서야 주거에 크게 지장도 없고, 특수 조망 타입 등을 제외하면 시세도 어차피 비슷해진다. 호갱노노, 아실, 청약홈 등에서 제공하는 정보들을 이용하면 이런 식으로 나만의 청약 전략을 세울 수 있기 때문에 '묻지 마 청약'보다 훨씬 당첨 가능성을 높일 수 있다.

미분양 분양권으로 '내 집 마련'에 다가가기

지금까지 설명했던 지역 및 아파트 분석 방법 등을 활용하면 미분양 분양권도 '내집 마련'의 좋은 기회가 될 수 있다. 예를 들면, 청주 동남지구의 우미린 에듀포레의 경우 2019년 분양 당시에 엄청난 미분양을 기록했다. 전용 84㎡의 분양가가 3억 원 수준이었는데 현재 전매 제한으로 인해 매매가격은 알 수가 없다. 그런데 전세로 나와 있는 매물들의 가격이 3.8~4억 원 수준이다. 주변 시세를 감안하면 적정 매매가격이 평균적으로 약 5.5억 정도로 형성될 것으로 예상된다. 미분양 상황에서 분양권을 구입한 매수자들은 좋은 타이밍과 저렴한 가격에 '내집 마련'을 한 것이다. 청주 지역의 약 10년간의 매매와 전세 가격 흐름을 분석해 보면 다음과 같다.

청주는 인근 세종시 분양 물량 등의 영향으로 오랫동안 매매가격이 하락하는 모습을 보여 왔다. 그러나 2019년 중반부터 전세지수가 오히려 매매지수보다 위에 있는 것을 볼 수 있다. 즉 실수요가 상당히 두터웠다는 의미다. 게다가 전세 가격이 계속 상승을 하니 매매가격에 영향을 줄 수밖에 없다. 때문에 2021년 하반기까지 매매가격의 상승세가 전세 가격과 상당히 유사한 수준으로 상승하고 있다. 앞으로도 전세지

■ 표 05-05. 청주 매매·전세 가격 흐름

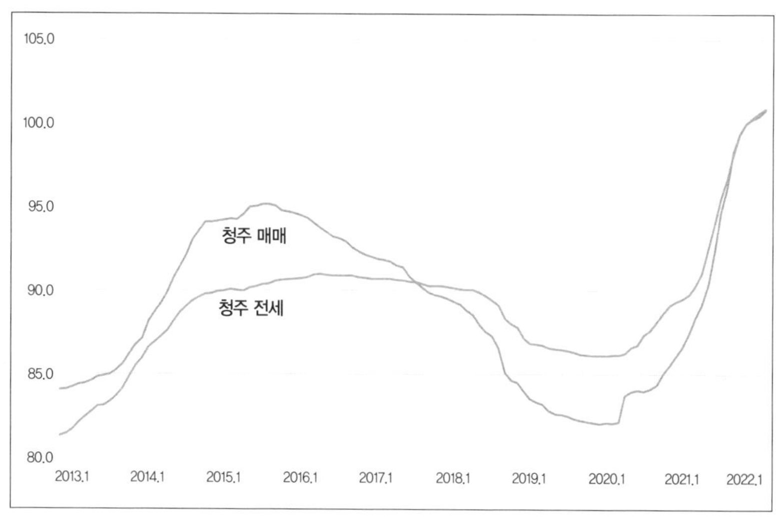

출처 : KB부동산

수가 하방을 단단하게 유지하는 한 매매가격이 하락할 가능성은 높지 않다. 청주에 사는 무주택자의 경우 사는 곳에 대한 지역 분석만 잘되어 있었다면 미분양 분양권으로 '내 집 마련'의 좋은 기회를 잡을 수 있었을 것이다. 다만 앞에서 설명한 대로 일명 '줍줍', 즉 무순위 물량 청약 자격은 이제 해당 주택 건설 지역 무주택자만 신청이 가능한 것으로 개정되었다. 이는 실수요 무주택자들에겐 큰 희소식이다. 따라서 이 기회를 적극적으로 활용해야 한다.

그런데 미분양 분양권은 어떻게 확인할 수 있을까? '청약홈'에서도 확인할 수 있지만 '호갱노노'의 '줍줍 알림' 기능을 활용하면 좋다. 무순위/잔여 세대 청약 단지 중에서 관심을 많이 받는 단지는 '인기'라고 표시된다. 간접적으로 우수 단지들을 추정해 볼 수 있다.

■ 그림 05-10. 호갱노노 전국 분양 정보(무순위)

출처 : 호갱노노(2022. 5. 2. 기준)

여기에서 종 모양은 '청약홈'의 '청약 알리미 서비스'와 같은 기능이다. 이 중에 관심 있는 단지를 클릭해서 들어가 보면 청약 접수 일정과 사후 무순위 공급 세대 등의 정보가 함께 표시된다.

단지를 확인하고 다시 '아실'의 아파트 분양 정보로 들어가서 빅데이터 분석 등을 통해 단지의 경쟁력 등을 확인해 본다. 참고로 '아실'에서는 분양이 완료된 아파트들의 정보도 삭제하지 않고 계속 제공하고 있다.

이외에 전매 제한이 풀려 거래 가능한 분양권을 매수하는 방법도 있

■ 그림 05-11. 무순위 청약 인기 단지(예시)

출처 : 호갱노노(2022. 5. 2. 기준)

다. 이 역시 지역만 잘 선택하면 저렴하게 프리미엄을 주고 '내 집 마련'을 할 수 있다. 다만 정부에서 투기과열지구, 조정대상 지역으로 지정한 곳은 분양권 전매를 제한하고 있다. 거기에다 분양가 상한제 적용 주택도 전매 제한이 따른다. 워낙 많은 지역에 전매 제한 규정이 적용되고, 적용 기간도 달라 일일이 확인하기가 쉽지 않다.

그러나 이런 복잡한 규정을 몰라도 쉽게 거래 가능한 분양권을 검색하는 방법이 있다. 바로 네이버부동산을 이용하는 것이다. 네이버부동산의 매물 검색에서 매수 관심 지역을 설정하고, 거래 대상을 '분양권'으로 검색하면 된다. 지도상에는 법적으로 거래 가능한 분양권만 표시되기 때문이다. 시범 삼아 강남구 개포동을 대상으로 분양권을 검색해 보니 '개포 프레지던스자이(전매 가능 매물, 2023. 2월 입주 예정)'가 떴다.

정리해 보자. 본인이 특별공급 자격이 되는지 우선 알아보고, 만일 해당이 되는 부분이 있다면 적극 활용한다. 청약저축통장이 있고 납입금액이 높다면 반드시 국민주택 분양 시 청약하라고 말하고 싶다. 또한 가점도 당첨 가능성도 낮다고 여겨진다면 철저한 지역 분석을 통해 무순위 청약 또는 전매 거래 가능 분양권 매수 등도 고려해 보길 바란다. 이도저도 쉽지 않다고 느낀다면 다음 장을 보도록 하자.

레버리지를 적절하게 활용하라

전국 지도를 주거 사다리로 만들어라

무주택자에게 '아파트 청약'이 가장 좋은 선택인 건 분명하다. 주변 시세보다 싸게 살 수 있으며, 계약금만으로 주택을 미리 구매할 수 있기 때문이다. 심지어 입주 시점 즈음에 매매가격은 물론이고 전세 가격이 분양가보다 비싼 경우도 많다. 리스크는 거의 없고 수익은 높으니 청약에 많은 무주택자가 몰리는 건 당연하다. 구체적으로 당첨 가능 수준을 가늠하기 위해 몇 가지 사례를 살펴보자.

우선 국민주택은 청약 납입 금액을 기준으로 당첨자를 선정한다. 3기 신도시의 4차 사전청약 전용면적 84㎡의 지역별 당첨 커트라인을 보면, 남양주 왕숙 B17(2220만 원), 고양 창릉(2470만 원), 고양 장항 (1990

만 원), 시흥 거모 (1280만 원) 수준이다. 최소 10년에서 보통 20년 이상 청약금액을 납입한 청약통장을 사용한 것이다. (납입금액이 높은 청약통장은 무조건 활용 1순위다.) 이 시기 동안 무주택으로 지내며 당첨된 사람들에게는 너무나도 귀한 '아파트 분양'이다.

민영주택은 추첨제와 가점제를 혼합한다. 추첨제의 경우 수도권이나 인기 지역의 민영주택 일반 청약 경쟁률은 기본적으로 수십 대 일에서 많게는 수백 대 일까지도 나온다. 가점제의 경우 2022년 초에 발표한 전용면적 84㎡의 당첨 커트라인을 보면 미아동 북서울자이폴라리스(58점), 평촌 자이아이파크(56점), 안암동 해링턴플레이스(69점), 오산 세교2지구 A1블록 호반써밋(57점) 등 보통 5~60점대 수준이다. 물론 입지의 선호도에 따라 점수 차이가 발생할 수 있다. 이 정도 수준이 되려면 4인 가족에 무주택 기간이 최소한 10년 이상(22점 이상)은 되어야 한다.

본인이 생애최초, 신혼부부, 다자녀, 노부모 부양 등의 특별공급에 해당된다면 적극 활용해야 한다. 그러나 일반 공급을 노리기엔 당첨 확률도 낮고, 무주택으로 최소 10년 이상을 지내야 하는 등 제약이 너무 많다. 게다가 1인 가구이거나 중간에 집을 팔았던 가구 등은 이보다 훨씬 더 청약이 힘들다. 그런데 야속하게도 주변 아파트 가격은 계속 오르고 있다. 이런 상황에서 무작정 '아파트 청약'만을 바라보며 기다리는 게 과연 합리적일까? '앞으로 당첨되려면 몇 년을 더 기다려야 할지 모르는데 그때까지 기다리느니 지금이라도 사야 하는 건 아닐까?' 아마 대부분의 무주택자가 똑같이 겪는 핵심 고민일 것이다. 이런 분들에게도 마냥 다시 한 번 청약을 기다리라는 건 너무나 무책임한 얘기다.

이럴 경우에 전세라는 레버리지를 이용해 미리 집을 사는 것도 하나의 방법이 될 수 있다. 여기에는 내가 일정 수준의 돈을 보유하고 있거나 얼마나 대출받을 수 있는지가 중요하다. 매수 희망 지역의 '매매가격'과 '전세 가격'의 차이만큼은 메울 수 있어야 하기 때문이다.

그렇다면 현재 주요 도시 아파트의 평균 매매·전세 가격은 얼마나 차이가 나는지 확인해 보자.

■ 표 05-06. 주요 도시 아파트 평균 매매-전세 가격 차이 비교

구분	2017년 1월			2022년 1월		
	매매	전세	매-전 차이	매매	전세	매-전 차이
서울	59,769	42,153	17,616	125,969	66,932	59,037
경기	28,497	25,252	3,245	61,331	38,950	22,381
인천	25,838	19,762	6,076	45,294	29,439	15,855
부산	28,406	19,655	8,751	45,012	25,957	19,055
대구	27,745	21,014	6,731	40,420	27,930	12,490
광주	22,336	17,342	4,994	32,078	22,099	9,979
대전	22,282	16,967	5,315	42,331	27,617	14,714
울산	25,743	18,746	6,997	33,219	23,327	33,196

(출처 : KB부동산, 금액 단위 : 만 원)

[표 05-06]을 보면 2017년 1월의 서울 아파트의 평균 매매가격은 6억 원 수준이었고, 평균 전세 가격은 4억 2000만 원으로 1억 8000만 원 정도만 있으면 전세를 끼고 내 집 마련을 할 수 있었다. 심지어 강남에도 전세를 끼고 약 2억으로 집을 살 수 있는 곳이 굉장히 많았다. 그러나 서울의 집값이 폭등하면서 2022년 1월 현재 평균 매매가격은 약 12억 6000만 원이고, 전세 가격은 6억 7000만 원이다. 갈수록 매매가격

과 전세 가격이 벌어지다 보니 이제는 약 6억 원의 돈이 있어야 그나마 전세라도 끼고 서울에 집을 살 수 있다.

매수 희망 지역의 매매·전세 가격 차이와 나의 재산 또는 대출 여력이 얼추 비슷한 경우에는 문제가 되지 않는다. 그런데 서울처럼 그 차이가 큰 경우는 어떻게 해야 할까? 미리 주택을 사 두기가 어렵다.

나는 그렇다면 차선책으로 과감하게 다른 지역의 아파트라도 구매하라고 권하고 싶다. 무작정 아무 때나 아무 곳이나 사라는 의미가 절대로 아니다. 특히 모두가 '상승'으로 들떠 있는 지역은 조심해야 한다. 언론과 주변에서 자산가치의 상승을 떠들어 대니 FOMO증후군(**Fear Of Missing Out**, 자신만 흐름을 놓치거나 소외되는 것에 대한 불안함)을 겪는 이들까지 있다고 한다. 그러나 값이 오른다고, 남들이 좋다고 하니 함께 흥분해서 덩달아 묻지도 따지지도 않고 뛰어드는 것은 금물이다. 막연한 공포감에 사로잡힌 폭락론도 경계해야 하지만 무조건적인 상승을 외치는 폭등론자도 조심해야 한다.

이미 앞서 지역별, 아파트별 고르는 노하우를 말했다. 여러분이 욕하는 '투기꾼'들이 실제로 쓰는 방법들이다. 그렇게 철저한 분석을 통해 구매한 아파트만이 '종잣돈'을 불리는 데 유용할 수 있다. 혹시 무주택자인 독자들 입장에서는 이런 의문을 품을 수도 있다. '실거주 목적이 아니면서 주택을 사는 것은 투기가 아닌가?' 나는 이 책의 파트 1에서 집은 사는 곳이면서 사는 것이라고 했다. 즉 부동산 시장은 재화라는 것을 인정해야 한다. (참고로 문재인 정부 부동산 대책 총괄이던 홍남기 전 경제부총리도 정무직인 국무조정실장로 재직하던 2017년에 본인이 거주하지 않는 세종시 나성동 주상복합을 이전기관특별공급으로 분양받아 현재 임대하고 있다. 향후 거주 계획 여부는 모르겠다. 그러나 최소한 자신의 주거지역 밖에 아파트를 두고 있는 것은 분명하다. 그리고 필자도 지방에 살면서 2015년에 운 좋게 약 1억 원의 투자금으로 강남의 50평짜리 아파트를 살 수 있었다. 그리고 지금의 자산을 일구는 종잣돈이 되었다.)

30대에 자수성가한 백만장자 사업가, 엠제이 드마코MJ DeMarco는 그의 저서 《부의 추월차선》에서 세 가지의 재무 지도—가난을 만드는 지도: 인도(人道), 평범한 삶을 만드는 지도: 서행차선 그리고 부자를 만드는 지도: 추월차선—를 언급한다. 이 중에서 인도를 걷는 사람들의 삶의 방식은 히치하이킹과 닮아 있다고 한다. 책에서 든 예시는 다음과 같다.

"무작정 남을 믿고 일이 제대로 풀리지 않을 때면 무작정 남을 비난한다. 행운에 대한 믿음과 우연에 기댄 생활, 비난하는 습관. 스스로 체제의 희생자라고 믿으며 정부(또는 다른 기관)가 자기들을 위해 더 일을 해야 한다고 믿는다."

독자들 중에 집값 잡겠다는 정부를 믿었는데 뜻대로 되지 않아 정부를 비난하는 무주택자가 있을 수 있다. 또한 당첨 가능성이 낮은데도 수십 대 일의 경쟁률을 뚫으리라는 기대감으로 '아파트 청약'을 계속 노리는 경우도 있다. 그런데 엠제이 드마코는 한 방을 노리지도, 인생을 남의 손에 맡기고 남 탓을 하지 말라고 충고한다.

되묻고 싶다. 서울에 살고는 싶은데 6억의 돈을 모을 수 있나? 살고 싶은 곳의 주택 가격이 계속 상승해서 더욱 격차가 벌어진다면 대처할 방법은 있나? '아파트 청약'은 갈수록 경쟁이 치열해지고 있는데, 원하는 지역에 당첨될 가능성은 얼마나 있는가? 쉽지 않은 상황이라고 하더라도 일단 자본주의에서 살아야 할 것 아닌가? 언제까지 막연하게 '아파트 청약'만 바라보거나 '주택 가격이 떨어지기'만 기다릴 수는 없다. 그렇다면 파트 4에서 설명한 노하우와 전국의 지도는 '내 집 마련'에 한 걸음 더 다가가게 해 주는 '주거 사다리'가 될 것이다.

다만 이 방법은 두 가지를 유의해야 한다. 첫 번째는 본인의 상황을 반드시 잘 따져 봐야 한다. 집을 사는 순간 수도권에서 청약되기란 거의 불가능에 가까워진다. 특히 생애최초 특별공급이나 신혼부부 특별공급 등의 기회도 날려 버릴 수 있다. 그래서 이 방법은 (청약저축 납입액 또는 청약가점 등을 고려했을 때 앞으로도 오랫동안) 청약으로는 당첨 가능성이 희박한 사람들에게만 추천한다. 무엇보다 무주택자에게는 청약이 가장 안전한 최선의 선택이기 때문이다.

두 번째, '주거 사다리'를 위해 지역을 선정할 때 가급적 광역시 또는 최소 인구 7~80만 이상의 도시를 고려해야 한다. 도시의 성장 차이에 따른 빈부격차를 다룬 책, 리처드 플로리다Richard Florida의 《도시는 왜 불평등한가》는 뉴욕, 런던, 도쿄, 서울 등 슈퍼스타 도시들은 높은 수준의 혁신을 창출하고, 자본과 투자를 끌어들이면서 부동산 가격을 폭등시키는 반면 교외 지역은 경제발전의 엔진이 식으면서 몰락한다는 내용을 담고 있다. 이 주장은 여러분이 주택을 매수할 때도 똑같이 적용된다. 인구가 너무 적은 도시 또는 교외 지역의 아파트는 작은 리스크에도 출렁일 수 있고, 팔 때 어려움이 있을 수 있다. 그렇기 때문에 가급적 도시 내의 가장 중심부 그리고 가장 비싼 아파트를 중심으로 매수하는 게 중요하다. 이때 해당 지역과 전출입 범위 안에 있는 지역의 입주 물량을 반드시 확인해야 함을 기억하라. 지역의 수요 대비 적정 물량보다 1~2년간 적다면 시기의 차이가 있을지라도 최소한 전세 가격은 반드시 오른다. 그리고 매매가격에도 영향을 줄 수 있다. 이러한 '상승분'이 바로 '주거 사다리'가 될 수 있을 것이다.

어쨌거나 우리나라에서 무주택자로 산다는 것은 무척 괴로운 일이다. 특히 50대 이후에도 (현금 이외에 다른 자산이 없으면서) 무주택이라는 건 노후에 빈곤으로 고생할 가능성이 상당히 높다는 의미다. 통계청이 2020년 9월에 발표한 '2020 고령자 통계'에 따르면 우리나라의 노인 빈곤률이 OECD에서 압도적으로 1위라고 한다. 물론 재산이 '집'에 묶여 있기 때문이라는 지적도 있지만 그나마 '집'이라도 없으면 어떻게 한단 말인가? ('집'은 역모기지론 등으로 유동화도 가능하다.) 노후 빈곤을 대비하기 위해 또는 '벼락거지'의 위험에서 벗어나기 위해 가장 먼저 해야 할 일은 하루라도 빨리 '내 집 마련'을 위해 공부하고 노력하는 것이다.

전세? 월세? 현명한 선택은?

독자들 중에 이런 의문이 들 수도 있다. 매수 희망 지역에 또는 다른 지역에 전세를 끼고라도 아파트를 어떻게든 꾸역꾸역 사는 것도 좋은 생각이다. 하지만 그렇게 큰돈을 들이고 나면 우리 가족은 어디에서 살란 말인가? 나도 어딘가에는 살아야 할 것 아닌가?

추천하는 방법은 목돈이 들어가는 전세금은 나의 자산이 될 '아파트'

를 사 두고, 목돈이 없어진 만큼 월세를 이용하는 것이다. 많은 분이 '전세는 2년 뒤에 돌려받는 돈이지만 월세는 꼬박꼬박 나가는 지출'이라는 부담을 갖고 있다.

이해를 돕기 위해 필자의 지인의 사례를 들어 보자. 지인은 전세와 월세 중에서 고민하고 있었고, 필자는 과감하게 그에게 월세를 추천했다. 그는 4년 계약으로 보증금 1억에 130만 원의 계약을 맺어 월세를 살고 있다. 지방임에도 그 정도면 월급쟁이 입장에서 그리 싼 편은 아니다. 실은 130만 원의 돈이 매달 나가는 것이 적잖은 부담이다. 4년을 꼬박 모으면 약 6000만 원이다.

그러나 전세로는 5억 원 이상의 목돈이 나갔어야 한다. '그가 만일 보증금 1억 원을 뺀 4억 원으로 4년 동안 6000만 원 이상의 돈을 벌 수 있을까?' 나의 대답은 'Yes'였다. 파트 4에서 이미 설명한 것처럼 주택 가격 상승이 예상되는 지역에 아파트를 사 놓는다면 최소한 4년 동안 6000만 원 이상의 수익을 거둘 수 있다는 확신을 가지고 있기 때문이다. 그리고 비축한 전세 보증금의 일부를 활용해 2019년 가을에 전세를 끼고 창원의 아파트를 매매할 것을 추천했다. 여기에서 잠깐 지인이 매수한 지역의 매매, 전세 가격 지수 흐름을 살펴보자.

인구 100만이 넘는 창원이라는 도시의 주요 지역 전세 가격 지수가 매매가격 지수보다 높은 것은 흔한 일이 아니다. 더군다나 성산구는 물론 창원시 주요 지역의 입주 물량이 부족한 것을 확인했다. 다행히 매매가격과 전세 가격 모두 올랐다. 심지어 전세 가격이 구입할 당시의 매매가격보다 올랐다. 게다가 세입자 모두 이사를 계획했기 때문에 새

■ 표 05-07. 창원시 성산구 매매·전세 가격 흐름

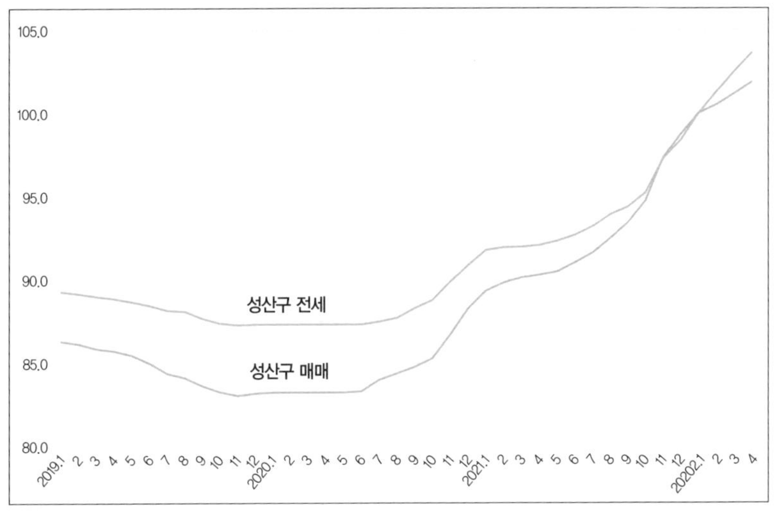

출처 : KB부동산

롭게 세입자들을 들일 수 있었다. 전세금을 시세보다 약간 낮게 받았음에도 이미 투자한 돈을 모두 회수하고도 남았다. 당연히 매매가격도 함께 상승했다. (독자분들에게 이 아파트를 사라고 부추기는 것은 아니기 때문에 구체적인 아파트 이름은 밝히지 않겠다.)

만일 지인이 현재 월세가 아닌 전세를 들어가서 4년 뒤에 4억을 받는다고 가정해 보자. 2022년 4월 현재 소비자물가지수는 전년 동월 대비 4.8%, 생활물가는 5.7% 상승했다. 이런 식으로 매년 4~5%의 물가지수 상승이 있다면 액면은 4억 원이지만 그만큼의 가치가 떨어진 돈을 받는 것이다. 이를 계산해 보면 나는 4년 뒤에 실제로는 약 3억 5600만 원에서 적게는 3억2900만 원을 되돌려 받는 것이라고 할 수 있다. (계산 공식은 4억 원/$(1+0.04)^4$~4억 원/$(1+0.05)^4$)이다.)

여기에서 핵심은 목돈은 '내 집 마련'을 해서 전세를 주고 여러분은 월세를 들어가라는 것이다. 모든 대출에는 이자가 있다. 하지만 전세금에는 이자가 없다. 무이자로 세입자의 돈을 빌려 레버리지 효과를 얻을 수 있는 것이다. 전세라는 제도의 본질은 세입자가 나에게 무이자로 대출해 주는 것이다. 게다가 전세가율이 높은 곳은 임차인이 훨씬 더 많은 비용을 부담하는 경우도 많다. 그런데 공동 투자를 해서 얻는 이익은 모두 임대인이 가져가는 구조다. 혹시 여러분이 전세를 살고 있다면 집주인의 집값 상승을 위해 무이자 대출을 해 주고 있다는 것을 반드시 기억해야 한다.

금융기관이 주는 최고의 혜택, '대출'

이미 집을 가진 사람 중 더 많은 대출을 받을 수 있었음에도 불구하고 대출이자 부담 때문에 좀 더 저렴한 주택을 구입하는 경우를 많이 보았다. 이렇게 집을 산 분들은 어떻게든 빌린 대출금을 다 갚기 위해 안간힘을 쓴다고 한다. 은행에 매월 꼬박꼬박 내는 이자가 너무 아깝게 느껴지기 때문일 것이다. 그런데 그때 대출을 더 많이 받아서 더 비싼 주택을 샀다면 어땠을까? 비싼 아파트가 시간이 갈수록 싼 아파트에 비해 가격이 더 오른다는 것은 이미 앞에서 살펴보았다. 자신의 자산을 더 불릴 수 있는 기회를 놓친 것이다.

그런데 진짜 문제는 무주택자들이다. 나는 대출이자에 대한 거부감이 있는 무주택자들을 정말 많이 보았다. 그러나 우리는 이미 급여소득 상승률보다 주택 가격 상승률이 더 높은 것을 직접 확인해 보았다. 현금 가치의 하락으로 서울 등 주요 도시의 PIR도 역대급을 찍고 있다. 결국 급여만으로 '내 집 마련'은 불가능하기 때문에 은행의 도움을 받는 것은 필수다. 혼자 움직이기 힘든 무거운 물건이라도 지렛대를 이용하면 쉽게 움직일 수 있다. 금융권에서는 이를 '레버리지'라고 한다. 다른 이의 자본을 빌려서 내 자본 이익률을 높이는 것을 말한다.

은행들도 예금을 하는 고객들에게 1~2%도 안 되는 이자를 주고 다른 사람들에게 훨씬 더 비싼 이자를 받으며 대출해 준다. '다른 이들이 예금해 놓은 돈'을 이용해 '돈놀이'를 하는 것이다. 자본주의사회에서는 우리도 다른 이의 돈을 적극적으로 이용할 줄 알아야 한다. (다만 대출을 이용한 주식 투자는 절대 금물이다. 앞에서 살펴보았듯이 주식의 수익률은 '내 집 마련'에 비해 높지 않을 뿐더러 변동성도 크다. 무엇보다 주식은 '내 집'이 줄 수 있는 혜택을 전혀 제공하지 못한다. 떨어지면 그냥 휴지 조각일 뿐이다.)

그러면 주택 시장에서 '레버리지' 효과가 얼마나 도움이 되는지를 실제로 확인해 보자. 여기에선 KB아파트 평균 매매가격 자료를 활용하고자 한다. 2017년 1월 만일 여러분이 서울 등 수도권과 5개 광역시의 매매와 전세 가격의 차이만큼 가족이 함께 신용대출 받을 수 있었다고 가정해 보자. 이 돈으로 어느 지역의 평균적인 아파트만 샀어도 얻을 수 있는 자산 가치 상승은 5년 동안 내는 대출이자와 비교가 안 될 정도로 크다. (물론 중간에 거래세와 보유세가 발생하기는 하나 여러분이 무주택자일 경우 주택 가격 상승분에 비하면 무시해도 될 정도다.)

특별하게 더 많이 오른 아파트를 사례로 든 것이 아니라 전국 및 수

■ 표 05-08. 평균 매매·전세 가격 차이, 5년간 대출이자vs.아파트 가격 변동

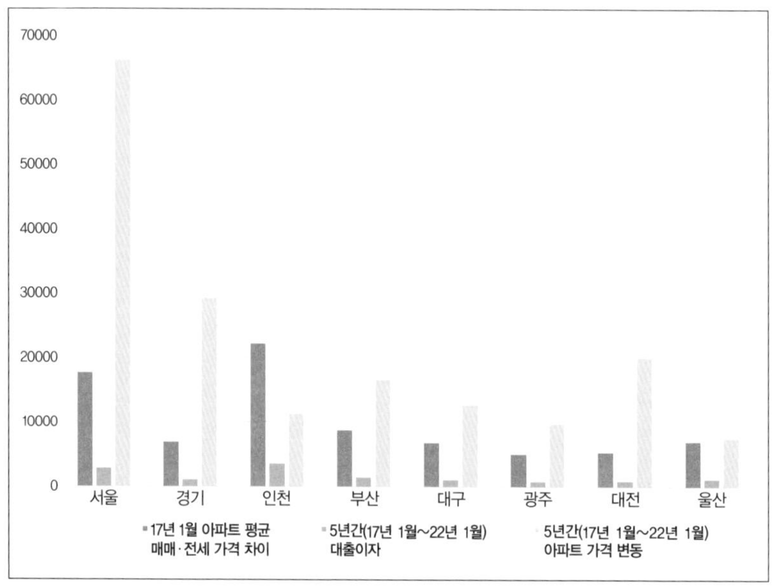

출처 : KB부동산, 네이버 대출계산기, (금액 단위: 만 원)

도권 주요 도시의 평균 가격 변동임을 다시 한 번 강조한다. 특히 서울은 5년 전에 1.7억 원의 차이를 대출했다면 약 2800만 원의 이자를 내고 6.7억 원의 주택 가격 상승을 경험할 수 있었다. (여기에서 이자는 6%, 원리금균등상환 기준으로 계산했다. 금융감독원에서는 각종 금융 상품을 조회할 수 있다. 2022년 2월 말 기준 개인신용대출은 36개의 상품이 검색된다. 이 중 평균 금리 3.75~5%가 22개, 5~6%가 6개, 나머지는 6% 이상이다. 즉 6%는 상당히 보수적으로 계산한 이자율이다. 실제로 지난 10년간 신용이 좋은 분들의 대출이자는 이보다 훨씬 낮은 2~3%대에서 움직였다.)

결과적으로 서울 등 수도권뿐만 아니라 5대 광역시의 평균적인 아파트를 전세를 끼고 1억만 대출을 받아 미리 사 놓았더라면 이자를 빼

더라도 훨씬 높은 수익률을 거둘 수 있었던 것이다. 만일 이보다 많은 대출을 받아 더 비싼 아파트를 샀다면 설명이 더 필요 없다.

그런데 초보자들은 막상 금융권의 용어가 생소하다 보니 어렵게 느껴질 수 있다. 따라서 적정한 레버리지를 위해 무주택자가 기본적으로 알고 있어야 할 주택 담보대출 용어 몇 가지를 설명하고자 한다. LTV, DTI, DSR이며 어렵지 않으니 잠깐 정리하고 넘어가자.

1) LTVLoan to Value는 집값 대비 얼마나 돈을 빌릴 수 있는가 하는 담보 가치의 비율이다. 예를 들어 주택 가격이 1억 원이고 LTV가 40%라면 나의 대출 한도는 4000만 원이 되는 것이다. 아파트의 경우 KB 시세를 기준으로 가치를 판단한다.

2) DTIDebt to Income은 총부채 상환 비율이다. 대출을 실행하려고 할 때 개인의 연간 소득을 감안한 대출금 상환 능력 여부를 따져 보는 것이다. 예를 들어 연봉이 5000만 원이고 DTI가 40%라면 연간 주택 담보대출 원리금 상환액과 기타 대출이자 상환액이 2000만 원을 넘지 않는 선에서 빌릴 수 있다. DTI는 장기 상환 대출일 경우에 한도가 늘어난다. 이를테면 장기 상환 20년 대출일 경우 4억 원(연 2000만 원×20년)까지 대출이 가능하다.

3) DSRDebt Service Ratio는 총부채 원리금 상환 비율이다. 소득을 기준으로 하는 대출이며 대출받는 사람의 전체 부채(주택 담보대출, 신용대

출, 학자금 대출 등)에 대한 원리금 상환액을 연간 소득으로 나눠 보는 비율이다. 예를 들어 연봉 5000만 원, DSR 40%라면 연간 주택담보대출 원리금 상환액과 기타 대출 원리금 상환액이 2000만 원을 넘지 않는 선에서 빌릴 수 있다. 실제 대출을 빌리려고 해 보면 가장 강력한 규제임을 느낄 수 있다.

다만 각각의 대출 규제는 시기·지역별로 적용 비율이 다르니 반드시 대출 실행 시 직접 확인이 필요하다.

설명한 대로 금융감독원 홈페이지에서는 '금융 상품 통합 비교 공시'를 통해 은행과 비은행권의 다양한 대출 상품들을 한 번에 조회할 수 있다. 이러한 상품들을 비교해 보고 자신에게 맞는 합리적인 상품을 선택할 수 있다. 대출 한도는 시기·지역별로 계속 달라지기 때문에 은행에 직접 확인해야 한다.

레버리지의 효과를 인지했음에도 여전히 대출을 부담스러워하는 무주택자들이 있을 것이다. 충분히 이해는 간다. 향후에 이만큼의 가격 상승률이 없으면 어떡할지가 걱정되는 것이다. 만일 대출을 받아 이자가 매달 나가는데 오히려 주택 가격은 떨어진다고 가정해 보자. 처음 그런 경험을 해 본 사람들은 정말 힘들 것이다. (필자가 그 속상함을 너무나 잘 알고 있다.) 다들 그런 두려움 때문에 큰돈을 빌려 집 사기를 조심스러워하는 것 아니겠는가? 한참 동안 우리에게 익숙했던 단어, 하우스 푸어가 될지도 모른다는 두려움 때문이다.

그러나 일단 아파트 가격은 커다란 경제적 충격이나 주변의 입주 물량 등의 리스크가 발생하지 않는 한 쉽게 빠지지 않는다. 즉 하방 경직성이 강하다. 특히 전세 가격이 지지해 주고 있다면 주식처럼 쉽게 가격이 내려가는 일은 드물다. 그러나 어디 세상사가 예측대로 되는가? 걱정한 대로 가격이 생각보다 팍팍 오르지 않을 수도, 오히려 사자마자 떨어질 수도 있다. 우리가 계속 본 것처럼 아파트 가격은 단기적으로는 분명히 오르내림이 있기 때문이다. 그러나 이렇게 생각해 보자. 좀 하락하면 어떤가? 원리금 갚으면서 실거주라는 효과를 누리다 보면 어느새 아파트 가격은 대출이자보다 훨씬 올라 있을 것이다. 그게 당장 1년이 될지 아니면 5년이 될지는 아무도 모르지만 장기적인 추세로 보면 아파트 가격은 항상 올랐다.

다만 자신의 대출 가능 수준이 어느 정도인지 우선 파악해 보기 바란다. 어느 정도가 적당한 수준인지는 알 수 없다. 가정마다 급여와 대출 상환 능력 등이 다르기 때문이다. 여기에서는 가급적, 최소한의 리스크는 감내할 만큼의 범위라고 정리해 두자. 특히 2022년부터 치솟는 물가로 인해 미국과 한국의 중앙은행들이 금리가 과거 10년 동안의 저금리보다는 오를 수밖에 없는 상황임을 감안해야 할 것이다.

정리하면 '내 집 마련'에 대출은 필수다. 물론 당장 현금으로 나가는 이자가 아깝게 느껴질 수도 있으나 장기적으로 보면 실거주의 혜택은 물론 자산가격 상승도 맛볼 수 있다. 그러니 당장의 아파트 가격에 너무 집착하지 말고 가족과 '내 집'에서 주거의 안정감을 느끼며 살면 된다. 그러다 보면 어느새 대출이자 비용을 감안한 손익분기점을 훨씬 넘어서 있을 것이다.

실전편

PART 6.

'내 집 마련'을 위해 기억해야 할 지혜들

김승호 회장은 한인 기업 최초 글로벌 외식 그룹인 스노우폭스 그룹 SNOWFOX Group 회장이면서, CEO를 양성하는 CEO로 잘 알려져 있다. 그는 베스트셀러 《돈의 속성》을 통해 돈을 어떻게 벌고, 모으고, 유지하고, 써야 하는지 등에 대한 그의 철학과 경험들을 알려 준다. 책 내용 중에 김승호 회장은 워런 버핏, 벤저민 그레이엄, 하워드 막스, 앙드레 코스톨라니 같은 분들을 투자자로서의 오랜 성공과 삶의 통찰을 갖춘 철학적 선생이라 칭한다. 그리고 이런 사람들의 투자 철학을 받아들인 선배들이 있다면 수업시간을 줄일 수 있다고 조언한다. 이미 대단한 통찰력과 식견을 가지고 있는 (이미 거인인) 김승호 회장도 주식 투자를 얘기하면서 다른 거인들의 지혜를 빌리고 있다. 여기에서 '거인'이라는 의미는 단순히 '돈을 많이 번 사람'이라기보다는 '세상과 돈이 흘러가는 흐름에 대한 통찰력을 지녔다고 두루 인정받는 사람'이라고 이해하면 좋을 듯하다.

17세기에 《자연철학의 수학적 원리Philosophiae Naturalis Principia Mathematica》, 일명 '프린키피아'를 저술하며 과학 혁명을 이끈 뉴턴은 "만약 내가 좀 더 멀리 볼 수 있다면 이는 모두 거인들의 어깨 위에 서 있기 때문이다” 라는 유명한 말을 남겼다. 거인들의 지혜를 통해 자신의 학문이 더욱 발전할 수 있었다는 의미로 해석된다.

이처럼 파트 6에서는 ‘내 집 마련’을 위해 투자 또는 재테크 측면에서 오랜 기간 널리 인정받는 분 또는 경제학계에서 유명한 분들의 지혜를 소개하고자 한다. (사실 이 책의 서문에서도 밝혔듯이 책 중간에 이미 유명한 투자 또는 부동산 전문가들의 지혜와 노하우, 경험, 마인드 등을 함께 공유하려고 했다.) 여러 ‘거인’들이 주장하는 내용을 보다 보면 실전에서 주택 시장을 바라보는 여러분의 통찰력과 깊이도 한층 더 강화되리라 믿는다.

1

자본주의에서 생존하기 위하여

현금, 가장 위험한 선택

프랑스 경제학자 토마 피케티Thomas Piketty는 그의 저서 《21세기 자본》에서 소득과 자본의 움직임에 대한 연구로 전 세계적으로 상당한 반향을 일으켰다. 그가 책 전체를 관통하면서 제시했던 것은 'r>g', 즉 역사적으로 자본 수익률은 경제성장률보다 높았다는 것이다. 20세기에 전쟁 등의 이유로 두 지수의 격차가 좁아지는 구간도 있었지만 21세기 들어서면서 더 크게 벌어진다고 주장하고 있다. (그래서 피케티는 '부유세'를 강하게 주장한다.) 그리고 또 하나의 중요한 지적은 바로 명목 자산—은행예금 및 국채 등과 같이 최초의 명목상의 가치로 고정되는 자산—은 물가 상승의 위험에 상당히 노출되어 있다는 것이다. 심지어 세계대전

이후에 부유한 국가가 공공 부채를 청산하는데도 (돈을 마구 찍음으로서, 돈의 가치를 떨어뜨리는) 인플레이션이 중요한 역할을 했음을 설명했다.

이를 곱씹어 보면 결국 '실물'의 가치는 '노동', '경제성장', '현금'의 가치를 앞서간다는 의미다. 이 책의 파트 1에서 이미 'PIR 추이', '근로소득·사업소득의 합과 아파트 평균 가격의 변동률 비교' 등을 통해 우리나라도 근로소득만으로 집을 사기가 점점 어려워지고 있음을 설명했다.

여기에선 현금 얘기를 좀 더 해 보자. 우리가 믿는 '돈'의 가치는 영원하지 않다. 표면적으로는 라면 가격의 상승, 전기료 상승 등이지만 실질적으로는 '돈'의 가치 하락이다. 지금의 4억이 4년 후에도 4억이 아니라는 의미다. 어떻게 이런 일이 발생할 수 있을까?

가장 직접적인 원인 중의 하나는 금본위제의 폐지다. '금본위제'를 간략하게 설명하면 다음과 같다. 역사적으로 오랫동안 돈으로 인정받던 '금'을 들고 다니기 어려웠기 때문에 '금세공업자'에게 '금'을 맡기고 '증서'를 받았다. '금세공업자'는 지금의 '은행'이 되고, '증서'는 지금의 화폐가 된다. 그런 이유로 금본위제의 핵심은 화폐는 '금'의 보관량만큼만 찍어 내야 한다는 것이었다.

처음 '금본위제'를 도입했던 영국은 4년간 이어진 제1차 세계대전으로 인해 엄청난 화폐가 필요했다. 결국 '금' 보유량만큼만 화폐를 찍어낼 수 있는 '금본위제'를 폐지하게 된다. 미국은 경제대공황 이후 금본위제를 폐지했다가 '브래튼우즈' 체제를 통해 금 1온스당 35달러로 고정시키는 '금본위제'를 부활시킨다. 그러다가 1960년대 말부터 9년간의 베트남전쟁 등으로 경제력이 약화되었을 때, 외국에서는 '미국이 금

보유량보다 달러를 더 많이 찍어 낸 것 아닌가' 하는 의심을 하기 시작했다. 그로인해 외국에서 달러와 금 교환 요구가 급격히 늘어나게 되었다. 결국 1971년 8월 15일 닉슨 대통령은 일명 '닉슨 쇼크', 금과 달러를 교환해 주는 금태환 정지를 발표했다. (금태환을 정지하기 전에는 35달러를 1온스의 금으로 교환해 주었다.) 이때부터 중앙은행은 금 보유량에 상관없이 달러를 찍어 낼 수 있게 되었다. 이것은 역사적으로 상당히 중요한 의미가 있다. 달러를 원하는 만큼 찍어 낼 수 있다는 것은 물건에 비해 달러의 가치가 엄청나게 떨어질 수 있다는 것이다. 인플레이션의 본격적인 신호탄이 된 것이다.

파트 2에서 2010년부터 미국의 M2와 소비자물가지수를 살펴보았다. 이번엔 기간을 늘려 1959년부터 현재까지의 M2와 소비자물가지수

■ **표 06-01. 미국 M2와 소비자물가지수 흐름(1959년~)**

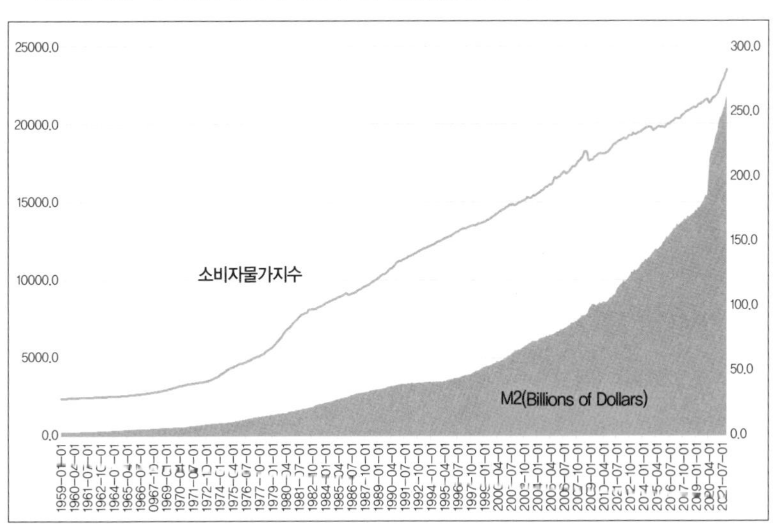

출처 : Federal Reserve Economic Data

를 살펴보자. (미국 연방준비은행은 1959년부터 M2를 공개하고 있다.)

자료를 보면 1970년대부터 유동성이 증가하고, 물가가 올라가는 것이 눈에 띈다. 즉 현금은 가치가 떨어지기는 쉬워도 오르기는 어려운 취약 자산이다. 심지어 세계 최대 헤지펀드 브리지워터 어소시에이츠의 경영자 레이 달리오는 "현금은 쓰레기"라고까지 말했다. 때문에 많은 사람은 금, 달러, 부동산, 주식 등 다양한 형태로 자산을 분배하는 것이다.

부동산은 어떨까? 인간이 살아가는 데 꼭 있어야 할 필수재다. 때문에 참여하는 형태는 자가든, 전세든, 월세든 각각 다르지만 자발적이든 비자발적이든 시장에 참여할 수밖에 없다. 가끔씩 무주택자 중에 본인은 부동산이 없기 때문에 시장 참여자라고 못 느끼는 사람들이 있는 듯하다. 특히 전세 사는 분들은 2년 뒤에 또는 4년 뒤에 내가 집주인에게 빌려준 돈을 그대로 돌려받으니 마치 하나도 손해 보지 않는 것처럼 느낀다. 그런 분들을 만날 때마다 난 이런 질문을 한다. "집값 떨어질까봐 걱정되어서 못 사신다고요? 그러면 혹시 현금 가치가 떨어지는 건 괜찮나요?"

우리는 매년 통계청이 발표하는 소비자물가지수를 보면서 인플레이션을 경험한다. 이는 물건의 가격이 오른다는 의미인 동시에 현금 가치의 하락이다. 그리고 자본주의가 존재하는 한 변동률의 차이는 있을지언정 이러한 현상은 영원할 수밖에 없다.

우리는 '돈'이라고 하면 단순히 조폐공사에서 윤전기로 돌려 만든 '지폐'만 생각하는 경향이 있다. 그러나 사실 이렇게 직접 만질 수 있는 화폐는 1/10도 되지 않는다. 대부분은 컴퓨터 서버에 존재하는 상상 속의 숫자일 뿐이다. 유발 하라리Yuval Noah Harari는 《사피엔스》에서 "'고등 껍데기'와 '달러화'의 가치는 우리의 공통된 상상 속에서만 존재한다. 그 가치는 조개껍데기나 종이의 화학적 구조, 색상, 형태 속에 있지 않다. 다시 말해, 돈은 물질적 실체가 아니라 심리적 구조물일 뿐이다"라고 얘기한다. 즉 우리는 '돈'의 가치를 믿을 뿐이다.

앞서 무주택자들에게 월세와 대출 등으로 목돈을 최대한 활용해 어떻게든 '내 집 마련' 할 것을 조언했다. 이러한 조언이 거부감이 들 수도 있을 것이다. 그 거부감의 원천을 계속 파고 들어가 보면 현재 보유하고 있는 '현금'에 대한 믿음이 있다. 이는 결국 '자산'과 '현금' 중 어떤 것을 선택하느냐의 문제로 귀결된다. 여러분은 반드시 '현금'의 환상에서 벗어나길 바란다.

시장의 옳고 그름을 판단하지 마라

무언가 세상이 원하는 대로 흘러가지 않을 때 또는 원하는 답이 잘 나오지 않을 때 우리는 종종 상식을 벗어난 답을 찾으려고 노력한다. 정부와 시장은 정상적으로 작동하고 있는데 마치 어떤 특정 세력 때문에 가격이 좌지우지되는 듯한 얘기는 문재인 정부 5년 동안 끊임없이 쏟아져 나왔다. 이는 많은 다주택자 공무원을 승진에서 밀려나게도 했다. 정부의 정책은 바른 곳을 향해 가고 있는데 투기꾼들 때문에 시장이 왜곡되고 있는 것이다. 정부 정책의 순수한(?) 의도를 알리면서 국민 속풀이에 이만한 아이디어가 또 있었을까 싶기도 하다. 그러나 시장은 감정이 없다. 옳고 그름을 따지지도 않는다.

세계적인 투자가인 로저스 홀딩스 회장 짐 로저스Jim Rogers는 그의 책 《상품시장에 투자하라》에서 상품시장의 가격이 오르내리는 원리의 대부분을 수요와 공급으로 설명한다. 그 예로 석유, 금, 중금속, 설탕, 커피 등을 언급한다. 그러나 상품 시장에도 여전히 수요와 공급 이외의 곳에서 답을 찾(아야 똑똑하다고 보일 거라고 생각하)는 전문가들이 있다. 2002년 초부터 상품 가격이 오르는 것은 투기와 달러 때문이라고 주장하는 이들을 위해 짐 로저스는 이렇게 설명했다. "투기꾼이나 달러 약세가 장기적인 강세장을 만들어 내지는 못한다. 투기꾼은 단적으로만 영향을 미칠 수 있을 뿐이다. 가령 투기꾼들이 인위적으로 유가를 끌어올린다 해도 넘치는 공급 물량을 갖고 있는 생산업자가 기꺼이 갖고 있던 원유를 시장에 쏟아 낸다면 유가는 다시 떨어질 것이다. 투기꾼과 달러 약세가 약간의 영향을 미칠 수는 있지만 시장 그 자체의 영향력은 이보다 훨씬 더 크다." 단지 우리가 이 책의 여러 사례에서 보았듯이 그리고 짐 로저스가 원자재 가격의 원리를 말하듯이 시장은 수요와 공급에 의해 움직일 뿐이다.

우리나라의 주택 시장 얘기로 돌아와 보자. 주택 가격이 급격하게 오르면 외지인들의 투기에서 사유를 찾는 기사가 많다. 마치 시장이 잘못 작동하고 있는 것처럼 말한다.

"포항시, 아파트 가격 폭등 방관해선 안 된다"(〈경북도민일보〉, 2020. 12. 7)
포항 지역 아파트 가격이 폭등세를 보이고 있다. (중략) 사실 포항 지역에서의 최근 아파트값 폭등원인을 정확히 파악해 내기 어렵지만 서울과 수도권 투기꾼들의 장난으로 보인다.

"투기원정대' 전국 휩쓰는데… 대책이 없다"(〈매일일보〉, 2020. 12. 1)
투기가 우려되는 지역을 투기과열지구로 지정하고 있으나 언제나 한 발 늦는다. 올해 상반기 원정 투기꾼들이 청주와 포항 집값을 인위적으로 띄우고 빠져나갔단 상황이 재현되고 있는데도 정부는 이런 교란 행위들에 대한 대책을 검토하고 있지 않다.

그렇다면 실제 포항 아파트의 매매와 전세 가격이 어떻게 움직였는지 살펴보자. [표 06-02]와 [표 06-03]을 보면 2020년 중반부터 매매가격 흐름이 꿈틀대더니 연말부터 매매가격과 전세 가격이 함께 상승하는 모습을 볼 수 있다. 실제로 한국부동산원이 제공하는 매입자 거주지별 아파트 매매 거래 현황을 보면 포항시의 외지인 거래 현황—경상북도를 제외한 나머지 지역에 거주하는 사람들이 포항시 아파트를 매입한 현황—을 보면 2019년 10월경부터 과거에 비해 높은 외지인 매수 유입을 보여 주고 있다. 기사에서 언급한 시점과 비슷하다.

과연 투기꾼들이 몰려오다 보니 가격이 높이 치솟은 것일까? 그런데 이상하지 않은가? 만일 투기 수요만 있었다면 매매가격이 오르는 것은

■ 표 06-02. 포항 아파트 매매·전세 가격 지수 흐름

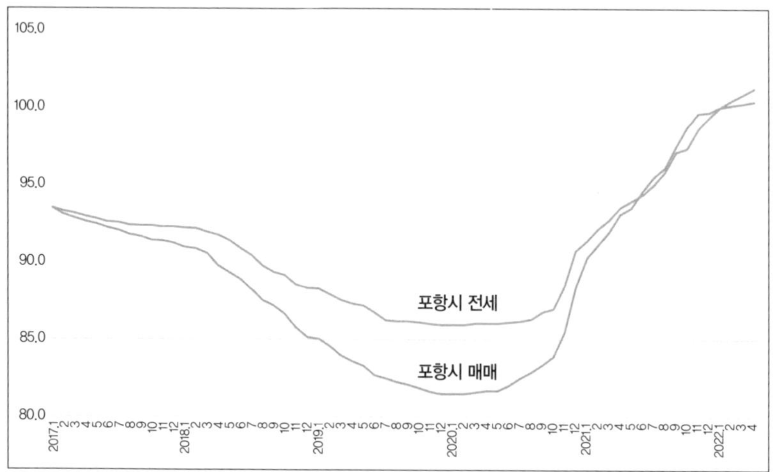

출처 : KB부동산

■ 표 06-03. 외지인 포항시 아파트 매입 현황

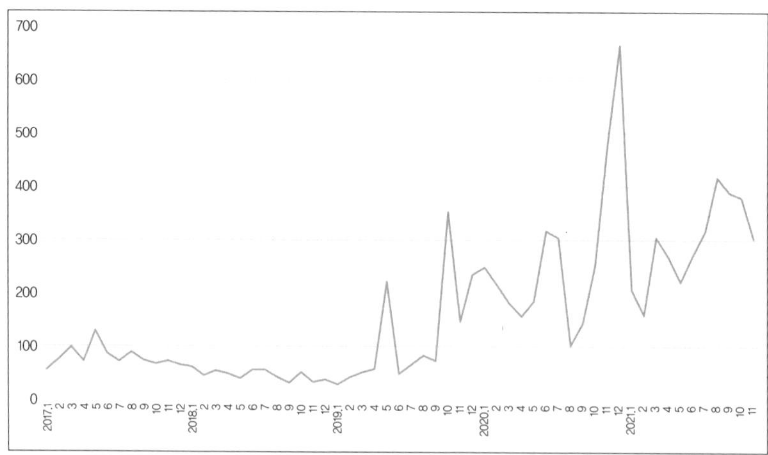

출처 : 한국부동산원

■ **표 06-04. 포항시 아파트 입주 물량**

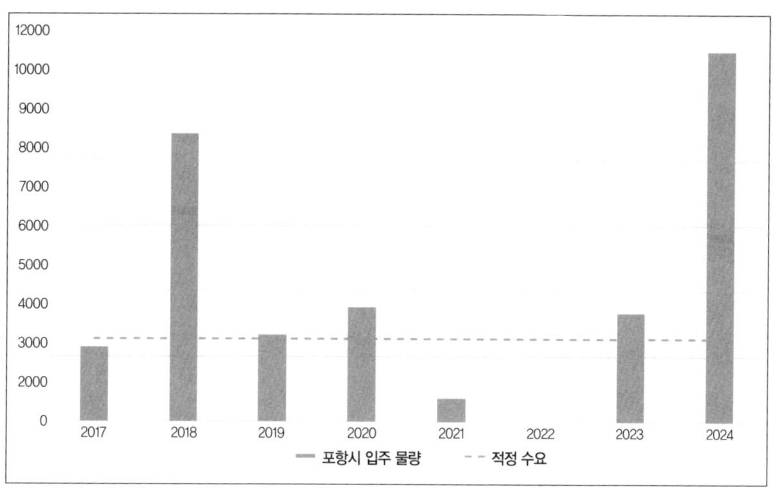

출처 : 부동산지인

이해할 수 있다. 그러나 실수요인 전세 가격도 오르는 것을 볼 수 있다. 그래서 우리는 가격 상승이 있다면 반드시 이 자료도 함께 봐야 한다.

즉 2021년과 2022년에 입주가 부족하다는 정보를 인지한 외지인들이 2020년 입주가 마무리될 즈음하여 포항시에 진입한 것이다. 기자와 일반인들이 보기엔 마치 외지인들이 가격을 올린 것으로 보일 것이다. 그러나 만일 투기 수요만 있었다면 매매가격과 전세 가격이 이렇게 동시에 오를 수가 없다. 인과관계를 뒤집어서 해석한 것이다. 가격이 오를 것으로 예상되는 지역이어서 외지인들이 매수를 하러 들어간 것인데 마치 외지인들 때문에 가격이 오르는 것으로 말이다. 부동산에 무지한 사람의 왜곡된 해석이다. 외지인들이 트리거포인트(**Trigger Point**, 사격에서 총알을 발사하게 하는 장치)는 될지 모르지만 가격 자체를 이끄는 근본

원인은 아니라는 것이다.

그렇다면 포항시에 있는 무주택자들은 어떻게 해야 할까? 지금이라도 주택을 매수해야 하나? 걱정할 필요가 없다. [표 06-04]를 보면 2023년도에 입주 적정 물량을 초과하더니 2024년도에는 약 1만 700여 가구가 입주를 대기하고 있다. 참고로 경상북도에서 2024년에 입주하는 전체 입주 물량이 2만 1,000가구다. 2024년도에는 경상북도에 입주하는 주택의 절반을 포항이 차지하는 것이다. 2020년에 좋았던 포항의 주택시장을 계기로 건설사들이 너도나도 분양에 뛰어들었기 때문이다. 이 말은 곧, 포항시에 있는 무주택자들은 정말 싼 물건이 나오기 전까지는 주택 매수를 가급적 서두르지 말고 2024년까지 기다려도 된다는 의미다. 그 이후에도 한동안은 시장에 영향을 줄 만한 물량이기 때문이다.

이렇듯이 시장은 단기적으로는 외지인들이나 다른 요소들에 의해 영향을 받을 수 있다. 그러나 결국 시장 스스로 수요와 공급의 균형점을 찾아가며 상승과 하락을 반복할 것이다.

비효율적인 부동산 시장, 효율적으로 활용하기

시카고대학교 경영대학원 유진 파머Eugene Fama 교수는 효율적 시장가설EMH, Efficent Market Hypothesis로 2013년에 노벨경제학상을 수상했다. EMH는 시장의 모든 정보가 자산가격에 합리적으로 반영된다는 이론으로 주로 주식시장을 설명할 때 언급된다. 예를 들어 어떤 회사가 신약을 개발하여 주가가 약 10% 정도의 상승이 예상된다면 이 정보는 모든 투자자에게 바로 공유되어 주식 가격이 10% 정도 상승하는 것이 합리적이라는 것이다. 투자자들이 초과 수익을 얻을 수 없는 이유는 정보가 이미 자산 가격에 합리적으로 반영되어 있기 때문이라고 설명한다. 다만 생각보다 시장은 효율적이지 않다는 반론도 많이 제기되고 있다. 어쨌거나 주식 투자자들은 정보에 많은 귀를 기울일 수밖에 없다. 스스로 계좌를 만들어 투자하는 자발적인 시장 참여자인 만큼 내가 매수하고자 하는 종목에 더 관심을 기울이는 것은 당연하다.

그렇다면 부동산 시장은 얼마나 효율적일까? 우선 주택은 필수재다. 즉 나의 의사와 관계없이 자가 또는 임차의 형태로 시장에 참여해야 한다. 이렇듯이 자발적인 참여자들로 구성된 주식시장과 달리 주택시장은 비자발적 참여자들이 많을 수밖에 없는 구조다. 이는 시장 참여자들의 정보 습득 능력이 주식시장에 비해 현저히 떨어진다는 의미이기도 하다. 2021년에 서울시장 선거를 앞두고 터졌던 LH 투기 의혹 사태는 가뜩이나 주택 가격 상승으로 고통받던 무주택자들의 분노에 기름을 부었다. (그리고 당시 문재인 정부의 고위관료와 당시의 여당 정치인들은 마치 집값 상승의 원인이 정부 정책 실패가 아닌 'LH와 같은 투기꾼' 때문이었다는 식으로 내용을 뒤섞는 고급 인터뷰 기술들을 선보인다.)

독자 여러분은 극소수만이 참여하는 신도시 후보지 같은 정보를 모르는 것에 실망할 필요가 없다. 우리의 능력 범위에서 접근 가능한 정보들이 주위에 많이 널려 있기 때문이다. 오히려 공개된 좋은 정보들이 너무 많아 다 주워 담기 힘들 정도다. 우선 신문 구독을 추천한다. 필자는 이 중에서 가급적 정치면은 피하라고 말하고 싶다. 우리의 정보를 흐리는 소음이 너무 많기 때문이다. 유명 정치인이 말 한마디 한걸 가지고 정치 해설가—를 직업처럼 생각하는 호사가—들의 상상력을 총동원한 온갖 해석까지 실린다. 신문 중에서 특히 경제면은 반드시 보길 바란다. 경제 신문을 별도로 구독하는 것도 좋은 방법이다.

이쯤에서 의문을 품는 독자가 있을 것이다. 아니, 언론에 나오는 전문가나 내용을 믿지 말라고 하지 않았나? 그러나 시장이 어떻게 돌아가는지 참고하는 것과 소음에 흔들리지 않는 것은 다르다. 이 책에서 설명했던 내용들을 참고하여 소음에 흔들리지 않는다는 생각으로 기사를 보면 전과 달라졌음을 느낄 것이다. 어느 부분이 팩트인지, 어느 부분의 해석이 과장되었는지, 지금 어느 지역의 시장 분위기가 좋은지 또는 나쁜지를 말이다. 유튜브와 블로그, 부동산 카페 등에도 좋은 정보와 글들이 넘쳐난다. 개인적으로 참고해서 둘러보는 부동산 관련 정보 소식원은 다음과 같다. (오해를 방지하기 위해 먼저 언급하면 필자가 여기에서 추천하는 유튜브, 블로그, 카페 등의 관계자들과는 인간관계, 수익 관계가 전혀 없다. 일면식도 없다. 단지 개인적으로도 좋다고 느끼고, 부동산 시장에서 가치를 인정받은 플랫폼들이기 때문에 추천하는 것이다.)

유튜브 : 빠숑의 세상답사기, 부동산 읽어 주는 남자, 박병찬의 부자병법, 월급쟁이부자들TV, 모두의부동산, 부동산지인, AforU아포유, 거상쌤, 신사임당, 홍춘욱의 경제강의노트 등.

블로그 : 독일병정의 세상사는 이야기, 수현의 인사이트, 신성철의

부동산의 맥, 천천히 꾸준히Slow and Steady, 유나바머의 시간으로부터의 자유 등

카페 : 월급쟁이부자들, 부동산스케치북, 부동산 스터디, 아름다운 내집갖기, 똑똑한 부동산 투자 등

어떤가? 차고 넘치지 않는가? 우리 주위에 이렇게 훌륭한 공개 정보가 많다. 이 중에서 마음에 드는 몇 가지만 골라 꾸준히 스터디하기도 버거울 정도로. 모쪼록 독자 여러분이 방금 소개한 정보들과 이 책을 잘 활용하기 바란다. 비효율적인 부동산 시장에서 정보를 활용하는 효율적인 시장 참여자가 된다면 반드시 원하는 주택을 구매하는 데 한 걸음, 아니 분명히 두세 걸음 더 앞서 나갈 수 있을 것이다.

자신만의 기준이 있으면 흔들리지 않는다

떨어지는 게 칼날인지 감인지 구분하기

주식시장에는 '떨어지는 칼날을 잡지 마라'라는 격언이 있다. 하락장에서 반등 기회가 있을 줄 알고 매수했다가 바닥이 어딘지 모르고 떨어지는 경우가 발생할 수 있기 때문이다. 때문에 시장이 침체 분위기일 때는 대부분 매도세가 매수세보다 많을 수밖에 없다. 게다가 언론에서는 희망적인 메시지를 주기보다는 시장을 더욱 공포 분위기로 몰아넣는다. 각종 경제지표와 전문가의 견해를 들이대면 시장 분위기는 더욱 악화된다. 이럴 때 웬만한 주식 전문가나 강심장이 아니고서는 시장 속으로 진입하기가 쉽지 않을 것이다. 특히 초보라면 더더욱 그렇다. 그런데 만일 시장이 좋은 펀더멘탈(Fundamental, 경제 기초)을 가지고 있다면 분명히 시장은 반등할 것이다. 그리고 우리의 주식 초보들은 그제야 후회한다. '싸게 살 수 있는 기회를 놓쳤다'고. 바로 시장에 대한 정확한 가치 분석이 없었기 때문이다.

앙드레 코스톨라니는 이런 상황을 빗대어 그의 저서《돈, 뜨겁게 사랑하라》에서 경험 많은 부다페스트의 곡물 거래인의 얘기를 들려준다. "밀 가격이 떨어질 때 밀을 가지고 있지 않았던 사람은 밀 가격이 오를 때도 가지고 있지 않다." 더불어 "거래 지식은 모든 것을 알아야 하는 게 아니라 그것들을 이해하고 상관관계를 제대로 파악하며 그에 맞게 행동할 줄 알아야 한다"고 조언한다.

아마 무주택자들은 느끼는 바가 있을 것이다. 가끔씩 언론에서 수도권 또는 특정 지역의 부동산 시장 침체를 언급할 때가 있다. 만일 '내 집 마련'을 하려고 하는 지역이 이런 식으로 언론에 거론되었다면 독자 여러분은 어떤 반응을 보일까? 주택의 매수 경험이 없는 무주택자라면 대부분 싸게 살 수 있는 좋은 기회를 놓치면서 매수를 보류하려 할 것이다. 사실 부동산에서는 종종 떨어지는 것이 '칼날'이 아니라 '감'이었던 경우가 상당히 많다. 그러나 어떤 지역이 또는 어떤 아파트가 '칼날'일지 '감'일지 판단하기 위해서는 본인만의 명확한 기준이 분명히 있어야 한다.

중요한 결정을 내릴 때 가장 바보 같은 짓은 스스로 판단하기 두려워하는 것이다. 가끔씩 케이블 경제 TV 채널을 보다 보면 부동산 관련 상담 프로그램이 나온다. 거기에 전문가라는 분이 나와 전화 상담을 받는다. 사람들의 사연을 들어 보면 기본적인 분석이 전혀 안 되어 있는 상태에서 전문가들에게 의뢰하는 사례를 자주 보았다. 이뿐만이 아니다. 어떤 때는 직장 동료나 주변 지인들에게도 집을 사도 되는지 의견을 묻기도 한다. (심지어는 평생 주택을 한 번도 사 본 적이 없는 무주택자나 한 번밖에 사 본 적이 없는 1주택자에게도 묻는다.) 오죽 답답했으면 그렇게 할까 싶기도 하지만 상황에 대한 결과는 정부나 언론이나 그 전문가나 친구들이 책임져 주지 않는다. 결국 자신의 결정에 대한 결과는 오롯이 나의 것이다.

기혼자라면 아마 함께 가장 많이 고민하는 상대가 배우자일 것이다. 주택 매수 여부에 대해 서로 의견이 일치를 보았다면 문제없다. 서로 매수 의견이 일치해서 결과가 좋았다면 금상첨화일 것이다. 함께 매수를 보류하자고 했다면 결과가 좋지는 않겠지만 그래도 서로를 향해 비난할 거리가 줄어든다. 서로 의견이 일치하지 않았는데 어쨌거나 매수를 강행해서 결과가 좋았다면 괜찮다. 문제는 서로 의견이 일치하지 않았는데 결과가 안 좋아진 경우다. 아마 많은 무주택자가 경험하는 일이 아닐까 싶다. 이럴 때 매수를 주장한 배우자는 말린 배우자에게 속으로든(밖으로든) 너무나도 속상한 감정을 가질 수밖에 없다.

그러나 매수를 주장한 배우자에게 책임이 전혀 없다고 말할 수는 없다. 아마 매수를 주장했던 배우자도 실전편에서 제시한 데이터로 상대방을 차분히 설득했는지 자문해 보라. 본인도 확실하지 않은 상황에서 다른 사람의 주장으로 얘기했던 것은 아닌가?

지금까지 이 책을 읽은 독자들은 이제 시장을 어떻게 해석해야 할지 자신만의 기준이 생길 것이다. 그리고 알려 준 방법대로 분석하다 보면 관심 지역 또는 시장이 어디쯤에 있는지 알고 있기 때문에 매수 또는 보류 등의 판단을 보다 명확히 할 수 있을 것이다. 함께 결정을 내려야 하는 배우자도 함께 이 책을 읽으면 더욱 좋을 것이다.

거시경제 변수에 흔들리지 마라

워런 버핏은 2013년 주주총회에서 "거시경제에 대한 관점을 세우거나 남들의 거시경제 예측이나 시장 예측에 귀 기울이는 것은 시간 낭비입니다. 정말로 중요한 문제의 초점을 흐릴 수 있기 때문이죠"라고 밝힌 바 있다. 여기에 더해 2015년 주주총회에서도 "버크셔 해서웨이는 거시 변수를 기준으로 거래를 결정하지 않는다"고 말했다. 그리고 그의 영원한 단짝이자 버크셔 해서웨이의 부회장인 찰리 멍거Charles Munger도 "우리는 거시경제 요소들을 예측하려고 평생 노력했지만 거의 나아지지 않았습니다. 전문가가 경제지표를 발표하면 사람들은 어느 정도 전문가가 안다고 착각합니다. 차라리 '나는 모릅니다'라고 말하는 편이 낫습니다"라고 주주들에게 답변했다.

주택 매수를 반대했던 배우자들의 논리 중 가장 흔한 것이 바로 거시경제 변수들이었을 것이다. 우리의 경제 상황이 어찌될지, 금리가 많이 오르면 돈줄이 마르지 않을지 등등. 그런데 생각해 보면 경제 문제에 위기와 불안 요소가 없었던 적이 있는가?

게다가 경제나 금융 전문가들은 다양한 거시경제 변수 등을 거론하며 상황을 설명하고, 미래를 전망한다. 그리고 언론에서는 자극적인 헤드라인을 사용함으로써 독자들이 느끼는 위기 상황을 증폭시킨다. (사실 전문가들이 하는 인터뷰가 독자들을 이해시키려고 하는 말인지 본인의 지식 자랑을 위해 하는 얘기인지 모르겠는 경우가 많다. 필자의 생각으로는 본인도 사실 어떻게 될지 잘 모른다는 얘기를 어찌할 수 있겠는가? 그러니 어려운 용어들을 좀 섞어 가며 모면하려는 게 아닐까 싶기도 하다.)

무주택자 등이 시장 참여를 주저하는 것은 위험 발생에 대한 부담 때문이다. 주식시장이나 부동산 시장에는 소위 두 가지 위험이 존재한다. 체계적 위험과 비체계적 위험이다. 체계적 위험은 시장 전반에 영향을 미치는 요인에 의하여 발생하는 위험이다. 개별 자산의 위험을 분산하기 어렵다는 의미에서 '분산 불가능한 위험', 더 쉽게는 '피할 수 없는 위험'이라고도 한다. 이를테면 금리의 상승과 하락 혹은 금융 위기 등으로 인해 시장 전체에 영향을 주는 위험이다. 반면 비체계적 위험은 체계적 위험처럼 시장 전반에 영향을 미치는 것이 아닌 개별 종목 또는 개별 부동산에 미치는 위험이다. 이는 '분산 가능 위험' 또는 '피할 수 있는 위험'이라고도 한다.

어느 건설사가 짓고 있던 건물이 붕괴되었다거나 특정 지역에 큰 회사가 경영 상황의 악화로 구조조정 중인데 마침 주택은 공급 과잉되고 있어서 발생하는 위험이다. 그런데 예일대 교수이자 뉴욕 연방준비위원회FRBNY의 마가렛 맥커넬Margaret M. McConnell 교수는 우리에게 의미 있는 말을 전한다. "우리는 체계적 위험을 찾아내려고 많은 시간을 들이고 있습니다. 그러나 실제로는 체계적 위험이 우리를 찾아냅니다." 실제 그녀는 뉴욕 연방준비위원회FRBNY 내에서 정책 결정에 위험이 되는 복잡성, 불확실성, 편견 등을 연구하고, 그로 인한 어려움을 어떻게 개선할 수 있을지를 연구하는 기관의 책임자로 있다. 결국 우리의 에너지를 체계적 위험을 분석하기 위해 낭비할 필요가 없다는 의미다.

정작 해야 할 것은 우리가 인식할 수 있는 범위가 무엇인지 인지하는 것이다. 우리가 경제 상황이나 금리와 통화량에 관심을 기울이는 이유는 수요와 관련이 있다. 그렇다면 수요는 무엇인가? 사람들의 (사고자 하는) 마음이다. 오늘 다르고 1년 뒤에 다를 수 있는, 우리의 인식 가능 범위 바깥에 있는 것이다. 그렇다면 우리의 인식 가능 범위 안에 있는 것은 무엇인가?

바로 공급, 즉 각 지역의 고정된 입주 물량이다. 내가 관심 있는 지역의 입주 물량을 확인하는 것, 그와 함께 파트 4에서 말한 매매와 전세 흐름이 어떻게 진행되고 있는지를 보는 것이다. 그리고 세부적인 입지, 데이터로 알 수 없는 현재의 시장 분위기, 기타 호재 등을 확인하면 된다. 아마 거시경제 변수를 이해하는 것보다 훨씬 더 쉬우면서 시장을 이해하는 데 도움될 것이다. 그래도 왠지 거시경제 변수에 미련이 남아 있는 사람들이 있다면 이 책의 파트 1부터 3까지를 반드시 꼼꼼하게 다시 읽어 보기 바란다.

모든 부정적인 것에서 탈출하기

상황이 원하는 대로 흘러가지 않으면 일단 무인가 손가락질하고 욕할 만한 욕받이가 필요한 사람들이 있다. 그건 집값에서도 예외가 아니다. 그동안 예상치 못하게 오르는 주택의 매매와 전세 가격은 많은 이에게 상심을 주었다. 그러다 보니 무언가 비난할 거리를 찾는다. 시장과 반대되는 규제책으로 일관하다 결국 부동산 폭등을 하게 만든 문재인 정부, 부동산 규제와 대출 규제 등을 완화해 집 사라고 부추긴 박근혜 정부, 장기간 저금리를 유지함으로써 유동성이 넘치게 한 FRB와 한국은행, 넘치는 유동성에 아예 기름을 통째로 부어 버린 팬데믹까지, 찾으려 보니 탓하고 싶은 게 너무도 많다. 바로, 이 책의 머리말에서 언급했던 내용들이다.

재테크 분야의 엄청난 베스트셀러 《부자 아빠, 가난한 아빠》의 저자 로버트 기요사키는 그의 책에서 부자 아빠의 여러 가르침을 들려준다. 그 중에서 사람들이 가난을 겪는 근본적인 원인은 두려움과 무지 때문인데도, 자신의 문제는 깨닫지 못한 채 경제 상황이나 상사를 탓한다고 지적하고 있다.

많은 이가 자신의 문제에 대한 답을 정치에서 찾으려 한다. 문제는 정치에 지나친 관심을 가지다 보면 오히려 경제적 해석을 왜곡할 수도 있다. 만일 정부가 주택 정책과 관련하여 어떤 발표를 한다고 하자. 우리가 오직 관심을 기울일 것은 '그래서 어디에 얼마나 주택 공급이 확대될 예정인지, 혹시 허황된 숫자를 발표하는 것은 아닌지, 시장에 매물이 많이 나올지 등'이다. 이외에 다른 정치적 해석은 우리의 관심 영역이 되어서는 안 된다. 시장의 옳고 그름을 판단할 필요도 없다.

다른 이들의 자산 가격 상승을 바라보면서 아직까지 무주택자인 건 속상한 일이다. 그건 누구도 아닌 본인의 책임이다. 그러니 더 이상의 후회, 핑계, 비난 등을 멈춰라. 그 에너지로 내가 관심 있는 지역과 아파트를 분석해라. 인생에 가장 늦은 때란 없다. 오히려 지금이 독자 여러분이 관심 있어 하는 동네는 매수하기에 딱 좋은 타이밍일 수도 있다.

실전편

PART 7.

현 정부 부동산 정책의 분석과 전망

2022년 5월 윤석열 정부가 출범하면서 어떠한 부동산 정책을 펼지에 대한 관심이 높다. 일단 3기 신도시 같은 공급 정책은 당연히 이전 정부로부터 이어받아 추진할 것이다. 그 외에 과연 문재인 정부가 만들어 놓았던 대출, 세제, 재건축, 임대차 3법 등의 규제들은 어떻게 될 것인가? 대선 전에 후보 시절 공약을 보면 마치 모든 규제가 한순간에 없어질 것처럼 보였지만 그 완화 속도가 생각보다 빠르지 않아 보인다. 그렇다면 규제 완화에 대한 약속들은 모두 선거를 치르기 위한 공약이었던 것일까?

집 살 타이밍? 정책 방향 이해가 답이다

과거의 부동산 정책에서 미래를 볼 수 있다

앞서 질문했던, 현 정부의 정책 방향에 대해 합리적인 추정과 이해를 할 수 있는 가장 좋은 방법은 과거 역대 정권별 아파트 가격 흐름과 정책들을 살펴보는 것이다.

KB부동산이 아파트 시세 조사를 시작한 1986년 1월부터 현재까지의 가격 흐름과 이에 따른 정부의 정책 방향을 한눈에 볼 수 있다. [표 07-01]을 보면 아파트 가격이 크게 올랐던 노태우 정부, 노무현 정부, 문재인 정부는 가격을 억제하기 위한 정책을 폈다. 그리고 이외의 정부에서는 가격이 안정적인 흐름을 보이면서 주로 완화 정책을 폈던 것을 볼 수 있다.

■ 표 07-01. 아파트 가격 흐름 및 역대 정권별 부동산 정책

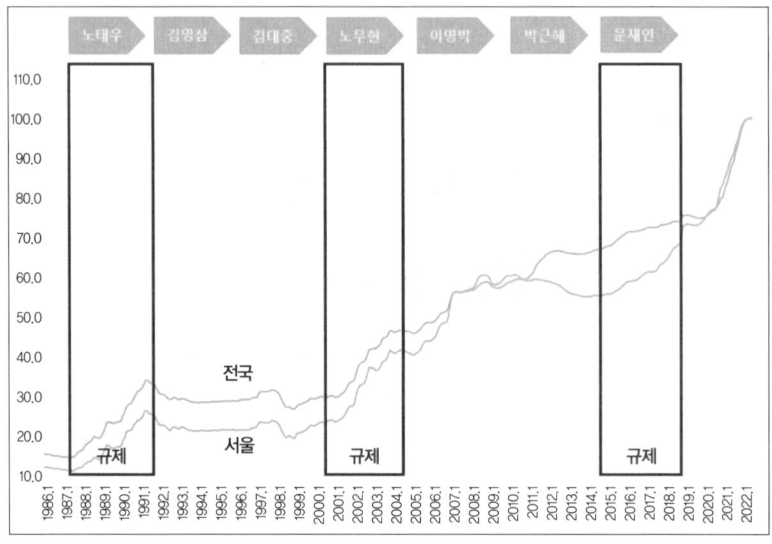

출처 : KB부동산

세부적으로 살펴보면 1987년 우리나라 최초의 대통령직선제를 통해 탄생한 노태우 정부는 88올림픽과 '3저 호황(저달러, 저유가, 저금리)' 등으로 엄청난 성장세를 보였다. 당시의 GDP 실질성장률은 7.8%('85)→11.3%('86)→12.7%('87)→12.0%('88)→7.1%('89)→9.9%('90)→10.8%('91)이었다. 특히 1986년부터 3년 동안 연 10% 이상의 성장이 지속되다 보니 '단군 이래 최대 호황'이라고 일컬어지기도 했다. 그렇게 경기가 과열되는 만큼 부동산 시장도 뜨거워졌고 주택 가격은 계속 폭등했다. 때문에 노태우 정부는 취임한 지 얼마 안 되어 '부동산 투기억제 대책'과 '1기 신도시 정책'을 연달아 발표한다. '투기 억제 대책' 중에는 주택임대차보호법 개정(전세 기간을 1년에서 2년으로 연장), 양도세

강화 등을 들 수 있다. 그러나 주택 가격은 쉽게 잡히지 않았다. 결국 주택 가격을 안정시켰던 것은 1기 신도시였다.

당시 얼마나 빠른 속도로 대규모 주택 공급을 가능하게 했는지《대한민국 부동산 40년》이라는 책에 잘 나와 있다.

'200만 호 건설 계획은 수도권에 90만 호, 지방 도시에 나머지 110만 호를 짓는 계획이었다. (중략) 신도시 건설은 일사천리로 진행되었다. 1989년 4월 27일 계획을 발표한 지 7개월 만인 같은 해 11월 분당 시범단지(4,030가구)가 분양되었다. 이어 2년 만인 1991년 9월 분당의 첫 입주가 시작되었고, 1992년부터 평촌(3월), 산본(4월), 일산(8월), 중동(12월) 등이 줄줄이 집들이를 했다. (중략) 이에 따라 1980년 중반까지 25만 호 수준에 머물렀던 건설실적이 1989년 46만 호로 급증한 데 이어 1990년에는 75만 호에 달하는 등 사상 초유의 건설 붐이 전국을 휩쓸면서 주택 200만 호 건설 계획은 당초 계획보다 1년 이상 앞당겨진 1991년 8월 말 조기 달성된다.'

물론 부실공사 등의 논란은 끊임없이 제기되었지만 1기 신도시 등을 포함한 대규모 물량 공급이 서울과 전국의 주택 가격을 약 10년 동안 안정시키는 데 커다란 기반이 된 것은 분명하다.

1기 신도시의 지속된 입주로 시장 안정세를 맞은 김영삼 정부는 가격 억제 정책을 추가로 내놓을 필요가 없었다. 그렇다고 직전까지 계속된 부동산 폭등세를 지켜보았던 입장에서 굳이 완화 정책을 제시할 명분도 부족했다. 결국 가격과 직접적으로 관련된 뚜렷한 정책은 찾아보기 힘들다. 다만 이 시기에 조세 회피 목적으로 유행하던 차명 거래를 막기 위해 (지금으로 보면 너무 당연하지만 당시로서는 엄청난 개혁이었던) '금융실명제'와 '부동산실명제'는 김영삼 정부가 실천한 대표적인 경제정책이라 할 수 있다.

별 탈 없이 운영되는 것처럼 보였던 김영삼 정부는 정권을 마무리할 즈음에 국가 부도라고도 할 수 있는 외환 위기 사태를 맞게 되고, 1997년 12월 IMF로부터 구제금융을 받는다. 이는 지속적인 성장만 경험하던 국민에게는 엄청난 충격이었다. 문제는 IMF는 금융 지원과 함께 기업들의 구조조정, 자본시장 개방, 높은 금리 등을 요구했다. 이로 인해 허약한 체력을 가진 상태에서 대출을 보유하던 많은 기업이 쓰러져 나갔다. IMF 구제금융을 받는 동안 우리나라 대기업 30개 중에서 17개가 무너질 정도였으니 어느 정도로 심각했는지 가늠할 수 있을 것이다. 그리고 기업의 부도는 수많은 실업자를 만들어 냈다.

이런 상태를 물려받은 김대중 정부의 정책 0순위는 'IMF 구제금융 체제 졸업'일 수밖에 없었다. 게다가 당시의 부동산 시장은 '외환 위기 극복을 위한 건설 및 부동산 시장 활성화'와 '내수 활성화'를 전면에 내세운다. 이를 위해 양도소득세 한시적 폐지, 분양가 자율화, 분양권 전매 허용 등을 발표한다. 지금으로 보면 엄청나게 파격적인 정책들이다. 그야말로 시장에 돈이 돌게 하여 소비를 증가시킴으로써 경기를 살려 보고자 했던 것이다. 결국 이런 노력들 덕분에 2001년 8월에 IMF로부터 빌린 돈을 모두 갚으면서 구제금융 체제에서 탈출하게 된다. 그러나 이런 경기 부양책은 주택 매매가격과 전세 가격이 엄청나게 상승하는 부작용도 함께 일으켰다. 특히 서울 아파트의 KB전세 가격 지수는 김대중 정부 초기인 1998년 2월에 23.9였으나 5년 뒤인 2003년 2월에 40.3을 기록한다. 거의 2배 가까이 오른 수치다.

주택 시장이 과열되고 있던 시기에 정권을 이어받은 노무현 정부는 2기 신도시 건설과 함께 수많은 수요 억제 및 규제 정책을 내놓는다. 이는 문재인 정부에서 재활용되거나 더 강화되었다. 이 중 대표적인 것들을 보면 종합부동산세 신설, 다주택자 양도세 중과, DTI 신설 등 대출 규제 강화, 분양가 상한제 도입, 재건축 규제 등이다. (수요 억제 정책과 직접적인 관련성은 약해서 사례로 들지는 않았으나 노무현 정부의 부동산 정책 중에서 거래와 세금 부과 기준의 투명성을 획기적으로 높인 '실거래 가격 공시'와 지방 균형 발전을 위해 건설한 '행복도시', '혁신도시' 추진도 빼놓을 수 없다.) 그러나 이러한 노력에도 불구하고 서울 등 수도권의 아파트 가격은 엄청난 폭등을 기록한다. 결국 정권이 바뀌게 되는 가장 큰 요인이 되기도 한다.

이명박 정부는 그래도 부동산 시장의 과열이 어느 정도 가라앉던 2008년에 정권을 물려받았다. 그리고 2007년 미국의 서브프라임 모기지론 사태로 발생한 금융 위기로 인해 전 세계의 경제가 휘청거리는 상황이었다. (서브프라임 모기지는 신용등급이 낮은 사람들에게 주택을 담보로 대출해 준 것을 의미한다. 애초에 상환 능력이 떨어지는 사람들에게 돈을 빌려준 만큼 부실 리스크를 안고 있었다. 게다가 금리는 오르고, 계속 오를 줄 알았던 주택 가격은 떨어진 것이다. 결국 원리금을 갚지 못하는 파산 신청자가 늘어났고, 금융기관들의 연쇄 부도로 이어졌다.) 그런 이유로 기존에 노무현 정부에서 수요 억제를 위해 시행하던 정책들을 하나하나 뒤집어 나간다. 구체적으로는 대출 규제 완화, 다주택자 양도세중과세 폐지, 강남 3구 포함 투기과열지구 등의 해제다. 그러나 건설사 임원 출신 대통령이라는 기대에 미칠 만큼의 규제 완화 수준은 아니었다. 게다가 사전청약이라는 제도를 최초로 도입하며 강남 서초 등에 보금자리 아파트를 공급한다. 이전 정부에서 추진하던 2기 신도시와 맞물리다 보니 수도권에 공급이 넘쳐나는 시기였다. (이 부분에 대해서는 파트 2에서 자세하게 설명했다.) 그러다 보니 대구, 부산 등 지방은 활기를 띠기 시작하는데 수도권은 침체기에 머물러 있었다. 그야말로 노무현 정부 시절과는 정반대 상황이 나타났다.

박근혜 정부는 수도권 주택 시장의 침체를 해결하고, 민간 건설경기를 활성화하는 데 초점을 맞췄다. 우선 민간 분양 시장을 침체에 빠뜨린다고 판단한 보금자리의 물량을 대폭 줄인다. 그리고 공급 과다를 해결하기 위해 택촉법 폐지를 추진한다. 그리고, 이와 관계없이 수도권에 택지지구 자체를 거의 지정하지 않는다. (이미 파트 3에서 설명한 바 있다.) 그리고 대출 규제와 재건축 규제를 대폭 완화한다. 미분양이 워낙 심각하다 보니 미분양 주택에 대해 양도세를 5년간 면제하기도 한다. 이러한 정책 효과 때문에 침체되어 있던 서울의 부동산 시장이 2013년부터 조금씩 살아나기 시작했다.

문재인 정부의 정책은 앞에서 많이 언급했으니 간단하게만 언급하겠다. DSR 신규 도입, 양도소득세 82.5%(지방세 포함) 및 취득세 12%까지 상향, 건축 초과 이익 환수제 부활 등 그야말로 대출, 세제, 재건축 규제 등 가능한 수요 억제책은 다 동원했다. 거기에 임대차 3법을 도입했고, 모두가 주택 가격을 억누르기 위한 정책들의 연장선이었다. 물론 2018년 말에 3기 신도시 건설 추진도 발표한다.

이렇게 약 35년에 걸쳐 8명의 대통령이 추진했던 주택 정책들을 보면 어떤 흐름을 볼 수 있다. 주택 가격이 오를 때 대출, 세제 등 규제와 신도시 등을 통한 주택 공급을 추진하면 10년 정도 안정된 모습을 보인다. 1980년대 중후반 이후로 이런 패턴이 반복되고 있음을 알 수 있다. 그렇다면 윤석열 정부가 실제로 어떤 정책 방향을 취하게 될지 좀 더 구체적으로 살펴보도록 하자.

윤석열 정부의 부동산 정책 방향은?

세부적인 정책들은 임기 5년 동안 시장 상황과 정책 여건 등에 따라 미세 조정이 있을 수 있다. 그러나 최소한 윤석열 정부의 주택 정책 추진 방향만큼은 몇 가지 기사를 읽고도 힌트를 얻을 수 있다.

> 尹, 국토부 업무보고 '깜짝' 방문 "다주택자 규제 맞는지 살펴봐야"
> (JTBC, 2022. 3. 25)
> 윤석열 대통령 당선인은 "다주택자라고 무리하게 규제하는 게 과연 맞는지 더 세밀하게 살펴봐야 한다"며 부동산 규제 완화를 검토하겠다는 뜻을 재차 밝혔습니다.

이번엔 윤석열 정부의 경제정책을 총괄할 초대 추경호 기획재정부 장관의 과거 발언 관련 기사다.

> 추경호 과거 발언 조명, "다주택자가 전부 범죄자냐, 투기꾼이냐"(연합뉴스, 2022. 4. 11)
> 추 후보자는 2020년 8월 20일 국회 기재위 정책 질의에서 홍남기 부총리 겸 기재부 장관에게 "다주택자가 전부 범죄자냐, 투기꾼이냐"고 따져 물었다. (중략) "대한민국 임대주택은 공공이 7% 안팎을 공급하고, 나머지 전·월세 주택은 민간에서 공급한다"면서 "1세대 1주택이 아닌 1세대 2주택 이상(다주택자)이 공급한다는 것"이라고 강조했다.

이 정도 기사를 읽으면 마치 윤석열 정부는 문재인 정부의 시장규제들을 금방이라도 풀어 줄 수 있을 것처럼 보인다. 그러나 세상의 모든 일이 그렇듯 주택 정책 문제도 그리 간단하지가 않다.

역대 정부에서 부동산 시장 규제에 방점을 두었던 정부는 노태우 정부, 노무현 정부, 문재인 정부다. 이미 눈치챈 독자들도 있겠지만 문재인 정부는 바로 노무현 정부와 가장 닮은꼴이다. 정권 내내 시장가격은 치솟았고 정권 내내 수요 억제에 치중했다. 그리고 수도권의 주택 시장은 야속하게도 정부의 의지와 관계없이 엄청난 상승세를 보였다. 그렇다면 윤석열 정부는 이명박 정부의 정책과 비슷한 흐름을 보일 수 있지 않을까?

건설사 임원 출신의 이명박 대통령은 경제를 활성화시키기 위해 기존에 시장을 꼭꼭 묶고 있던 규제들을 금방 걷어 낼 것이라 기대되었다. 앞에서 이명박 정부는 대출 규제 완화, 다주택자 양도세중과세 폐지, 강남 3구 포함 투기과열지구 해제 등의 정책을 추진했다고 설명했다. 물론 이전의 노무현 정부에 비해서는 규제를 완화했다고 볼 수 있지만 조금 더 자세히 살펴보면 사실 시장의 기대만큼은 아니었다. 실제로 유럽 재정 위기 확산이 고조되던 2011~2012년이 되어서야 강남 3구 투기 지역 및 투기과열지구 해제, 분양가 상한제 폐지, 양도세 비과세 요건 중 2년 실거주 폐지 및 단기 보유 양도세 중과 완화, 재건축 초과 이익 환수 2년간 (폐지가 아니라) 중지 등 정책을 내놓는다. 이에 대해 《대통령과 부동산》이란 책은 이명박 정부의 부동산 정책을 이렇게 평가한다.

'규제 완화가 노무현 대통령의 규제 강화에 대응해서 일부분을 정상적으로 돌리는 수준에 불과했다. 이 점은 급격히 냉각되는 부동산 시장을 회복시키는 데 한계가 있었던 것이다. (중략) 김대중 대통령의 부동산 정책과 같은 수준으로 완화되지도 않았고, 노무현 대통령의 정책을 유지하지도 않았기 때문이다. 딱 그 '중간 수준이다'라고 보면 될 것 같다. (중략) 의지 부족인지, 철학 부족인지는 모르겠으나 뭔가 부족한 미완성 정책임은 분명하다. 따라서 시장의 반응도 미완성인 것이다.'

이명박 정부의 주택 정책을 이렇게 잘 표현할 수 있을까? 핵심은 김대중 정부나 박근혜 정부처럼 규제를 대폭 완화하지 않았다는 점이다.

이는 조금만 생각해 보면 알 수 있다. 혹시라도 규제를 함부로 완화했다가 직전 정권에서 겪었던 부동산 시장의 과열이 반복될지도 모른다는 불안 때문에 조심스럽게 접근할 수밖에 없었을 것이다. (노태우 정부를 이어받은 김영삼 정부 역시 시장을 추가로 규제하지도, 완화하지도 않았다. 기존 주택 정책의 큰 뼈대들을 그대로 이어 가는 수준이었다. 반면 김대중 정부나 박근혜 정부는 이전 정권들에서 장기간 시장의 침체가 확인된 만큼 규제 완화에 과감할 수 있었던 것이다.)

물론 윤석열 정부 주택 정책의 기본 방향은 후보 시절과 국토부 인수위 업무보고할 때 밝힌 것처럼 규제 완화다. 인수위 부동산TF팀장을 지낸 심교언 건국대 교수는 대통령 선거가 있기 전 언론사와의 인터뷰에서 차기 정부에 바라는 부동산 정책과 관련하여 다음과 같이 제언한다.

> 문 정부의 부동산 정책 실패는 경제학 원론과 전쟁을 하려 했기 때문 (《월간조선》, 2022. 4.)
>
> "포퓰리즘으로 시도했던 부동산 정책을 손봐야 합니다. 문재인 정부의 부동산 규제 정책을 원점에서 검토해야죠. (중략) 우리나라 임대주택의 80% 이상을 다주택자가 공급합니다. 외국도 크게 다르지 않습니다. 그래서 선진국에서는 다주택자를 임대주택 공급자로 바라봅니다. 이들을 투기꾼으로 보고, 이들에 대한 규제를 강화한 것은 잘못입니다." (중략) "문재인 정부 초기에는 부동산이 폭등하지 않았습니다. 그런데도 다주택자를 투기꾼으로 규정하고, 집값 상승의 주범으로 몰아갔습니다. 다분히 정치적인 판단이었죠."

그러나 주택 정책과 관련해서는 윤석열 정부가 이명박 정부보다 쓸 수 있는 카드가 더욱 제한적이다. 가장 큰 문제는 파트 3에서 지적한 것처럼 문재인 정부가 재건축 규제를 강화한 데다가 택지 개발 추진도 늦게 시작하는 바람에 2022년부터 3기 신도시 입주 때까지 서울의 입주 물량이 이전에 비해 충분하지 않다는 점이다. 이는 매매와 전세가격이 자극받을 가능성이 농후하다는 의미이다. 거기에다 노무현 정부보다 문재인 정부가 훨씬 더 강하고 많은 규제 정책을 내놓았다. 그런 상황에서 한꺼번에 세제, 대출 등을 완화하거나 원래대로 돌리려는 정책을 편다면 일시적인 명현현상을 겪을 수밖에 없을 것이다.

어쨌거나 과도한 부동산 조세정책으로 정부가 벌어들이는 세수가 훨씬 증가했는데 이를 포기하기도 쉽지 않을 것이다. 마침 규제 완화 정책 시행에 맞춰 일시적으로라도 주택 가격이 오르게 된다면 과거 정부 정책의 잘잘못과 관계없이 오롯이 윤석열 정부의 책임이 될 것이기에 조심스러울 수밖에 없다. 전세 시장과 매매 시장을 동시에 자극할 수 있는 재건축 규제 완화도 마찬가지다. 다만 많은 전문가들은 일시적인 가격 상승을 인정하더라도 지나치게 시장을 억눌렀던 규제들을 하루빨리 완화해야 한다는 쪽으로 기운다.

'부동산 딜레마'에 빠진 윤석열호. "당장 집값 올라도 중장기적 안정 확신을 줘야"(헤럴드경제, 2022.04.12)

▶조주현(건국대학교 명예교수) "집값 상승이 무서워서 과거로 돌아가서는 안 된다. 집값 상승 우려 때문에 서울에 주택공급이 전혀 이뤄

지지 않은 지난 5년간 시장이 어떻게 망가지는지 이미 목격하지 않았나. 규제 완화를 추진하면 물론 단기적으로 집값이 오를 수 있다. 하지만 그건 어쩔 수 없는 현상이라고 인정해야 한다."

▶김진유(경기대학교 교수) "일시적으로 가격이 오르는 걸 감내해야 한다. 그걸 감내하지 않고 치료할 수 있는 방법은 없다. 그걸 인정하는 것부터 시작해야 한다."

▶홍춘욱(EAR리서치 대표) "중요한 건 국민들이 대선 직후부터 집값이 오르는 것조차 새 정부 때문이라고 여겨선 안 된다. 그건 이전 정부가 만들어 놓은 주택수급 환경 등 시장 상황 때문이란 점을 국민들이 납득할 수 있도록 해야 한다."

특히 홍춘욱 EAR리서치 대표의 말이 와닿는다. 대선 이후 주택 가격이 오른다면 이는 이전 정부가 만들어 놓은 환경의 영향이 더 크다. 그러나 많은 사람과 언론들은 정치적 성향이나 주택 시장에 대한 이해 부족 등으로 윤석열 정부의 규제 완화 때문이라고 비난하게 될 가능성이 크다. 더군다나 2024년에는 정부의 중간 평가 성격을 지닌 제21대 국회의원 선거가 있다. 이런 점을 감안하면 윤석열 정부 역시 5년 내내 방향성은 시장의 순리에 맡기는 쪽으로 정책을 추진하더라도 시장의 반응을 살펴가며 최대한 신중한 모습을 보일 수밖에 없을 것이다.

원희룡, "잘못된 가격 신호줄 규제 완화는 청사진에 없어"(《한국경제》, 2022. 4. 11)

"집값을 단번에 잡을 수 있다거나 정책 수단 몇 번의 조치로 시장을 제압할 수 있다는 오만하고 비현실적 접근 안 하겠다." (중략) 원 후보는 또 임대차 3법 폐지를 주장했는데요. 이에 대해서는 "정책이 보호하고자 하는 건 절대다수인 세입자와 임차인이라며 이런 기조하에 종합적으로 검토하겠다."라고 설명했습니다.

원희룡, 규제 완화 '속도 조절'… "집값 자극 없게 신중히"(TV조선, 2022.4.30.)

원희룡 국토교통부 장관 후보자가 부동산 규제 완화에 대한 속도 조절을 재차 강조했다. (중략) 원 후보자는 "아직 시장 과열 여파가 남아 있는 상황에서 재개발·재건축 규제 완화 시 가격이 불안해지는 부작용이 있을 수 있다"고 덧붙였다.

원희룡 국토부장관이 지명되고 나서 이렇게 대응하는 것도 시장을 신중하게 접근하려는 것의 연장선이라고 할 수 있다. 시장 상황을 봐가면서 정책의 수위를 조절하다가 3기 신도시 입주로 물량이 어느 정도 여유가 있게 되는 2026~2027년 이후에나 좀 더 과감하게 규제들을 원점으로 돌릴 수 있지 않을까 조심스럽게 예상해 본다. 혹은 이명박 정부처럼 다 못 돌릴 수도 있다.

사실 사람들은 알렉산더 대왕이 복잡하게 얽힌 고르디우스의 매듭을 칼로 한 방에 잘라 낸 것처럼 주택 가격을 금방 안정시킬 그 무언가가 있을 것이라 믿는 경향이 있다. 문재인 정부가 강한 규제에 유혹을 느꼈던 이유다. 그러나, 우리가 수차례 경험했듯이 강한 규제는 일시적인 효과만 있을 뿐, 오히려 일정 시기만 지나면 억눌렸던 만큼 더 강한 반등을 불러일으킨다. 결국, 이 책에서 계속 지적했듯이 시장을 안정시킬 수 있는 것은 대규모 공급에 따른 입주뿐이다. 마침 2022년 5월 한국은행이 발간한 'BOK 이슈 노트 : 자산으로서 우리나라 주택 시장 특징 및 시사점' 보고서에서도 일관된 공급 정책의 중요성을 강조한 것은 의미가 있다. 그러나 실질적인 대규모 입주가 이루어지기 전까지 시장을 갑자기 안정시킬 쾌도난마식 정책은 이 세상에 없다.

그래서 나는 사실 한동안 이런 정책 기조와 접근 방식을 유지하는 것이 적절하다고 본다. 마치 단번에 시장을 컨트롤할 수 있다고 자신하다가, 마치 세상에 나만 옳은 것처럼 착각하면서 과감하게 정책을 추진하다가 시장을 엉망으로 만들어 버리는 것보다는 백배는 낫기 때문이다. 당장 지지층으로부터 싫은 소리를 좀 들을 수도, 인기는 좀 덜 얻을 수도 있지만 국정 운영이 인기를 목적으로 하는 연예 활동은 아니지 않는가.

윤석열 대통령이 지난 정부 검찰총장 국회 인사청문회에서 '가치관 형성에 가장 큰 영향을 끼친 책'으로 밀튼 프리드만Milton Friedman의 《선택할 자유》를 꼽았다. 밀튼 프리드만은 노벨경제학상 수상자이면서 프리드리히 하이에크와 더불어 자유시장경제를 대표하는 인물이다. 그리고 이 책은 1980년대 초반에 나와 규제자본주의 정책의 허구성을 논리적으로 파헤친 책이다. 이 책의 가장 마지막에 있는 문구를 곱씹어 보자.

'우리는 정부에 의하여 지나치게 지배되고 있는 사회의 위험을 다시 인식하고 있으며 설사 좋은 목적이라 하더라도 나쁜 수단에 의하여 도리어 원래의 목적과는 달리 사악한 목적을 위해 이용될 가능성이 있다는 것을 알게 되었다. (중략) 우리는 아직 선택할 자유를 갖고 있다. 정부가 비대화해 온 지금까지와 같은 길을 계속 걸어갈 것인가, 아니면 여기서 잠시 머물러 방향을 바꿀 것인가 하는 "선택할 자유" 말이다.'

과거 몇 년 동안 거래량은 주는데 매매나 전세 가격은 최고가가 나오는 상황이 지속되었다. 시장 참여자인 매도자나 매수자 모두 답답한 상황이었다. 아이러니하게도 정작 승리자는 실수요자를 위한다는 명분으로 시장에 지속적으로 개입하며 엄청난 부동산 세수를 거둬들인 정부였다. 윤석열 정부는 속이 얹힌 것처럼 꽉 막혀 있던 주택 시장을 정상적인 거래가 되는 시장으로 만들기 위해 노력할 것이다. 고심의 과정에서 시장의 반응을 살피며 속도와 규제 완화의 범위는 조절될 것이다. 그러나 최소한 방향만큼은 분명하다. 이렇게 정상적인 시장으로 돌아가는 과정에서 분명히 무주택자들에게 더 많은 기회가 올 것이라 보인다. 청약이든, 기축 아파트든.

그러니 이 책에 나와 있는 내용들을 반드시 숙지하고, 공부하기 바란다. 전문가들의 얘기 말고 자기 자신만의 시각을 키우려고 노력해야 한다. 이를 위해 나는 이 책에서 무주택자가 궁금할 만한 다양한 데이터와 견해를 제시했다. 이 책에서 쌓은 지식으로 항상 시장에 관심을 기울이다 보면 수년 안에 여러분이 바라는 '내 집 마련'의 꿈은 꼭 이루어질 것이라 믿는다. 부디 독자 여러분이 원하는 주택을 사는 데 이 책이 조금이나마 도움이 되길 바란다.

참고 문헌

머리말

백인걸, 노산하, "전국 및 지역 요인에 의한 주택 가격 동조화 현상", 「경제학연구」 제68집 제2호, 2020, 5~29쪽.

성주한, 김형근, 정상철, "서울과 경남의 주택 가격에 대한 정책 어떻게 할 것인가?", 「부동산학보」 77권 0호, 2019, 95~108쪽.

정일영, 최열, "광역지자체별 주택 매매 시장과 전세 시장의 가격 결정 요인에 관한 연구", 「부동산학보」 78권 0호, 2019, 52~66쪽.

이론편——

PART 1.

김지현, "주택 구입에 영향을 미치는 요인 분석", 「부동산학보」 68권 0호, 2017, 107~118쪽.

유한수, "주택 시장과 주식시장 간의 연관성", 「부동산 정책연구」 18집 2호, 2017, 1~11쪽.

리처드 코너스, 워런 버핏, 《워런 버핏 바이블》, 2017, 522~524쪽.

피터 린치, 존 로스차일드, 《전설로 떠나는 월가의 영웅》, 2017, 138~142쪽.

PART 2.

김재윤, 최창규, "글로벌 금리 및 유동성 변동이 주택 가격 순환 변동에 미치는 영향 - 기국 기준금리 변동이 주요국에 미치는 영향을 중심으로, 「부동산학연구」 제27집 제 4호, 2021. 12, 89~118쪽

문규현, "금리 변화가 국내 주택 시장에 미치는 영향에 관한 연구", 「금융공학연구」 제18권 제1호, 2019. 3.

Shi, Song ; Jou, Jyh-Bang(2014) Can interest rates really control house prices? Effectiveness and implications for macroprudential policy; Tripe, David, Journal of Banking and Finance, October 2014, Vol. 47, pp. 15-28[Peer Reviewed Journal].

P.T. de La Paz; M. White. (2016), The sources of house price change: identifying liquidity shocks to the housing market. Journal of European Real Estate Research, Vol.9(1), pp.98~120.

엄근용, 진창하, “유동성의 변동이 주택 가격 변동성에 미치는 영향”, 「주택연구」 제24권 4호, 2016, 5~23쪽.

이근영, “정책 금리가 주택 가격에 미치는 영향”, 「국제경제연구」 제26권 제2호, 2020, 35~61쪽

이근영, “권역별 주택 가격과 금리”, 「국제경제연구」 제27권 제2호, 2021, 27~61쪽

이영수, “통화정책과 주택 시장: 부호 제약을 이용한 베이지안 VAR 분석”, 「주택연구」 제27권 1호, 2019.2, 113~136쪽

이영훈, 김재준, “거시경제 변동 전후 유동성이 주택 시장에 미치는 영향 분석”, 「한국산학기술학회 논문지 17(5)」, 2016, 116~124쪽

장한익, 임병권, 김형근, “국내외 거시경제 변수를 고려한 주택의 매매와 전세 가격 간 동조화 변화분석”, 「주택연구」 제27권 4호, 2019, 89~124쪽.

전현진, 권선희, “유동성과 주택 가격의 기대 심리가 실질 주택 가격에 미치는 영향에 관한 연구”, 「디지털융복합연구」, 2020, 43~49쪽.

최남진, “통화량 변동성과 주택 가격 변동성 간 관계에 관한 연구”, 「부동산 분석 5(3)」, 2019, 1-17쪽.

최정일, “주식시장과 주택 시장의 동향 및 유동성과의 관계”, 「디지털융복합연구」, 2021, 133~141쪽.

함종영, 손재영, 황세진, “동태 요인 모형을 이용한 주택 가격 변동요인 분석”, 「한국부동산분석학회 상반기 온라인 학술대회」, 2021, 210~221쪽.

허종만, 이영수, “이자율 변동의 주택 시장 파급 효과 분석”, 「부동산분석」 4(1), 한국감정원, 2018.5, 55~69쪽

홍춘욱, 《7대 이슈로 보는 돈의 역사 2》, 2020, 307~308쪽.

〈조선일보〉, “일본 집값 버블 꺼뜨린 게 고령화? 틀렸어, 공급 폭탄이야”, 2021. 2. 24,

〈서울경제〉, “일본도 공급 줄자 버블 꼈다. 도쿄 신축 아파트 평균 8억 돌파”, 2021. 2. 14.

'금융통화위원회 의사록(2020년도 제1차)', 한국은행, 2020. 1. 17.

PART 3.

Paciorek, Andrew (2011) Essays on Housing Supply and House Price Volatility, University of Pennsylvania, ProQuest Dissertations Publishing. 3463030.

류지민, "다주택자 양도소득세 중과에 관한 규범적 검토 - 부동산 세금의 '제재'화에 관하여", 「법학논집 25권」 2호, 2020, 99~142쪽.

박정현, 김형근, "아파트의 조세 부담과 거래량 간의 관계에 대한 실증 연구", 「세무와 회계 연구」, 2019, 241~278쪽.

오승규, "2020년 부동산 세제의 동향과 평가", 「부동산법학」, 2020. 19~48쪽.

오예성, 이호진, 황세진, "주택 양도소득세의 동결 효과에 관한 연구 - 강남 3구의 주택매매와 가격 변동을 중심으로", 「부동산·도시연구」, 2020, 63~81쪽.

이창무, "문재인 정부 부동산 정책의 비판적 평가", 「한국행정연구」, 2020, 37~75쪽.

리처드 도킨스, 《이기적 유전자》, 2018, 324~347쪽.

재레드 다이아몬드, 《총, 균, 쇠》, 2005, 198~199쪽.

프리드리히 하에에크, 《노예의 길》, 2015, 101쪽.

서울경제, "[경제교실] 뜨거웠던 강남 부동산, 원인은 무엇일까요", 2016. 11. 22.

실전편 ——

PART 4.

김성연, "불균형 이론을 통한 주택 시장 불안 원인 분석: 2017년 이후 주택 시장을 중심으로", 「지역정책연구》 32(2), 2021, 1~21쪽.

김원철, 《부동산 투자의 정석(10년 후에도 변하지 않을)》, 2016, 151~154쪽.

삼토시, 《앞으로 5년, 집을 사고팔 타이밍은 정해져 있다》, 2020, 116~117쪽.

송인호, "우리나라 주택 공급의 문제점과 개선 방향", KDI정책포럼 제275호, 2019, 1~8쪽.

심교언, 《부동산 왜? 버는 사람만 벌까》, 2017, 30~35쪽.

홍춘욱, 《돈의 역사는 되풀이된다》, 2021, 59~66쪽.

이석희, 임재만, “한국 주택 구입 부담 지수(K-HAI) 활용의 한계와 개선 방향”, 한국주택학회 주택연구 제25권 2호, 2017.05, 95-121

PART 5.

아기곰, 《아기곰의 재테크 불변의 법칙》, 2021, 51쪽.

국토교통부, 《2021 주택청약 FAQ》

한국부동산원 청약홈 홈페이지

엠제이 드마코, 《부의 추월차선》, 2013, 79~83쪽.

PART 6.

김승호, 《돈의 속성》, 2020, 48쪽.

정지은, 고희정, 《자본주의》, 2013, 17~25쪽, 37~42쪽.

홍춘욱, 《50대 사건으로 보는 돈의 역사》, 2019, 228~230쪽.

로버트 기요사키, 《부자 아빠, 가난한 아빠》, 2018, 78쪽, 213쪽, 302쪽.

리처드 코너스, 워런 버핏, 《워런 버핏 바이블》, 2017, 73~82쪽, 371~374쪽.

앙드레 코스톨라니, 《돈, 뜨겁게 사랑하고 차갑게 다루어라》, 2015, 207~215쪽, 244~246쪽.

짐 로저스, 《상품시장에 투자하라》, 2005, 71~79쪽.

토마 피케티, 《21세기 자본》, 2014, 160~198쪽, 240~255쪽, 403~450쪽.

리처드 코너스, 워런 버핏, 《워런 버핏 바이블》, 2017, 76쪽, 371~372쪽, 374쪽.

유발 하라리, 《사피엔스》, 2015, 253~258쪽.

PART 7.

국정브리핑 특별기획팀, 《대한민국 부동산 40년》, 2007, 135~137쪽.

이종규, 《대통령과 부동산》, 2014, 196쪽.

밀튼 프리드만, 《선택할 자유》, 2011, 388쪽.

성병묵, 김찬우, 황나윤 "BOK 이슈 노트 : 자산으로서 우리나라 주택 시장 특징 및 시사점", 한국은행, 2022, 1~14쪽.